【DVD付】

新作能

オセロ

泉　紀子編

和泉書院

はじめに

この度、『新作能オセロ』を出版することになった。

新作能《オセロ》は、新作能《マクベス》に引き続き、プロジェクト「東西伝統演劇の融合―〈劇能〉の創作と上演―」のもと、ウィリアム・シェイクスピアの戯曲を素材として創作した二作目の新作能である。

二作目の新作能《オセロ》は、愛と嫉妬、偽りと真実、信と不信に翻弄され、苦悩し、滅びゆく人間の姿、そして、言葉の力と詩歌の力を主題にした作品である。《マクベス》同様、時代、空間、国境を越えて人間が抱える普遍的なテーマを主題として、原作を解体し、再構築した。創作に五年を費やし、二〇一八年までに四度上演された。

《マクベス》もそうだが、《オセロ》も、登場人物、ストーリー、詞章は原作のままではない。夢幻能の構造をとる《オセロ》は、オセロの死後から物語は始まり、登場人物はごく少数に限定され、詞章には原作にない古典詩歌を引用・転用し、また新たに創作する。しかしそれは、シェイクスピアの戯曲の主題により迫っていくためであり、能として違和感のない新作能を構築するためである。

《マクベス》の場合も《オセロ》の場合も、上演毎にシテ方辰巳満次郎氏の異なる演出や表現がある。また、異なるワキやアイの演者によって異なる身体表現があり、囃子方の創意に満ちた音楽表現があり、専門分野の異なるメンバーによる意見と感想の交換があって、現在に至っている。

しかし、私たちのポリシーが時代や国境を越える普遍的な人間の想いや内面を能の手法、世界観、日本の美意識に拠って深く美しく表現し、能として違和感がなく、演劇性と文学性を併せ持つ新作能を創作すること、新作能を通じて日本文化を国内外に発信することにあるのは、プロジェクト発足以来変わっていない。

本書には、《マクベス》に引き続き《オセロ》の上演・演出に関わっていただいた狂言方の野村萬斎氏、囃子方の大倉源次郎氏、新たに、蜷川幸雄氏と組んでシェイクスピア戯曲の翻訳を担当された翻訳家松岡和子氏の、それぞれ闊達で示唆に富んだ対談を収めている。

本書に収めた詞章、上演に至るプロセス、演出、論考、対談、翻訳、上演記録、ＤＶＤ（大江能楽堂上演分）は、新作能《オセロ》の創作と上演に向けて試行錯誤した私たちの研究成果である。

プロジェクト「東西伝統演劇の融合―〈劇能〉の創作と上演―」を推進してきた羽衣国際大学・日本文化研究所は平成二九年に閉じた。しかし、本プロジェクトは、泉日本文化研究所・新作能研究会として現在も継続している。

本書は私たちプロジェクトにとって、伝統文化と古典文学を継承し、挑戦し、その訴求力を広く国内外に伝えるための二つ目の道標である。

プロジェクト代表

羽衣国際大学名誉教授
泉日本文化研究所所長
泉　紀子

目次

第二章　新作能《オセロ》創作のプロセス

第三章　新作能《オセロ》を考える

第四章　資料篇

• 新作能《オセロ》の登場人物であるオセロとイアーゴについて、「オセロ／オセロー」「イアーゴ／イアゴー／イヤーゴ」等、各論考によって表記が不統一だが、執筆者の判断にまかせた。
• 本書で引用した文献その他資料に、今日の人権意識に照らして不適切と思われる表現があるが、資料の歴史性を考慮し、そのままとした。
• 詞章を含めた本書の無断使用はお断りいたします。

第一章

新作能《オセロ》

――シェイクスピア戯曲『オセロ』の解体と再構築――

シェイクスピア戯曲『オセロ』から新作能《オセロ》へ
―主題・構成・人物造型・趣向―

泉　紀子

はじめに

世阿弥の伝書『三道』（『能作書』）には、能の制作は「種」「作」「書」の三つの道が出発点だとある。第一に能の素材となるものに通じること（「種」）、第二に能としての組み立てをすること（「作」）、第三に詞章を書くこと（「書」）であって、具体的には、能の典拠をしっかりと把握し、序破急の三構造を五段に構成を立て、その能にふさわしい言葉を選び集め、節付を行って書き連ねるのだ、と記されている。

一、まづ、種・作・書、三道より出でたり。一に能の種を知ること、二に能を作ること、三に能を書くことなり。本説の種をよくよく案得して、序・破・急の三体を五段に作りなおして、さて、言葉を集め、節を付けて、書き連ぬるなり。

新作能《オセロ》の脚本と詞章制作のプロセスをこの『三道』の記述に当てはめてみるなら、「種」はウィリアム・シェイクスピアの戯曲『オセロ』、主人公のシテはオセロ。「作」は口開《くちあけ》で始まる複式夢幻能。「書」については、私なりに原作を幾度も読んでテーマを把握し、そのテーマを表現する原作のキーワードや、登場人物らしさを表しているセリフを選び、またそれらのテーマやセリフ、作品のキーワードに対応する和漢の古典詩歌を選び集めて引用・転用し、あるいは新たに詞章を創り、全体を七五調、五七調のリズムに整えて詞章を創作した。詞章の節付は辰巳満次郎氏による。

一❖主題

（1）「嫉妬の悲劇」か「愛の悲劇」か

原作『オセロ』の主題を「嫉妬の悲劇」とする捉え方がある。副官の地位を与えられなかったイアーゴは、復讐のために、妻のデズデモーナと部下の副官キャシオとの関係をオセロに讒言して、〈嫉妬〉という毒薬を繰り返しオセロの耳に注ぎ込む（以下、『オセロ』の引用は福田恆存訳『オセロー』二〇一二・新潮文庫による）。

せめてムーアの奴を劇《はげ》しい嫉妬《しっと》の発作に追い込み、七顛八倒《しちてんばっとう》、思慮分別ではどうにも逃れられぬようにしてやる。（第二幕第一場）

おれはムーアの耳に毒薬を注ぎ込んでやる。（第二幕第三場）

将軍、恐ろしいのは嫉妬です。それは目《ま》なじりを緑の炎に燃えあがらせた怪獣だ、人の心を餌食《えじき》とし、それを苦しみ弄ぶのです。…愛して、なお信じえず、疑って、しかも愛着する。そういう日々を一刻一刻かぞえながら生きねばならぬとしたら！（第三幕第三場）

空気のように軽いものが、嫉妬に憑かれた男には、聖書の言葉と同じ重みをもってくる。…ムーアの奴、早くもおれの毒が効きはじめている。（第三幕第三場）

イアーゴの嘘を信じ込んだオセロの怒りは凄まじく、遂にデズデモーナを自らの手で殺すに至る。『オセロ』を「嫉妬の悲劇」と捉えるのは自然な理解である。

新作能《オセロ》においても、オセロの霊は、イアーゴの言葉を信じて嫉妬に身を焼き、妻を殺し、名誉をも喪ったことを口惜しく恥じるのである。

オセロ　偽りを信じ誠を疑ひ、瞋恚《しんに》の炎に身を焦がし、
　つひに妻の命を奪ひしこと、
　この身も我が名も落ち果てて、
　月にも花にも見捨てられ、かやうに闇に彷徨《さまよ》へば、
　我からなれど口惜しや、
　あら恥づかしやな

原作では激しい嫉妬に狂うのはオセロだけではない。オセロを嫉妬の罠にかけたイアーゴも同様である。ただしイアーゴは、自分をおいて副官に任命されたキャシオに対し、また、美しいデズデモーナを手に入れ、かつ誠実で高潔だと認めざるを得ないオセロに対し、自分自身が激しい嫉妬に憑かれていることに気づいていない。

新作能《オセロ》においては、死後のイアーゴは、嫉妬の毒をもってオセロに罠をかけたのだが自分自身も罠にかかった、と認めている。

だがしかし、イアーゴは、それは「神の企み」によるものだと思っている。

イアーゴ　ところがいかなこと、
　いつのまにやら手前自ら罠の深みにはまり、
　今は地獄に堕ちている。
　なんといふ皮肉、なんと恐ろしき神の企み

シェイクスピア作『オセロ』の翻訳のテキストとして主に拠った福田恆存訳『オセロー』の解題には、

嫉妬という情念には、確に私たち近代人の市民感情に訴える一般性がある。が、これほど受動的で非生産的な情念はない。それだけでは劇の主題として弱い。[1]

とあって、『オセロ』の主題を「嫉妬の悲劇」とすることを否定し、『オセロ』は「愛の悲劇」であって「隙間のない完全な愛が毀《こぼ》たれてゆく過程がその主題」である、とされている。さらに、オセロの絶望は最後には救われ、自決の前に潸然《さんぜん》と流す涙は「喜びの涙」であったはずだ、とも述べられている。

オセローの絶望は最後に救われる。彼がイアーゴーに欺かれたと知ったとき、デズデモーナは自分を最後まで愛していたのだと知ったとき、つまり自分の過ちを認め、完全に敗北を自覚したとき、オセローは愛の破壊者イアーゴーに勝ったのだ。

それから、もう一言、いつであったか、アレッポの町で、ターバンを巻いたトルコの不頼漢が、ヴェニス人に暴行を働き、この国に悪罵《あくば》の限りを尽しているのを見かけたことがある。そのとき、この手で、その外道の犬の咽喉《のど》もとを引きつかみ、こうして刺し殺してやったと。（みずからを刺す）

（第五幕第二場）

まことにオセロは自ら述べたように、「愛し方を知らずして愛しすぎた男」（第五幕第二場）であった。

シェイクスピアの『オセロ』には、素材となった先行作品がある。『オセロ』の本説《ほんぜつ》となったジラルディ・チンツィオ（Giraldi Cinthio, 1500–1573）の『百物語』（*The Hecatommithi*, 1565）「第三篇第七話」では、デズデモーナの最期は砂袋で旗手（イアーゴ）に打ち殺され、事故死に見せかけるためにさらにその上に天井を落とされるというこの上ない悲惨さである。デズデモーナはムーア（オセロ）と旗手（イアーゴ）に神の裁きを求めて死に、ムーアは旗手の密告によって捕えられるが、真実を黙して語らず、追放処分された後、デズデモーナの親戚に殺される(2)。

一方、シェイクスピア作『オセロ』では、デズデモーナはオセロの手によって絞殺されるが、オセロに対する神の裁きを求めない。それればかりか、けなげにもエミリアにあくまでも自死だと告げて息を引き取る。

誰でもない、自分の手で。さようなら、旦那様によろしく、
ああ、さようなら！

（第五幕第二場）

福田の言うように、『オセロ』には確かに「愛の悲劇」が描かれている。

しかし、果たしてオセロが愛の喜びのうちに死んでいったか、オセロの絶望は最後にまったく救われたのか、という点については疑問である。

なぜなら、オセロは自決の直前、ロードヴィーコーに託した言葉において、自らを「おのが一族の命にもまさる宝を、われとわが手で投げ捨て」たインディアンに喩えて潸然と涙を流しているからだ。

無知なインディアンよろしく、おのが一族の命にもまさる宝を、われとわが手で投げ捨て、かつてはどんな悲しみにも滴《しずく》一つ宿さなかった乾き切ったその目から、樹液のしたたり落ちる熱帯の木も同様、潸然《さんぜん》と涙を流していたと、そう書いていただきたい。

（第五幕第二場）

オセロは、疑うべきイアーゴとその言葉を信じ、信じるべきデズデモーナとその言葉を疑った。デズデモーナの死後、真実を知ったオセロにとって、一族の命にまさる宝のようなデズデモーナを罵って責め、自らの手で殺したことへの後悔、絶望、喪失感、デズデモーナに許しを求める心は、いかようにも救いようのないほど深いはずだ。

だからこそオセロは、かつて「ヴェニス人に暴行を働き、この国に悪罵の限りを尽くし」た無頼漢を刺し殺したことと重ね、この度は武人らしく自決をもって自らを制裁したのではないだろうか。

事実を知ったオセロは自らを刺し、デズデモーナに口づけながら息絶える。

今、おれに出来ることは、こうしてみずからを刺して、死にながら口づけすることだ。

（第五幕第二場）

『百物語』とはまったく異なる『オセロ』のこのような結末には、オセロの激情的な愛と情念の深さ、武人らしさ、デズデモーナの愛の深さ、そして、真実と偽り、信と不信、愛と嫉妬という二律背反に翻弄された人間の悲劇が明確に表現されている。

『オセロ』には愛と嫉妬が一貫して作品に熱く絡んでおり、作品の主題が〈嫉妬〉か〈愛〉か、というような二者択一とは思われない。また、そこには、『百物語』から離陸して戯曲『オセロ』としての個性と主題を表現しようとするシェイクスピアの意図が表れていると考えられる。『オセロ』に見える二律背反は、『オセロ』の重要な主題でもあり、一歩進めてシェイクスピアの人間観や世界観の表れではなかったろうか。

思えば『マクベス』でも、魔女の「きれいは穢《きたな》い、穢いはきれい」という言葉には、背反する二つの概念が表現されていた。この魔女の言葉について私は、人間の裡に美しさと穢さが同居するというシェイクスピアの人間観の表れではないか、それが『マクベス』の重要な主題の一つではないか、と述べた(3)。ゆえに新作能《マクベス》では、性別を越え不思議な力を持つ「異形の者」（原作では三人の魔女）に次のように語らせた。

異形の者　美しは穢し、穢しは美し
　輝く光は深き闇、深き闇こそ輝く光

また、『リア王』においても、愛の強さと脆さ、信と不信、真実と偽りとが同時に存在し、あるいは交互に現れ、リア王やコーディリアに深い苦悩と大きな悲劇をもたらしている。

ある時期のシェイクスピアの作品には、相反する概念が、単に趣向としてだけではなく作品全体を貫く主題として表現されているように思う。

新作能《オセロ》においても、このようなパラドックスに翻弄される人間の悲劇を主題とした。それは原作『オセロ』の主題でもあり、同時に劇作家シェイクスピアの人間観、世界観にも通底しているのではないだろうか。

(2)「偽《いつわ》り」と「まこと」

イアーゴの偽りの言葉を疑いつつ信じ、デズデモーナの「まこと」を信じながらも疑うことから、オセロの苦悩は始まっている。

正直に言う、おれは妻の誠実を信じながら、同時にその不義を疑っている、またお前の正義を信じながら、その不正を疑っている。

（第三幕第三場）

この危うい二律背反を突き崩したのが、イアーゴが奸計に用いた「苺

の模様のあるハンカチーフ」であった。以降、オセロはデズデモーナ殺しに突き進んでいき、殺したあとに真実を知ったオセロの絶望と悲しみの深さは底知れない。

別稿「詩劇としての新作能《オセロ》」でも述べたように、新作能《オセロ》では、オセロの霊はデズデモーナのまことを信じる一方で、「いつのまにか花がうつろっていくように、外見にはそれと表れぬまま、人の心はうつろっていくものだ」という人間不信や無常観から遁れることができない。このオセロの詞章に引用したのは、『古今集』所収の小野小町の和歌であった。

オセロ　色見えで、うつろふものは世の中の、
人の心の花なれば

色見えでうつろふものは世の中の人の心の花にぞありける
（『古今集』・恋五・七九七・小野小町）

だが、偽りのない世などあるはずが無いと絶望しつつも、オセロの霊は実は偽りの無い世を切望し人の言葉を信じたいと思っているのである。この詞章の表現にも、やはり『古今集』の和歌を用いた。

オセロ　いつはりの、無き世なりせばいかばかり、
人の言の葉、うれしからまし

偽りの無き世なりせばいかばかり人の言の葉うれしからまし
（『古今集』・恋四・七一三・読人しらず／『和漢朗詠集』・巻下・「文詞」・四七八）

人の言葉を疑わなければならない情況にあっても、それでもやはり信じたいと願うのは人の世の常であろう。『古今集』読人知らずの和歌「偽りの」は、時代と国境を超えて普遍的である。

世阿弥作の能《砧《きぬた》》は、都に上った夫を待ち続けてついに亡くなった女の物語であるが、必ず戻るという夫の言葉を信じて待ち続けた女の想いとその自嘲は、この古今集歌によって代弁されている。

げにや偽りの、無き世なりせばいかばかり、人の言の葉嬉しからん、愚かの心やな、愚かなりける頼みかな
《砧》

(3)「言葉の力」「うた（詩歌）の力」

新作能《オセロ》の重要な主題の一つとして詞章に表現したのは、「言葉の力」「うた（詩歌）の力」である。

原作『オセロ』では、デズデモーナはオセロの語る身の上話や体験談に心を奪われて、オセロを愛するようになった。オセロも、そのような彼の話に耳を傾けて心を寄せるデズデモーナを愛したのであった。

あれは私が過去に冒した艱難《かんなん》ゆえに私を愛してくれたのであり、私はあれがそういう私の身の上をあわれんでくれた心根ゆえにあれを愛したのでございます。
（第一幕第三場）

言葉の力を発揮して人の心を捕まえたのはオセロだけではない。イ

アーゴは、その巧みな偽りの言葉によってオセロを支配し、自己崩壊させ、オセロにデズデモーナを絞殺させる。

不義をなさった奥様に、そうまでたわいのない未練をお残しなら、いっそ姦通《かんつう》の許可をお与えになったらよろしい、将軍さえ平気でいらっしゃれるなら、他の誰にも障りのないことですから。

（第四幕第一場）

毒薬はお止めなさいまし、絞め殺すのです、奥様がみずからお穢《けが》しになった、その床の上で。

（第四幕第一場）

言葉は、しばしば暴力的であり、人を傷つけ裏切りもする。

そしてまた、デズデモーナの父のブラバンショーを宥めようとあれこれ言葉を尽くすヴェニス公に対して、ブラバンショーが「言葉は所詮言葉に過ぎませぬ。（But words are words.）」と言ったように、往々にして言葉は無力である。

だが、それでも人は言葉によって人と繋がろうとするし、己れを表現せずにはいられない。オセロは武人ながら雄弁であり、とりわけ彼が用いる比喩は、デズデモーナへの制裁を固く誓う言葉においてさえ豊饒である。

変るものか、イアーゴー、あのポンティック海を見ろ。その冷たい水は奔流のように狭い海峡を押しあいへしあいして、後に引くどころか、まっしぐらにプロポンティック海へ、そしてさらにヘレスポントの海峡と流れ入る、同様、血に飢えたおれの心は、その漲《みなぎ》る潮の流れの、後に退くすべもなく、二度とふたたび穏やかな愛を湛《たた》えて鎮まりかえる日は来まい、この怨恨《えんこん》の底なしの深淵《しんえん》がそれを飲みほしてしまうまでは。

（第三幕第三場）

オセロは、自決の前に「今さら何も申上げますまい」と言いながら、「愛しすぎ、悪巧みに取り乱し、涙を流し、自らを刺し殺した一人の男の顛末とその物語をありのままに伝えて欲しい」とロードヴィーコーに頼んだ。

ただどうしてもお伝えいただきたいのは、愛することを知らずして愛しすぎた男の身の上、めったに猜疑《さいぎ》に身を委《ゆだ》ねはせぬが、悪だくみにあって、すっかり取りみだしてしまった一人の男の物語。

（第五幕第二場）

ここに、言葉に裏切られ、言葉の無力さを嘆き、それでもなお言葉を、そして物語を紡ぎ出さずにはいられない劇作家シェイクスピアの姿を垣間見ることができるのではないか。

新作能《オセロ》では、終局、オセロの霊が吟遊詩人に救いを求め、詩人は読経によってオセロを成仏や悟りに導くのではなく、事の顛末を詩歌に創り、歌い、人々に語り伝えることによってオセロの心を慰めようと約束する。それは、オセロが「言葉の力」を恃み、吟遊詩人が詩歌の力を信じているからに他ならない。

ここで日本文学に目を転じてみると、言葉と詩歌の力について論じ、以後の文学のみならず日本文化に大きな影響力を持ち続けたものとして、延喜五年（九〇五）に成立した『古今集』とその序文がある。

やまと歌は人の心を種としてよろづの言の葉とぞなれりける。世の中にある人、ことわざ繁きものなれば、心に思ふことを、見るもの聞くものにつけて言ひ出だせるなり。…力をもいれずして天地を動かし、目に見えぬ鬼神をもあはれと思はせ、男女の中をもやはらげ、猛きもののふの心をも慰むるは歌なり。

（『古今集』仮名序）

右にあげたのは、『古今集』序文の冒頭であるが、そこには以下のようなことが記されている。

①和歌は人間の心情をさまざまな言葉で表出したものである。
②人は、世にあるかぎり、多くの事柄や出来事に出合うものだから、心の思いを和歌に表出せずにはいられない。
③和歌には森羅万象を動かす不思議な力と効用がある。

新作能《オセロ》では、吟遊詩人が、詩《うた》は霊魂や神祇を感動させ、男女の中をやわらげ、もののふの心を慰めるものだから、この出来事を詩《うた》となし、歌語りして魂を慰めましょう、とオセロの霊に約束する。

吟遊詩人　さればよに、目に見えぬ鬼神をも哀れと思はせ、
男女の中を和らげ、
猛きもののふの心をも慰むるは詩なれば、
この事言の葉に託して詩と成し、
哀れなるものどもの魂をば慰めん

この吟遊詩人の詞章は、先に挙げた『古今集』序文の③の、和歌の持つ不思議な力とその効用について述べる、いわゆる「歌徳論」に拠っている。そして、吟遊詩人の言う「男女の中」とはオセロとデズデモーナを、「猛きもののふ」とはオセロを指している。

能は、その伝統的な手法として多くの古典詩歌を引用・転用し、詞章にリズムとイメージをもたらし、意味を与える。

能の詞章に引用・転用された詩歌には『古今集』の和歌が群を抜いて多いが、和歌だけでなく、《芦刈《あしかり》》《蟻通《ありとおし》》《采女《うねめ》》《女郎花《おみなめし》》《志賀《しが》》《高砂《たかさご》》《難波《なにわ》》《白楽天《はくらくてん》》《松虫《まつむし》》など、一曲の主題や構成に『古今集』序文の深く関わっている能が少なくない(4)。

たとえば、能《芦刈》は、離別した夫婦が難波の浦で再会してよりを戻し、連れ立って都に上るという話だが、今の自分の貧しい境遇を恥じて妻（ツレ）から姿を隠そうとする夫の日下左衛門（シテ）の心は、妻との和歌のやりとりや、『古今集』序文に則った地謡との掛け合いが続いてはじめて解ける。

妻　あしからじ、よからんとてぞ別れにし、何か難波の、浦
は住み憂き

日下左衛門　げにや難波津浅香山の、道は夫婦の媒《なかだち》なれば

（中略）

地謡　然れば目に見えぬ鬼神をも和らげ、武士の心慰むる、夫婦の情け知ることも今身の上に知られたり

《芦刈》

『古今集』序文には、和歌は「天地を動かし、目に見えない霊魂や神祇をしみじみと感じさせ、男女の中をもやわらげ、勇猛な武人の心をもなごやかにさせる」と記されている。

力をもいれずして天地を動かし、目に見えぬ鬼神をもあはれと思はせ、男女の中をもやはらげ、猛きもののふの心をも慰むるは歌なり。

（『古今集』序文）

《芦刈》の傍線を引いた「道は夫婦の媒なれば」の「道」とは「和歌の道」の意であり、「夫婦の情け知ることも今身の上に知られたり」とは、『古今集』序文に記されたように、和歌が「男女の中をもやはらげ」ることが実証されたということである。そしてそれが《芦刈》の主題でもある。

さらに、この夫婦が再会した土地「難波津」は、『古今集』序文に、仁徳天皇即位を難波津に咲く梅の花に喩え祝った歌として記される和歌「難波津に咲くやこの花冬ごもり今を春べと咲くやこの花」に詠まれている地名である。つまり、夫婦愛を語る能《芦刈》の舞台として「難波津」の地が選ばれたのは、その前提に『古今集』序文があったということだ。

また、世阿弥作であることが確実な《蟻通》は、『古今集』の編者であり序文の執筆者でもある紀貫之と蟻通明神との和歌を媒介にした交流を語る能だが、伊藤正義が、

和歌によって「目に見えぬ鬼神をも哀れと思はせ」る実証を、蟻通明神の場合に見たのが《蟻通》の主題である。(5)

と指摘したように、その主題は、『古今集』序文に記された「和歌によって『目に見えぬ鬼神をも哀れと思はせ』る」ことの実証にある。そのような主題が成り立つ前提として、シテを紀貫之に設定すること自体がそうなのだが、世阿弥の『古今集』に対する尊崇と、序文に記された和歌の効用と和歌の持つ不思議な力「歌徳」についての認識や主張が在ることは言うまでもない。

新作能《オセロ》結末部において、吟遊詩人の詞章に『古今集』序文を引用・転用したのも、死してなおすれ違うオセロやデズデモーナの霊を「言葉の力」「詩歌の力」によって慰めるためであったし、原作『オセロ』の主題の一つ「言葉の力」を表現するためでもあった。

二 ❖ 構成・人物造型

(1) オセロとデズデモーナ

ヨーロッパ文学では、薔薇は「若く、か弱く、無垢の女性」や「女性のはかない一生」を表すことが多い。たとえば、シェイクスピアの『ハムレット』では、狂気のオフィーリアが「五月の薔薇」に喩えられている。また、薔薇は百合とともに聖母マリアを象徴し、特に白い薔薇は純潔を表す。(6)

原作『オセロ』では、デズデモーナに白薔薇の持つ多様なイメージが重ねられている。美しく若いデズデモーナがオセロに捧げる愛情は深く、汚れを知らず、その命ははかない。

あの人を愛さぬような私なら、今までもこれから先も、そんな心根の私なら、どうなろうと厭《いと》いませぬ、この身からあらゆる楽しみを剝《は》ぎとってしまってくださいまし！　（第四幕第二場）

オセロは白薔薇のように美しい外見を持つデズデモーナが死後も美しくあってほしいと願い、愛し続けたいと思う。

雪を欺《あざむ》くその肌《はだ》の白さ、石より滑らかなその肌に―だが、どうしてもお前は死なねばならぬのだ、死ななければ、次々に男を陥《おとしい》れる。…この薔薇《ばら》は一度捥《も》いでしまえば、二度と命の水を吸い上げはしない。枯れ凋《しぼ》むばかり。木にあるうちに、その香りを。…死んだ後もこのままでいてくれ、お前を殺して、なおいつまでもお前をいとおしく思い続けられるように。…　（第五幕第二場）

シェイクスピアは殺される前のデズデモーナを「白薔薇」に譬え、夏目漱石は鋏に切り落とされる前の「白菊」に喩えた。

Yet I'll not shed her blood;
Nor scar that whiter skin of hers than snow
And smooth as monumental alabaster.

白菊にしばし逡巡《ためら》ふ鋏かな　（「子羊物語に題す十句」[7]）

新作能《オセロ》において私は、花の名を特定せず、月に照らされ、かぐわしい香を放って咲く白い花々をデズデモーナのメタファーとして表現した。デズデモーナの霊が白く薄い絹のベールを身にまとうのも、白い花のイメージを彼女に重ねるためであった。

あわせて、前シテのオセロを、デズデモーナの「形代《かたしろ》」[8]でもある白い花を死後も守り続ける「花守」とした。花守を前シテとする能に《嵐山》《田村》《女郎花》等があり、オセロを花守に設定することは、能の手法にも適う。

オセロの霊は、一年に一夜、悲劇の起こった夜にのみ咲く白い花を花守として守り続けている。あまりの美しさ、かぐわしさに詩人が花を一枝折ろうとすると、

その花な折り給ひそ（その花を折ってくださるな）

と登場し、花にまつわるオセロとデズデモーナの悲劇を語る。

語るうちに物狂いの状態になったオセロが花に近づくと、花は次々と色あせて散ってゆく。それを見てオセロは「妻がまだ私を許していない」と嘆き、イアーゴの霊はオセロの悲嘆を見て嘲笑する。

吟遊詩人　不思議やな、花守の近づけば花忽《たちま》ちにうつろひ、
風も吹かぬに悉《ことごと》く散りたるは如何《いか》に、
また花御身を許さずとは

花守　我が妻未だ我を許さざるなり
イアーゴ　花はそもそもうつろふものぞ、
いづれの花が散らで残る
イアーゴ　あのムーア人はいまだに物事の表《うはべ》しか見ぬ、
人の心を操るは、とかく面白いことじゃ

「花」は「扇」とともに《オセロ》の重要な鍵である。「花」を演出することは非常に難しいだろうと思っていたが、辰巳氏の演出が楽しみであった。《オセロ》は今までに四回上演されたが、二回目の羽衣国際大学のホールでは、白いライトを花の形に舞台に浮かび上がらせ、三回目、四回目の上演では、花の存在はライトを使用せずに鑑賞者の想像に任せ、デズデモーナの後ろ髪に一本白い百合を挿すことによって、デズデモーナの花のイメージを演出された。

デズデモーナの髪に花を挿す演出は、『風姿花伝』の中で世阿弥が物《もの》狂《ぐるい》の演出について述べたことを私に思い起こさせた。

およそ、物狂ひの出で立ち、似合ひつるやうに出でたつべきこと、是非なし。さりながら、とても物狂ひにことよせて、時によりて、なにとも花やかに出でたつべし。時の花を挿頭《かざし》に挿すべし。
（『風姿花伝』第二「物学条々　中」）

これは、季節の花を髪飾りにし登場する女物狂いの演出を述べた記述であるが、現在では見られない演出である。デズデモーナは女物狂いではない。しかし、髪に百合の花を挿した姿は、世阿弥の演出の復活のようにも私には思えた。

月と花に焦がれ、闇の中から生前の武将姿で庭園に登場する後シテのオセロは、尽きることのない引き裂かれた悲しさ、デズデモーナに夢の中でさえ逢えない苦しさを謡う。

オセロ　天にあっては比翼の鳥、地にあっては連理の枝、
魂魄夢にだに入り来たらず、
此恨み綿々として尽きることなし

ツレとしてデズデモーナの霊も現れ、詞章と二人の相舞によって、二人の過去と現在、心の動きが交錯し、「過去と現在が自由に交錯しつつ、そこに波打つ心の動きそのものが劇となる夢幻能の手法[9]」をとる。

この場面では、一人が近づけば一人は退くような舞で二人が交錯する心理を表現してほしいと辰巳氏にお願いした。二人が近づいてはすれ違う舞は、切ないほどの名場面を創り上げている。

(2) ワキ・吟遊詩人

私は、能の手法からあまり逸脱しないことを新作能創作の原則としているが、管見の限りでは、《オセロ》のようにワキに吟遊詩人や巡遊伶人のような人物を設定する例は見られない。《江口《えぐち》》《西行桜《さいぎょうざくら》》《実方《さねかた》》などは漂泊の歌人西行をワキとするが、西行は歌僧である。

中世の日本には、琵琶を弾きながら平家一門の物語を語り、その魂

を鎮めようとした琵琶法師の存在があった。

大方の能のワキとして設定される「諸国一見の僧」は、田代慶一郎氏が述べたように、西行や芭蕉のように「日々旅にして旅を栖」とする日本文学の伝統の「漂泊の思想」に拠っているが[10]、木下順二の説のように、舞台の上で行われている非現実を、見所《けんじょ》の我々にリアルに見せてくれる人物であり[11]、読経によってシテを成仏や悟りに導く重要な役割をも担っている。

目を世界に転ずれば、はやく紀元前八世紀の古代ギリシャ時代、楽器を弾きつつ歌語りする芸能者として、『イーリアス』『オデッセイ』の叙事詩を創作し歌ったとされるホメロスのごとく、アオイドスと呼ばれた吟遊詩人が存在した。中世ヨーロッパでは、詩曲を創り、琵琶のような楽器のリュートを弾きながら歌うミンストレルやトルバドール、ジョングルールなどと呼ばれる職業音楽家の存在があったらしい[12]。新作能《オセロ》のワキである吟遊詩人も旅を栖とし、舞台の上に展開される《オセロ》の世界のリアリティーを保障するが、読経によってオセロを成仏や悟りに導くのではなく、オセロとデズデモーナの霊に出逢った不思議な体験と二人の愛を詩に創り、楽器を弾きつつ歌語りして霊の魂を慰めようとする。

その歌語りがオセロとデズデモーナの執心を解き放つかどうかは、観客の心に任せたい。

(3) イアーゴ

アイはイアーゴの霊とした。原作の結末ではイアーゴは捕えられ処刑が宣告されるが、この新作能ではイアーゴは既に地獄に堕ちている霊である。

イアーゴの霊は、冒頭の口開と、能の前半と後半の間に登場し、なぜ自分がオセロに対して復讐を企んだか、どのように扇を用いてオセロを欺き、デズデモーナの不安を煽《あお》ったか、そして遂にオセロとデズデモーナを死に至らしめたか、を語って復讐の成功を誇る。

だが、次いで地獄に堕ちた己れを自嘲し、神の罠だと神を罵り、観客に対して神の仕掛けた罠に嵌るな、と注意を促すのである。

イアーゴ　苦しみ抜いたオセロはつひに妻を殺し、
自らも死んで果てた、
はははは、良い気味、良い気味、
イアーゴ様の復讐の罠のなんと見事なことよ、
ところがいかなこと、
いつのまにやら手前自ら罠の深みにはまり、
今は地獄に堕ちている、
なんといふ皮肉、なんと恐ろしき神の企み、
皆の衆、御用心、御用心。

脚本を書いていると、登場人物が自由に動き出して語り出すことがある。右にあげたイアーゴの霊の言葉もそうであった。

オセロとデズデモーナの悲劇の舞台となったキプロスは、キリスト教の普及以前はギリシャ文明の地であり、美と愛の女神アフロディーテが誕生した島として神殿もある。

イアーゴの地獄に堕ちた理由がイアーゴの語るように「神の企み」

であったとすれば、それは一体、どの神の企みであったのだろうか、なぜこのように企んだのであろうか。

原作以上にイアーゴの言葉と役割は重いのである。

以上のような検討を重ね、新作能《オセロ》を次のような構成と主題、人物造型で創作することをプロジェクトに提案した。

①原作『オセロ』の後日譚として複式夢幻能
②シテはオセロ（霊）前半は花守
③ツレはデズデモーナ（霊）
④イアーゴは地獄に堕ちた霊として、口開と前場と後場との間に登場
⑤ワキは僧とせず、諸国を巡る吟遊詩人
⑥三者三様の心理を掘り下げる劇能
⑦愛と嫉妬、真実と偽り、信と不信という相対立する概念と感情の間で翻弄される人間の姿、言葉の力、うた（詩歌）の力を主題

場所はキプロス島の廃墟の庭園、季節を花の咲く春と設定し、詞章の創作に取り組んだ。

三 ❖ 趣向

（1）愛と怨みの「扇」

原作では、オセロが愛の証としてデズデモーナに与えた母の形見のハンカチーフ（苺の刺繍のついた）を、イアーゴがエミリアに盗ませてキャシオの手に渡るようにし、それをデズデモーナとキャシオが密会した証として、イアーゴがオセロに讒言する。

新作能《オセロ》では、趣向としてハンカチーフを「扇」に変え、初演の際のイアーゴ役である茂山千三郎氏には、扇を背中に隠しながらオセロとデズデモーナのそれぞれに讒言するよう表現してほしいとお願いした。

イアーゴ　オセロには、
デズデモーナ様の心は他の男にござる、
それ、その証拠に、あなた様が与へた母御の形見の扇を、その男が持つております
と申して嫉妬に狂はせてやつた。

少し話が逸れるが、最近、このハンカチーフを用いた奸計を扇に変えて趣向とした例がオペラ『トスカ』にあることを知って驚いた。

画家のカヴァランドッシと歌姫トスカは深く愛し合う恋人同士である。トスカに横恋慕した警視総監スカルピアは、アッタヴァンティ侯爵夫人がたまたま置き忘れた扇子を小道具に使ってカヴァランドッシと婦人との関係をトスカに仄めかし、嫉妬を煽って二人の仲を裂こうとする。


嫉妬を糧に相手を陥れるために、イアーゴはハンカチを使った。

では私は扇子を使うことにしよう。

（『トスカ』第一幕）

はからずも『トスカ』と同じ手法になったが、日本では扇はかつて日常の生活用具であり、能では必須の小道具である。また古典文学において、『源氏物語』で源氏と朧月夜が、世阿弥作の能《班女《はんじょ》》で吉田少将と花子が扇を交換して再会を約束するように、扇（あふぎ）は男女が「逢ふ」の掛詞として用いられ、想う人の形見でも愛の証でもある。逆に、扇を捨てることは愛を捨てることであり、夏が終わったあとの「秋の扇」とは愛を失った女の比喩となる。

夏はつる扇と秋の白露と、何れか先に起臥の床冷しや独寝の、
さびしき枕して閨の月をながめむ　《班女》
ふる事までも思ひ出づる、班女が閨の中には秋の扇の色　《班女》

秋の到来とともにうち捨てられる扇を、「秋」を「飽き」に掛け、飽きられて寵愛を失った女に喩えるレトリックは、扇が重要な役割を果たす能《班女》の曲名が示すように、中国前漢・成帝の側室である班《はん》婕妤《しょうよ》が趙飛燕《ちょうひえん》に寵愛を奪われ、我が身を篋笥《きょうし》の中に放っておかれる白い扇に見立てて詠んだと伝える詩「怨歌行」（『文選』所収、『玉台新詠』では「怨詩」）とその享受に始まっている。

怨歌行　　班婕妤
新裂斉紈素　新たに斉の紈素《がんそ》を裂けば
皎潔如霜雪　皎潔にして霜雪の如し
裁為合歓扇　裁ちて合歓《ごうかん》の扇となせば
団団似明月　団団として明月に似たり
出入君懐袖　君が懐袖《かいしゅう》に出入りし
動揺微風発　動揺して微風発す
常恐秋節至　常に恐る　秋節至り
涼風奪炎熱　涼風炎熱を奪ひ
棄捐篋笥中　篋笥の中に棄捐《きえん》せられ
恩情中道絶　恩情の中道に絶えんことを
（『文選』・楽府）

班女閨中秋扇色　班女が閨の中の秋の扇の色
楚王台上夜琴声　楚王が台の上の夜の琴の声
（白雪は）班婕妤の閨の中で秋になって打ち捨てられた扇の色
楚の襄王が遊んだ蘭台で夜に演奏された琴の曲の名
（『和漢朗詠集』巻上・冬・「雪」・三八〇・尊敬）

新作能《オセロ》では、イアーゴは、オセロに対してデズデモーナの「扇（愛）」が既に別の男にあると語り、デズデモーナにはデズデモーナを「秋の扇」に喩えて不安を煽る。

イアーゴ　扇は秋には捨てられるもの
男の心はうつろふもの

扇（原作ではハンカチーフ）ゆえにデズデモーナを殺し、殺した後にデズデモーナの潔白が明かされるオセロにとって、扇はもはや愛の証ではなく、むしろ愛を破壊した原因以外の何物でもない。

新作能《オセロ》においてオセロの霊は、愛と後悔と怨みの象徴で

ある扇を無念の思いでじっと見る。そして、オセロもデズデモーナも去った後の能舞台には、能《頼政》のように、扇だけが残されるのである。

(2) 〈中有《ちゅうう》〉のデズデモーナ

『オセロ』を能に翻案した宗片邦義氏の『能・オセロー』（一九八六年初演）では、既に昇天していたデズデモーナの霊がツレとしてオセロの前に現れ、[13] 平川祐弘氏の『夢幻能オセロ』（二〇〇五年初演）では、愛執にとらわれていたデズデモーナの霊がシテとして登場し、巡礼の読経によって成仏得度する。[14]

新作能《オセロ》においてツレとして登場するデズデモーナの霊魂は、生前も死後も自分ゆえに苦しみ続けるオセロを見捨てて来世に向かうことができず、自ら〈中有〉に留まり続けている。

デズデモーナ　あはれ君、妾ゆゑ煩悩の苦界を離れず、
我は飽かざる君をおきて生死の道を離れ離れず、
ただ独り中有に留まりたる

「中有」とは仏教用語であり、「前世での死の瞬間から次の生存を得るまでの間の生存、もしくはそのときの身心を言う」[15] と説明されている。要するに〈中有〉とは現世と来世の間の時空と理解されるのだが、具体的にどのようにイメージされてきたのだろうか。

源《みなもとの》 俊頼《としより》という歌人が著した『俊頼髄脳《としよりずいのう》』（天永二年〈一一一一〉～永久三年〈一一一五〉成立）という歌学書には、生き物が何一つ見えない広大な荒野の中有を、孤独と現世の恋しさに耐えながら、ただ一人歩むイメージが語られている。

中有といひて、まだ、定まらぬ程は、はるかなる荒野に、鳥、獣などだに無きに、ただ一人ある心細さ、この世の人の恋しさ、堪へがたさ、推しはからせ給へ。

（『俊頼髄脳』）

西行の「中有の心を」と題する和歌の表現や、平安末期の『唐物語』（藤原成範《ふじわらのしげのり》作か）に語られた、玄宗皇帝が想いやる亡き楊貴妃が中有でひとり闇に迷う様子は、『俊頼髄脳』に記された〈中有〉のイメージと共通する。

中有の心を
いかばかりあはれなるらん夕まぐれただ一人ゆく旅の中空

（『聞書集《ききがきしゅう》』・二三一）

かくて日も夕暮になるほどに、御かたはらさびしきにつけても、「いかなる中有の旅の空に、ひとり闇に迷ふらむ」など、おぼし乱れたる心苦しさ、哀れに悲しなどいふもをろかなり。

（『唐物語』第十八「玄宗皇帝と楊貴妃の語」）

能には「帰るさも、涙にくれ果てて、中有にさまよふ身なるとも」《恋の松原》、「中有の道も近づくか、橋と見えしも中絶えぬ」《船橋《ふなはし》》など、詞章に「中有」の語が用いられている。《弱法師《よろぼし》》では、独り彷

徨する盲目の俊徳丸にとって、

盲目とさへなり果てて、生をもかへぬ此世より、中有の道（観世流では「中有の闇」）に迷ふなり

（ついには盲目にまでなってしまって、まだ死なない前から、生きながらにして中有の道に迷っている）《弱法師》

のように、現世そのものが中有だと表現されている。

中有に関するこのようなイメージや思想は、少なくとも中古から中世にかけての日本人には一般的なものであったようで、成仏しきれぬ霊が主人公として登場する能こそは、中有の思想やイメージを基盤とするドラマツルギーに拠っていると言える。

暁方、デズデモーナは、オセロに心を残しつつ、〈シオリ〉（涙をおさえる動作によって悲しみを表す型の一つ）ながら、中有に戻ってゆく。

地謡　かたみに袖を絞りつつ、夜も暁に近づきぬ、
　されば今は限りとて、別るる時になりぬれども
オセロ・デズデモーナ　しづの苧環《をだまき》
地謡　繰り返し返しても、なほ立ちかへる心かな

デズデモーナが身にまとう透き通った軽やかな白の絹のベール（168頁）は、彼女の美しさ、貞潔、無垢、純愛を表すとともに、現世と来世の境界である〈中有〉に身を置くことを表現して成功だったと思う。

オセロが、「自分はデズデモーナに許されていない、許されるはずがない」と思い込んでいる限り、そしてオセロがオセロ自身を許さない限り、デズデモーナは中有に留まり続けるのである。

おわりに

伊藤正義は中世文学としての謡曲という観点から、本論の冒頭にあげた『三道』の記述を、

種（素材）は、謡曲の素材的発見と文学世界の拡大
作（構成）は、謡曲の文学的形態の創造と展開
書（表現）は、謡曲の文学的表現の継承と展開

のように具体的に言い替えている。(16)

韻文を用いた詩劇の脚本としても文学作品としても自立・自律できる新作能の創作を私が目指す理由は、演劇性と文学性を併せ持ち、演者や観客、読者に、演じたい、見たい、読みたいと思わせるような能、一回きりの上演ではなく幾度も上演されるような能こそが、未来にも続く能であり、ひいては能の未来の一助になると信じるからである。

新作能《オセロ》はそれに適うであろうか。鑑賞者の、そして読者の批判を待ちたい。

【注】

（1）福田恆存訳『オセロー』（二〇一二・新潮文庫）。

（2）ジラルディ・チンツィオ著・望月紀子訳「チンツィオ百物語抄」（『澁澤龍彦文学館―ルネサンスの箱』所収、一九九三・筑摩書房）。

（3）「さて、美しいものの裡に穢いものが潜み、また、穢いものの裡には美しいものが潜んでいることを、「きれいは穢い、穢いはきれい」（第一幕第一場）という魔女のセリフは示している。このパラドックスは、シェイクスピア自身の人間観でもあるのではないだろうか。…この言葉から、人間が穢さと美しさを併せ持つということを読み取り、これをシェイクスピア作『マクベス』の主題と考えるなら、これは、時代や国境、文化の相違を超えて、あらゆる人間に共通する普遍的な主題でもある」羽衣国際大学日本文化研究所　泉紀子編『新作能マクベス』「新作能《マクベス》制作のプロセス」（二〇一五・和泉書院）。

（4）『古今集』の鎌倉期から室町初期にかけてのいわゆる古注は、能の重要な出典源となっている。特に『古今集』仮名序の古注が詞章に用いられていたことは、「古今注の世界―その反映としての中世文学と謡曲―」（『観世』一九七〇→『伊藤正義　中世文華論集　第一巻　謡と能の世界（上）』二〇一二・和泉書院）を始めとする伊藤正義の一連の著述及び熊沢れい子「古今集と謡曲―中世古今注との関連において―」（『国語国文』第四三四号、一九七〇・一〇）等に詳述されている。

（5）伊藤正義「蟻通―和歌の心を道として―」（『謡曲雑記』一九八九・和泉書院→『謡曲入門』二〇一一・講談社学術文庫）。

（6）マイケル・ファーバー著・植松靖夫訳『文学シンボル辞典』（二〇〇三・東洋書林）。

（7）夏目漱石「白菊にしばし逡巡らふ鋏かな」（『漱石全集　第十一巻』一九七五・岩波書店）。

（8）「形代《かたしろ》」とは、日本古典文学において、その人の代りとなる人やものを意味する語。形代の論理は『源氏物語』に顕著である。

（9）西野春雄解説『謡曲百番』五「夢幻能と現在能」（一九九八・新日本古典文学大系・岩波書店）。

（10）田代慶一郎『夢幻能』「夢幻能の世界」二「諸国一見の僧」（1）（一九九四・朝日選書）。

（11）木下順二「複式夢幻能をめぐって」（『日本文化のかくれた形』一九九一・岩波書店）。

（12）伊東俊太郎『十二世紀ルネサンス』（二〇〇六・講談社学術文庫）第七講「ロマンティック・ラブの成立」によれば、愛をテーマに作詩作曲し、リュートを演奏しながら歌唱するトルバドールは各地の宮廷を遍歴する抒情詩人・吟唱詩人であり、各地を訪れて歴史的な事件や物語を歌うジョングルールは大道芸人であって、両者は明確に区別されるべきとある。新作能《オセロ》の英訳では、中世ヨーロッパにおいて宮廷に仕えた職業芸人を指し、かつ現代において一般的に「吟遊詩人」を表す語「ミンストレル（minstrel）」を用いている。

（13）宗片邦義『日英二か国語による「能・オセロー」創作の研究』（一九九三・勉誠社）所収。

（14）平川祐弘『アーサー・ウェイリー『源氏物語』の翻訳者』（二〇〇八・白水社）所収。

（15）『岩波　仏教辞典』（一九八九・岩波書店）。

（16）『伊藤正義　中世文華論集　第一巻　謡と能の世界（上）』「一　能と古典文学」前掲注（4）。

1 日本語

◆主な登場人物

オセロ　ベネチア政府に仕える勇猛で高潔な、ムーア人の将軍
デズデモーナ　オセロの美しい貞節な妻
イアーゴ　オセロの旗手
キャシオ　オセロの副官
エミリア　イアーゴの妻、デズデモーナの侍女

オセロの旗手であるイアーゴは、長年の功績にもかかわらず、将軍オセロがイアーゴではなくキャシオを副官に任命したことを恨み、オセロに復讐を企む。

彼は忠義者を装って言葉巧みにオセロを操り、副官キャシオを失脚させる。そして、オセロがデズデモーナに与えたハンカチーフを妻のエミリアに盗ませ、キャシオの手に渡るようにし、デズデモーナとキャシオの不義をでっちあげる。イアーゴを信じて疑わないオセロは、嫉妬の激情にかられ、デズデモーナを自らの手で殺してしまう。その直後、すべてがイアーゴの罠であったことを知ったオセロは、激しく後悔し、悲嘆し、人々の前で自害する。

これは、ベニスの将軍オセロが前線の指揮官として妻デズデモーナを伴い赴いた、キプロス島での悲劇である。

（泉　紀子）

2 The Summary of *Othello* by William Shakespeare (English)

◆ Main Characters

Othello	A Moorish general, noble and valiant, in the service of Venice
Desdemona	Othello's beloved and innocent wife
Iago	Othello's ensign
Cassio	Othello's lieutenant
Emilia	Iago's wife, Desdemona's attendant

Othello's ensign, Iago, harbours resentment towards the General who has promoted Cassio to lieutenant ahead of him despite his long service. He seeks revenge on Othello. Pretending to be his loyal subordinate, Iago manipulates Othello with deceitful words, leading Othello to dismiss Cassio from his post. Furthermore, he induces his wife Emilia to steal the handkerchief Othello has given to Desdemona, and plants it in Cassio's lodgings to fabricate an affair between Desdemona and Cassio. Believing Iago's words without a doubt, Othello is maddened by jealousy, and smothers Desdemona. Soon after, Desdemona's innocence is revealed, and Iago's treachery exposed. In a fit of remorse and grief, Othello kills himself in the presence of his fellows.

This tragedy took place in Cyprus, where the Venetian General Othello went off as the commander of the battlefront, accompanying his wife Desdemona.

(Shizuka YOSHIDA)

3 威廉·莎士比亚的《奥赛罗》梗概（中文）

◆主要登场人物

奥赛罗	威尼斯城邦雇佣的一个勇猛，高洁的摩尔人将军
苔丝狄蒙娜	美丽，忠贞的奥赛罗妻子
伊阿古	奥赛罗的旗官
卡西欧	奥赛罗的副官
爱米莉亚	伊阿古之妻，苔丝狄蒙娜的侍女

作为奥赛罗旗官的伊阿古，虽有长年功绩，但奥赛罗提拔了卡西奥任副将而未关注自己，因此伊阿古愤恨奥赛罗要企图报复。伊阿古假装忠于奥赛罗，想方设法令奥赛罗误会，让卡西欧下台。伊阿古令爱米莉亚偷奥赛罗送给苔丝狄蒙娜的手巾，交给卡西欧，炮制了苔丝狄蒙娜和卡西欧不贞的“证据”。奥赛罗一直相信伊阿古，他任“怀疑”这种毒药在心间燃烧，亲手掐死了苔丝狄蒙娜。但紧接着知道都是伊阿古的圈套，奥赛罗猛烈后悔悲叹，在大家面前拔剑自刎。

这是在威尼斯将军奥赛罗作为前线指挥官带着妻子苔丝狄蒙娜赴任的塞浦路斯岛发生的悲剧。

（瀬戸 宏）

新作能《オセロ》梗概

1 日本語

前シテ　花守　　**後シテ**　オセロの霊
ツレ　デズデモーナの霊
ワキ　吟遊詩人
アイ　イアーゴの霊
場所　キプロス島の廃墟の庭園　　**時**　春

所は地中海のキプロス島にある廃墟の庭園。イアーゴの亡霊が登場し、ヴェネツィアの将軍オセロを嫉妬の罠にかけ、妻デズデモーナもろとも死に追いやった、と自慢げに語って消える。一人の吟遊詩人が、ヴェネツィアから神々の島キプロスにやってきた。旧跡を巡るうちに日も暮れ、詩人は馥郁とした花の香に導かれて廃墟の庭園に迷い込む。そこには、月の光に照らされて白銀と見紛うほど白く輝く花が一面に咲いていた。詩人が一枝手折ろうとすると、花守が現れ、「将軍オセロと妻デズデモーナが企みにあって哀れな最期を遂げて以来、毎年、その一夜だけ咲く花なのだから、哀れと思って花を折ってくれるな」と言う。また、月に照らされて花が白く輝く不思議さについて尋ねると、花守は、「オセロが妻とともに眺めた月だからであり、白い花は貞潔の証で亡き人の面影をうつしているのだ」と答える。語るうちに物狂いとなった花守は、花を恋い慕って触れようとするのだが、花はたちまち色あせて次々に散ってゆく。すると花守は、「花はまだ自分を許していない」と散った花をかき集めては胸に抱き、花の香を自分の袖に移して、「花の香を恋しいときのよすがとしつつ、また一年待たなければならない」と悲嘆した。花守の話の詳しさや様子の不審さに、「オセロの亡霊ではないか」と尋ねると、花守は「そうだ」と答え、花嵐とともに消える。再度オセロに逢いたいと、詩人は月光と花を敷いて仮寝する。

夢にイアーゴの亡霊が現れ、「オセロはいまだに物の本質を見る事ができない。花はそもそもうつろうものだ。人の心を操るのは実に面白い」と嘲笑する。そして、オセロの母の形見である扇を使ってオセロとデズデモーナをどのように罠にかけたかを再現してみせ、復讐の成功を誇るが、「自分も地獄に堕ちているのだ」と自嘲して、神をののしり、笑いながら消える。次いで、勇将姿でオセロの霊が登場し、偽りの言葉を信じて嫉妬し、妻の命を奪って自滅したことを歎く。そこに、死後も自分故に苦しみ続けるオセロを見捨てられず、生死の間の〈中有〉に留まり続けているデズデモーナの霊が現れる。デズデモーナは、「生前も死後もオセロへの愛は変わらない、自分の言葉を真実だと信じてくれ」と言うのだが、オセロは〈言葉〉そのものに対する不信感に囚われ続け、また、自分を許す事ができない。オセロへの愛と、交錯したままで結ばれない哀しさを抱きつつ、デズデモーナは〈中有〉へと帰っていく。残されたオセロは「この果てしない苦しさから救ってくれ」と詩人に頼む。詩人は、この哀れな物語を詩に成して歌い語り伝え、詩の力によって魂を慰めようと約束し、オセロは地獄へと戻っていった。詩人が夢から醒めると、荒れ果てた廃墟の庭に月光が白々と差し込むだけで花の姿はなく、花の香だけが残っていた。

（泉 紀子）

2 *The Summary of Shinsaku-Noh* "Othello" (English)

Mae-Shite **– Guardian of the Flowers**
Nochi-Shite **– Ghost of Othello**
Tsure **– Ghost of Desdemona**
Waki **– Minstrel**
Ai **– Ghost of Iago**
Place **– a ruined garden in Cypress** ***Time*** **– Spring**

In a ruined garden in Cypress, comes out the Ghost of Iago. He proclaims that he has plotted to cast Othello, General in the Venetian army, into a pit of jealousy, driving both the General and his wife Desdemona into death. Iago then vanishes.

A minstrel arrives from Venice in Cypress, the island of gods and goddesses. Darkness gains as the Minstrel visits the remains around the island. He comes upon a ruined garden, led by the fragrance of flowers he has never scented before. He finds silver-white flowers all over, bathing in moonlight. Bewitched by the beauty of the flowers, the Minstrel was about to break off a branch when a guardian appears and reproaches the act of the Minstrel: "These flowers bloom for one night only every year on the night Othello and his wife Desdemona perished. Therefore, please take pity on the flowers and spare them." The Minstrel asks the Guardian why these flowers glow under the moonlight. "The moon you see is that of Othello and Desdemona had once enjoyed watching side by side. And these white flowers are the attestation of chastity reflecting the image of the defunct Lady," explains the Guardian. All of a sudden, the Guardian is caught in frenzies. Although he tries to embrace the flowers, they wither, and the petals fall off one after another at his slightest touch. "The flowers have not forgiven me yet!" wails the Guardian. He gathers the scattered petals in his arms, and presses the fragrance onto his sleeves. "I am condemned to wait another long year retaining the fragrance as a reminder of the sweet days," laments the Guardian. Bewildered by the Guardian's mystifying behaviour and his detailed story the Minstrel asks him if he is the Ghost of Othello himself. Answering yes, the Guardian vanishes with a swirl of wind rolling up the flowers. Hoping to meet Othello again, the Minstrel spreads out the white flowers and the moonlight to lie on. He falls asleep before long.

In the dream of the Minstrel appears the Ghost of Iago. He utters with sneer: "Othello has never understood the essence of the existence. Flowers are ephemeral and evanescent after all. How amusing it is to manipulate humans' souls!" He demonstrates how he has deceived Othello and Desdemona using a fan, a keepsake of Othello's mother. Although Iago vaunts the success of his revenge, he pours scorn on himself because he too has fallen into hell. He disappears with loud laughter cursing the gods.

Once Iago has gone, the Ghost of Othello

comes out in full warrior armour. He is ashamed of believing the deceiving words of Iago, causing a deep jealousy which has led him to self-destruction. He also repents of taking Desdemona's life with his own hands. Then the Ghost of Desdemona comes out. Her soul has long been abiding at 'chu-u', the midway state towards rebirth, unable to move on to the next life after her death, for she could not abandon Othello alone tormented by the love for her. Desdemona implores Othello to believe her: "My love for you is inalterable, dead or alive. Do believe my words." Othello, however, cannot forgive himself. Moreover, he is unable to unchain himself from the despair caused by the 'words'. Desdemona returns to 'chu-u', bearing her love for Othello and also the sorrow of their divergent hearts.

Left behind, Othello implores the Minstrel to relieve him from his unending agony. The Minstrel promises him to write a song to relate this tragic story, and chant it to pass down from generation to generation. He assures Othello that the power of the words will comfort the tormented souls. At the word of the Minstrel, Othello would return to hell.

When the Minstrel awakes from the dream, the ruined garden was lying under the moonlight. Although the white flowers were no longer there, its scent was still in the air.

(Noriko IZUMI and Shizuka YOSHIDA)

3 新作能　奥赛罗（中文）

前仕手	护花者		
後仕手	奥赛罗的亡灵		
连	苔丝狄蒙娜的亡灵		
胁	游吟诗人		
狂言	伊阿古的亡灵		
位于	地中海塞浦路斯岛的一座废墟中	**季节**	春天

伊阿古亡灵登场，炫耀昔日让威尼斯将军奥赛罗心生嫉妒，与爱妻苔丝狄梦娜同归于尽的往事，言罢亡灵消失而去。

一个游吟诗人从威尼斯来到了人杰地灵的塞浦路斯岛。诗人游览名胜古迹之中，不觉日落西山，一股沁人心脾的花香将诗人引入园中深处。只见月光照映之下，一片盛开的白花泛着银白色的光芒。诗人正要摘下一朵，护花使者突然现身，告诉诗人，自从奥赛罗将军与苔丝狄梦娜夫妇遭奸佞算计惨死以来，每逢夫妻二人的忌日，白花就会绽放，并恳求诗人切莫糟蹋。诗人看着月光下泛着白光，越发觉得蹊跷，护花使者言道，“这月亮，乃是奥赛罗夫妻共赏之明月，白花映出的乃是忠贞亡魂的面庞。”护花使者讲述中渐失常态，百般怜爱地抚摸花瓣，一瞬间，花瓣纷纷暗淡失色，凋零衰败。护花者见状，将败落一地的花瓣抱在胸前，将花香揽入袖中，哀叹道，“花儿仍未原谅我，惟有余香寄追思，明年今日再重逢。诗人看护花者的言辞癫狂，行为诡异，遂问道，“莫不是奥赛罗的亡灵？”护花者答道“正是”，言罢随花瓣飘散而去。诗人以花为席，头枕月光，席地而卧，期盼着与奥赛罗在梦中相逢。

首先现身诗人梦中的是伊阿古的亡灵，他嘲笑道，“常言道，花无百日红，奥赛罗那厮至今仍不辨真相，才让我操纵人心操纵地如此快活。”随后，他再现了如何用奥赛罗母亲留下的扇子离间奥赛罗夫妻的往事，炫耀自己是如何报仇雪恨，也慨叹自己因此坠入地狱，他狂笑，他大骂神灵，最后消失而去。

这时，奥赛罗的亡灵以甲胄之身登场，慨叹自己竟轻信了奸佞的谗言，妒火中烧要了爱妻的性命，最终家破人亡。苔丝狄梦娜现身，因其死后也念念不忘因自己而苦不堪言的奥赛罗，因此在生死之间〈中有〉不得超度。苔丝狄梦娜表白自己无论生前死后都深爱着奥赛罗，求他相信自己的话，奥赛罗却表示，自己的罪孽正是因为轻信，慨叹人言不可信，自作孽不可饶。苔丝狄梦娜因爱而无法自拔，深爱着奥赛罗，亦真亦幻中夫妻对面却无缘相拥，只得回到〈中有〉。只留奥赛罗孑然一身，恳求诗人，“救我出苦海”。诗人与奥赛罗约定，定将这段凄婉的故事写作诗歌，以诗告慰亡魂，奥赛罗闻听此言回到了地狱。诗人一觉醒来，眼前荒芜的废墟上，月光白潋花散尽，唯有余香遗故园。

（丁 曼）

028-029頁及び、178-191頁の中国語訳は、次の研究助成の成果である。
基金项目：项目名称“日文北京文史资料的整理、翻译、研究与利用”，北京市社会科学基金项目，编号为14WYB031。

校注 新作能《オセロ》詞章（付現代語訳）

【登場人物】

前シテ　花守

後シテ　オセロの霊

ツレ　デズデモーナの霊

ワキ　吟遊詩人

アイ　イアーゴの霊

【所】キプロス島（サイプラス島）・廃墟の庭園　【時】春

※上演毎に詞章に若干の変更があったが、本書には現時点で最善と考える詞章を収めた。

※▼印はシェイクスピア作『オセロ』からの、▽印は古典詩歌からの引用・転用であり、本書の39～50頁の〔注〕に掲げて説明を加えている。

①イアーゴの霊の登場

イアーゴの霊が扇を持って登場する。イアーゴは、オセロを恨んで復讐を企み、オセロとその妻のデズデモーナに罠をしかけたと語る。

【詞章】

アイ「▼そもそもこれは比類なき誠実な男、イアーゴ様、▼あまたの戦《いくさ》に命を賭け、東奔西走して手柄を立て、オセロ将軍に忠義を尽くしてきた、

しかるにあのオセロの奴め、ムーア人《びと》のくせに、ムーア人のくせに、この俺様を下《した》つ端《ぱ》に追ひやつたまま、副官の地位を別の男に与へやつた、なんたる理不尽、

されば、ひそかに復讐を企み、▼地獄と闇夜の力を借りて、この企み

【現代語訳】

イアーゴ　そもそもこの俺は、これ以上ないほど誠実な男のイアーゴ様。多くの戦に命を賭け、東奔西走して手柄を立て、オセロ将軍に忠義を尽くしてきた。

それなのにあのオセロの奴め、ムーア人のくせに、ムーア人のくせに、この俺様を下っ端に追いやったまま、副官の地位を別の男に与えたのだ。なんという理不尽。

そこで、俺はひそかに復讐を企み、地獄と闇夜の力を借りて、この企み

に日の目を見せてやつたわ、▼手前の心は手前のためにとつておく、
猫かぶりの忠義面で、オセロと妻のデズデモーナに罠をしかけた、
人の心を罠にかくるは何ともたやすい事ぢや、▼まことに嫉妬にまさる毒薬はなし、
▼廻れ廻れ、毒よ廻れ、人の表《うはべ》しか見ぬ阿呆の心に、毒よ廻つて燃え上がれ、毒よ廻つて燃え上がれ

を実行してやった。自分の心は自分のために取っておく。表面はいかにも忠義者として振舞って、オセロとその妻のデズデモーナに罠をしかけた。人の心を罠にかけるのはなんともたやすいことだ。まことに嫉妬ほどよく効く毒薬はない。

廻れ廻れ、毒よ廻れ、人のうわべしか見ぬ阿呆の心に、毒よ廻って燃え上がれ、毒よ廻って燃え上がれ。

② 吟遊詩人の登場

キプロス島に到着した詩人が、島を巡るうちに、花の芳香に誘われ廃墟の庭園に入り込む。庭園には、月光に照らされて輝き、馥郁《ふくいく》とした香を放つ白い花が一面に咲いていた。あまりの美しさに、詩人は花を一枝折ろうとする。

ワキ〽八重の潮路の浦の波、八重の潮路の浦波を分けて港に着きにけり
「これは諸国を吟遊する詩人《うたびと》にて候、漂泊の思ひやまざるままに、ベネチアを出で、海原を越え、八十島をめぐり、キプロス島に着きて候、さてもこの島は、古へ、ベネチア国の治めし所にて、神々を祀る島なれば見所多し、名所旧跡残りなく一見せばやと存じ候、
ここかしことめぐるうちに、はや日も暮れ月も昇りて候、
や、何処よりか妙なる花の香ぞする。いかなる花の咲きたるやらん
〽不思議やな荒れたる廃墟の庭に、月の光を受け白き花あまた咲き、
白銀《しろがね》と見まがふまで輝きたり
「いかさまここは神の庭か

吟遊詩人　幾重にも重なる海路の波、幾重にも重なる海路の波を漕ぎ分けて、船が港に今着いた。

私は諸国を吟遊する詩人《うたびと》です。止むことのない漂泊の思いに任せ、ベネチアを出て、海原を越え、多くの島々を巡って、キプロス島に着きました。ところでこのキプロス島は、かつてベネチアが治めていた所であって、神々を祀る島なので見所が多いのです。私は、それらの名所旧跡を一つ残らず見たいと思っています。

あちらこちらと巡るうちに、はや日も暮れ、月も昇りました。

おや、どこからか、いい花の香りがする。どんな花が咲いているのでしょうか。

不思議なことだな、荒れ果てた廃墟の庭に、月の光を受けて白い花が一面に咲き、白銀に見まがうほど美しく輝いています。

ここは神の庭なのでしょうか。

〽春宵一刻、値千金、月も照り添ふ花の上、月、月に非ずして、花、花に非ざれば、いづれが月か花影か

地〽月の光に見え分かず、今を盛りと咲く花も、散れば芥となりぬべし、散れば芥となりぬべし

ワキ「散るにはあまりに惜しき花

〽心あてに一枝《いっし》の春を折らばやと

春宵一刻、値千金。花の上に月の光が加わって、月は月でなく、花は花でなく、いずれが月か花なのか。

地　月の光に見分けることができないが、このように美しく咲き誇る花も、散れば芥になってしまう、散ってしまえばただの芥になってしまいます。

吟遊詩人　散ってしまうにはあまりにも惜しい花です。どこが月の光でどこが花なのかわからないが、当て推量に一枝春の花を手折ってみたい、と。

③花守の登場

詩人が花を折ろうとした時、咎《とが》める声がして花守が闇の中から現れる。花守は、オセロとデズデモーナの悲劇的な死の後、白い花が一年に一夜だけ咲く、と語る。

シテ「なうなう旅人、その花な折り給ひそ

ワキ「人影もなき庭と思ひしに、我を咎むるはいかなる人ぞ

シテ「我は長き年月この花を守りたる者にて候

ワキ「長き年月花を守りたるとは、何か謂《いは》れの候か

シテ「そもそもこの城はベネチアの砦にて、夷狄《いてき》と戦ひし将軍オセロと、その美しき妻の住み給ひし所なるが、邪なる企みにあひ、二人《ににん》して哀れなる最期を遂げられて候、また夫婦の空しくなりて後、毎年《ねん》その月その日の夜、ただ一夜《ひとよ》ばかり白き花咲く、今宵咲きたるその花を、いかにも哀れと思し召し

花守　もうしもうし旅の方、その花を折らないでください。

吟遊詩人　人影もない庭だと思いましたのに、私を咎めるのはどのような人なのでしょう。

花守　私は長い年月この花を守っている者でございます。

吟遊詩人　長い年月花を守っているとは、何かこの花に謂れがあるのでしょうか。

花守　そもそもこの城はベネチアの砦であり、野蛮な異国の民と戦ったオセロ将軍と、その美しい妻が住んでおられた所なのですが、邪悪な企みにあって、二人共に哀れな最期を遂げられたのです。また夫婦が亡くなった後、毎年、その月のその日の夜、一晩だけ、白い花が咲きます。今宵やっと咲いたその花を、なんと哀れなとお思いになって、

〽心とどめて御覧ぜよ

心を留めて御覧あれ。

④ 花守と詩人との対話（1）

月光を受けて一年に一夜、花が咲く謂れを語った花守は、狂乱して花を抱きしめようとするが、花はたちまちに色あせて次々散っていき、花守は「花がまだ私を許していない」と悲嘆する。

ワキ〽聞くに不思議の物語、月に照らされ輝きて、ただ一夜咲くは何故ぞ

シテ「オセロと妻のもろともに、眺めし月なれば

〽見れば心を傷《いた》ましむ

ワキ「白き花は貞潔の証《あかし》にて

シテ「また故《な》き人の面影なれば

ワキ〽見れば眼もくれ心乱るる、

地〽あら苦しや、物狂ひぞと言はば言へ

（とオセロが花に近づくと、花はたちまちに色あせ、触れようとすると庭園中の花が散ってゆく）

シテ〽花未だ我を許さず

吟遊詩人　聞いてみるとなんと不思議な物語だろう。では、月に照らされ輝いて、たった一夜だけ花咲くというその理由は。

花守　オセロと妻がともに眺めた月だから、月を見ると心が痛む。

吟遊詩人　白い花は貞潔の証であって、

花守　また亡き人の面影だから、

吟遊詩人　花を見ると目もくらみ心が乱れる。

地　ああ苦しい、私を物狂いだと言うなら言え、

花守　花はまだ私を許していない。

⑤ 花守と詩人との対話（2）

驚いた詩人が花の散る理由と花守の言葉の意味を尋ねると、花守は「妻がまだ私を許していない。また一年待たなければならない」と答え、自分がオセロの亡霊であることを明かして消える。詩人は夢の中でオセロに逢えることを願って旅寝する。

ワキ「不思議やな、花守の近づけば花忽《たちま》ちにうつろひ、風も吹かぬに

吟遊詩人　不思議だ、花守が近づくと花はたちまち色あせて、風も吹かな

悉《ことごと》く散りたるは如何《いか》に、また花御身を許さずとは

シテ「我が妻未だ我を許さざるなり

〽月にも花にも捨てられて候、一年に、一度待ちし我なれば

地〽一年待ちし我なれば、香をだに残し給へや、いとせめて恋しき時の思ひ出と、花の香を袂に移し

シテ〽今日よりは、いつしかとのみ待ちわたる

地〽かやうに委しき物語、白き花を妻ぞとは、さてはオセロの亡霊か

シテ〽恥づかしながら然りとて

地〽月にむら雲花に風、嵐とともに幻の、人、木石に非ざれば、浮世の咎はなくもがな、告ぐるほどなく失せければ

ワキ〽夢路にもしや逢はんとて

地〽月と花とを片敷きて、しばし旅寝に待たうよ、しばし旅寝に待たうよ

（中入）

いのにすべて散っていくのはなぜなのでしょう。また花があなたを許さないとは。

花守　私の妻がまだ私を許していないということだ。私は月にも花にも見捨てられたのです。一年に、ただ一度を待った私だから、

地　一年待った私だから、せめて香りだけでも残してください。どうしようもなく恋しい時に思い出すよすがにと、花の香を袖に移して、

花守　今日からは、また一年を今か今かと待ち続けるのです。

地　このように詳しいお話、そして白い花を妻だとは、さてはあなたはオセロの亡霊なのですか。

花守　恥ずかしいことだがそうなのだ、と言って、

地　月にむら雲、花に風。一陣の花嵐とともにオセロの霊は幻となって、人は木石ではないのだから現世での罪を咎めるのはおよしなさい、と告げる間もなく消えてしまったので、

詩人　夢の中でもしや逢えるだろうかと、

地　月光と散った花とを下に敷き、しばし旅寝してオセロを待ちましょう、しばし旅寝して待ちましょう。

⑥イアーゴの霊の再登場

詩人の夢うつつにイアーゴの霊が現れる。イアーゴは、オセロとデズデモーナにどのようにして扇を用いて嫉妬の罠を仕掛け、死に追いやったかを語ってオセロを嘲笑するが、地獄に堕ちた自分をも嘲笑し、次いで神を罵って地獄に戻っていく。

アイ「ははははは、毒がまだ効いていると見える、我が妻、いまだ我を許さずだと、花、いまだ我を許さずだと、また一年だと、花はそもそもうつろふものぞ、いづれの花か散らで残る、あのムーア人はいまだに物の表《うはべ》しか見ぬ、人の心を操るは、いかにも面白き事ぢや、

オセロには、（扇を背中に隠しつつ）

デズデモーナ様の心は他の男にござる、それ、その証拠に、あなた様が与へた母御の形見の大事な扇を、その男が持つており まする、

と申して嫉妬に狂はせてやつた、実は身どもが盗ませておいた、

デズデモーナには、（扇を背中に隠しつつ）

大切な扇は必ず見つかりませうとも、誤解も解けて忽ちにオセロ将軍の御心もおさまりませうとも、さりながら、扇は秋には捨てられるもの、男の心はうつろふもの、

と不安を煽つた、

苦しみ抜いたオセロはつひに妻を殺し、自らも死んで果てた、ははははは、良い気味、良い気味、イアーゴ様の復讐の罠のなんと見事なことよ、

ところがいかなこと、いつのまにやら手前自ら罠の深みにはまり、今は地獄に堕ちている、

なんといふ皮肉、なんと恐ろしき神の企み、皆の衆、御用心御用心、

〽廻れ廻れ毒よ廻れ、人の心に硫黄のごとく毒よ廻れ、廻れ廻れ、毒よ廻れ

「ははははは（退場）

イアーゴ　ははははは、毒がまだ効いているようだ。私の妻はまだ私を許していないだと、花がまだ私を許していないだと、また一年だと。花はそもそもうつろうものだ、どの花が散らずに残るものか。あのムーア人は、いまだに物事の表しか見ない。人の心を操るのは、本当に面白いことだ。

オセロには、

デズデモーナ様のお心は他の男にございます。それ、その証拠に、あなた様が与えたお母様の形見の大事な扇を、その男が持っております。

と言って嫉妬に狂わせてやった。実は俺が盗ませておいた。

デズデモーナには、

大切な扇は必ず見つかりましょうとも、誤解も解けて、たちまちオセロ将軍のお心も治まりましょうとも。とは言うものの、扇は秋には棄てられるもの、男の心は変わるもの。

と不安を煽った。

苦しみぬいたオセロは遂に妻を殺し、自らも死んで果てた。ははははは、いい気味、いい気味。イアーゴ様の復讐の罠のなんと見事なことよ。

ところがなんとしたこと、いつの間にやら自分が自分の罠の深みにはまって、今は地獄に堕ちている。

なんという皮肉、なんと恐ろしい神の企み。皆の衆、御用心、御用心。

廻れ廻れ毒よ廻れ、人の心に硫黄のごとく毒よ廻れ、廻れ廻れ、毒よ廻れ、

ははははは

⑦ オセロの霊の登場

オセロの霊が勇将姿で登場する。オセロは、罠にはまって偽りを信じ、信じるべきデズデモーナを疑ってその命を奪い、武人としての名誉をも捨てた後悔と恥辱に悲嘆する。

シテ〽天にあつては比翼の鳥、地にあつては連理の枝、魂魄《こんぱく》夢にだに
入り来たらず、此恨み綿々として尽きることとなし
ワキ〽あら恐ろしや、甲冑を帯びたるその姿、もしやオセロの亡霊か
シテ「いかにも将軍オセロなり、月に誘はれ花に焦れ、闇の裡《うち》より現
れ出でたり
地〽今年《こんねん》花落ちて顔色《がんしょく》改まり、明年《みやうねん》花開き復《ま》た誰か在る
シテ〽春や昔の春ならぬ、この身はもとの身にあらず、我も昔は男山
地〽我も昔は男山、さかゆく時も有りけるに、偽りを信じ誠を疑ひ、
瞋恚《しんに》の炎に身を焦がし
シテ〽つひに妻の命を奪ひしこと
地〽この身も我が名も落ち果てて
ワキ〽月にも花にも見捨てられ、かやうに闇に彷徨《さまよ》へば
シテ〽我からなれど口惜しや
地〽あら恥づかしやな

オセロ　天にあっては比翼の鳥、地にあっては連理の枝、と誓い合ったというのに、妻の魂は夢の中にさえ現れてこない。この引き裂かれた恨みは綿々と続いて尽きることがない。

吟遊詩人　ああ恐ろしい、甲冑を身につけたその姿は、もしやオセロの亡霊でしょうか。

オセロ　いかにも私は将軍オセロである。月に誘われ花に焦がれて、闇の中から現れ出たのだ。

地　今年、花は散り人は衰え、来年、花はまた咲くが誰がなおも生きているだろうか。

オセロ　春は昔の春ではないのか（いや昔のままだ）、だが私はかつての私ではない。しかし私も昔はひとかどの男として、

地　私も昔はひとかどの男として、世にときめいたときもあったというのに、偽りを信じて真実を疑い、嫉妬の炎に身を焦がして、

オセロ　ついに妻の命を奪ったのだ。

地　この身も滅び我が名誉も地に堕ちてしまって、

吟遊詩人　月にも花にも見捨てられ、このように闇をさまよって、

オセロ　すべて自分のせいなのだが悔しいのだ。

地　ああ恥ずかしいことだな。

⑧ デズデモーナの霊の登場

死後も自分故に苦しみ続けるオセロを見捨てられず、〈中有〉にとどまり続けているデズデモーナの霊が現れる。デズデモーナは、生前も死後もオセロへの愛は変わることがないと言うのだが、オセロは自分自身を許すことができない。二人の想いは交錯したまま、暁にデズデモーナは嘆きつつ〈中有〉に戻ってゆく。

ツレ〽いかにいにしへ人、あまりに自ら責め給ふな、うつろひやすき世なれども

「末の松山波越さじ、神かけて変はらじと誓ひし我なれば

シテ「色見えで、うつろふものは世の中の

〽人の心の花なれば

ツレ「生きての世、死にての後の後の世も、あだし心を我はもたじ

〽妾《わらは》が心と言の葉を、誠と信じ給へかし

シテ「いつはりの、無き世なりせばいかばかり

〽人の言の葉、うれしからまし

〽今さらに誰《た》が誠をか我は頼まん、さりながら心は目に見えず、言の葉は所詮言の葉、愚かにも偽りの言の葉を信じ、愛しき妻を我と我が手で喪ひしこと、返す返すも無念なれば、呵責《かしやく》の思ひ身を責めて

地〽先立たぬ悔いの八千度《やちたび》百千度《ももちたび》、なきて地獄の炎《ひ》に焼かれ。羅刹《らせつ》の刃《やいば》に貫かれんとも、我が身の許され、よもあらじ

（オセロとデズデモーナとの相舞。一方が近づくと一方は退く）

デズデモーナ　どうしてなのですか、懐かしい人。そんなにご自分を責めないで。とかく変わりやすい男女の仲ではあるけれど、あの末の松山を波の越すことがないように、決して心変わりしないと神に誓った私なのですから。

オセロ　表からそうは見えず、しかし確実に移ろっていくものが世の中の、人の心という花だから。

デズデモーナ　生きている間も、死んだ後の次の世においても、あなた以外に心を移す私ではありません。私の心と言葉とを、どうぞ真実だと信じてください。

オセロ　偽りのない世の中であれば、どれほどか人の言葉が嬉しかろうものを。今となってはあなた以外の誰のまことを頼みにしようか。とは言うものの、心は目に見えず、言葉は、所詮、言葉でしかない。愚かにも偽りの言葉を信じ、愛しい妻の命をこの自分の手で奪ってしまったことが返す返すも無念で、呵責の思いが私を責めさいなんで、

地　先立たぬ後悔を何千回も何万回も繰り返し、泣いて地獄の炎に焼かれ、悪鬼の刃に身を貫かれようとも、我が身の許されることは決してないのだ。

ツレ〽あはれ君、妾《わらは》ゆゑ煩悩の苦界《くかい》を離れず、我は飽かざる君をおきて生死《しやうじ》の道を離れ離れず、ただ独り中有《ちゆうう》に留まりたる

地〽かたみに袖を絞りつつ、夜も暁に近づきぬ、されば今は限りとて、別るる時になりぬれども

シテ・ツレ〽しづの苧環《をだまき》

地〽繰り返し返しても、なほ立ちかへる心かな

デズデモーナ　ああかわいそうなあなた、私のせいで煩悩の苦しみに満ちた世界を離れることができず、私はと言えば、愛してやまぬあなたをおいて来世への道を進むことができず、たった一人、〈中有〉の世界に留まっている。

地　互いに涙にくれながら、夜も暁に近づいた。それでは今はこれまでと、別れる時になったのだが、

オセロ・デズデモーナ　しづの苧環のように、

地　繰り返し繰り返し、それでも互いに立ち戻っていく二人の心であることよ。

⑨オセロの退場

残されたオセロは、詩人に、「この苦しみから救ってくれ、哀れな男の物語を語り伝えてくれ」と頼んで、もとの地獄に戻ってゆく。この悲劇を歌語りして魂を慰めることを約束した詩人が夢から覚めると、荒れ果てた庭園には花の香だけが残って花の姿はなく、白い月光だけが庭一面に射し込んでいた。

シテ〽あまりに罪の深ければ

地〽涙の河にぞ溺るる、この果てもなき苦しみを、助け給へや旅人よ救ひ給へや詩人《うたびと》

ワキ「さればよに、目に見えぬ鬼神《おにがみ》をも哀れと思はせ、男女《をとこをんな》の中を和らげ、猛きもののふの心をも慰むるは詩《うた》なれば、この事《こと》言の葉に託して詩と成し、哀れなるものどもの魂をば慰めん

地〽かくも悲しき物語、歌ひ伝へよ旅人よ、語り伝へよ詩人よ、我はまた、愛別離苦の世を離れ、もとの闇路に帰らんと、見えし夢より覚めければ、誰を偲ぶの八重葎、茂れる庭は荒れ果てて、人こそ見えね月こそは、ただ白々と射し入りて、花の姿は無かりけり、花の香ばかりぞ残りける

オセロ　あまりに罪が深いので、

地　私は涙の河に溺れている。この果てもない苦しみを、助けてください、旅人よ、救ってください、詩人よ。

吟遊詩人　だからこそ、目には見えない霊魂や神祇をもしみじみと感じさせ、男女の仲をやわらげ、勇猛な戦士の心をも慰めるのは詩《うた》なのだから、この事の顛末を言葉に託して詩に表し、哀れな者たちの魂を慰めましょう。

地　こんなにも悲しい物語を、人々に歌い伝えよ旅人よ、語り伝えよ詩人よ。私はまた、愛別離苦のこの世を離れ、もとの冥土に帰ろうと、オセロが言って消えた夢から詩人が目覚めると、誰を思い慕うのか、幾重にもつる草の生い茂った庭は荒れ果てて、人の姿は見えず月の光だけが白々と射し込んで、花の姿はなかった。花の香だけが残っていたのだった。

〔注〕シェイクスピア作『オセロ』の引用・転用

▼印に原作『オセロ』のセリフに対応する新作能《オセロ》の詞章をあげた。（　）は▼を付した詞章の所収頁である。

詞章の表現に対応する翻訳文を、福田恆存訳『オセロー』（二〇〇九・新潮文庫）に拠ってあげた。

翻訳文に対応する原作 *Othello* の英文を、*Oxford School Shakespeare Othello* (Oxford University Press, Edition 2009) に拠ってあげた。

▼（30頁）**そもそもこれは比類なき誠実な男、イアーゴ様**

オセロ「では、旗手を残しておきましょう。信頼の出来る誠実な男でございます」（第一幕第三場）。

Othello

So please your grace, my ancient:
A man he is of honesty and trust. (1.3.280-281)

イアーゴ「だが、そのうちかならず音締めを狂わせてやるぞ、この誠実なイアーゴーの名にかけても」（第二幕第一場）。

Iago

But I'll set down the pegs that make this music,
As honest as I am. (2.1.193-194)

オセロ「おれも承知はしている、お前の真心、誠実、軽々に言葉を弄《もてあそ》ばぬ重厚な性格」（第三幕第三場）。

Othello

And for I know thou'rt full of love and honesty,
And weigh'st thy words before thou give'st them breath, (3.3.119-120)

オセロ「もうよい、イアーゴー、いつもながらの誠実と思いやり」（第二幕第三場）

オセロ「あいつは誠実な男だ、嘘は言わぬ」（第三幕第三場）

オセロ「あの男、誠実の点では人後に落ちぬ」（第三幕第三場）

オセロ「おれの片腕、お前の夫、誠実無比のイアーゴーのことだ」（第五幕第二場）

他。

▼（30頁）**あまたの戦に命を賭け、東奔西走して手柄を立て、オセロ将軍に忠義を尽くしてきた。しかるにあのオセロの奴め、ムーア人のくせに、ムーア人のくせに、この俺様を下つ端に追ひやつたまま、副官の地位を別の男に与へやつた、なんたる理不尽**

イアーゴ「おお、憎まずにはいられるものか。…自分の値打ちは自分で知っている、どう踏んでもそのくらいの地位は当然だ。…ロードス島からサイプラス島、そのほかクリスト教国と否《いな》とを問わず、到《いた》る所で手柄《てがら》をたててきたこのおれは、帳つけ野郎の風下《かざしも》に追いやられ、帆も挙げられず小さくなっていなければならないのだ。算《そろ》盤《ばん》野郎め、奴はまんまと副官になりあがり、一方、おれは、—おお、神よ、人もあろうに！—ムーア御前の旗持ちだ」（第一幕第一場）。

Iago

Despise me if I do not: ……
・・・・・・・・・・・・・・・・・・・・・
・・・・・・・・・・・・・・・・・・・・・
I know my price, I am worth no worse a place. (1.1.8-11)
・・・・・・・・・・・・・・・・・・・・・
At Rhodes, at Cyprus, and on other grounds
Christian and heathen, must be lee'd and calm'd
By debitor and creditor; this counter-caster,

He, in good time, must his lieutenant be,
And I, God bless the mark, his Moorship's ancient. (1.1.29-33)

▼（30頁）**地獄と闇夜の力を借りて、この企みに日の目を見せてやつたわ**

イアーゴ「あとは地獄と闇夜の手を借りて、この化物に日の目を見せてやるばかりだ」（第一幕第三場）。

Iago
Hell and night
Must bring this monstrous birth to the world's light. (1.3.394-395)

▼（31頁）**手前の心は手前のためにとつておく、猫かぶりの忠義面で、オセロと妻のデズデモーナに罠をしかけた**

イアーゴ「猫《ねこ》かぶりの忠義面《ちゅうぎづら》、手前の心はもっぱら手前のために取っておくという手合いがいる」（第一幕第一場）。

Iago
...... Others there are
Who, trimm'd in forms and visages of duty,
Keep yet their hearts attending on themselves, (1.1.49-51)

イアーゴ「せめてムーアの奴を劇《はげ》しい嫉妬《しっと》の発作に追い込み、七顛八倒《しちてんばっとう》、思慮分別ではどうにも逃れられぬようにしてやる」（第二幕第一場）。

Iago
...... yet that I put the Moor
At least into a jealousy so strong
That judgement cannot cure. (2.1.289-291)

▼（31頁）**まことに嫉妬にまさる毒薬はなし**

イアーゴ「おれはムーアの耳に毒薬を注ぎ込んでやる」（第二幕第三場

Iago
I'll pour this pestilence into his ear: (2.3.334)

イアーゴ「将軍、恐ろしいのは嫉妬です。…しかし、これほど辛いことはありますまい。愛して、なお信じえず、疑って、しかも愛着する、そういう日々を一刻一刻かぞえながら生きねばならぬとしたら！」（第三幕第三場）。

Iago
O, beware, my lord, of jealousy: (3.3.168)
But O, what damned minutes tell he o'er
Who dotes, yet doubts, suspects, yet fondly loves! (3.3.171-172)

イアーゴ「空気のように軽いものが、嫉妬に憑《つ》かれた男には、聖書の言葉と同じ重みをもってくる。こんなものでも結構、役に立とうというものさ。ムーアの奴、早くもおれの毒が効きはじめている。邪推にはもともと毒がひそんでいる、そいつが始めは嫌《いや》な味がしない。しかし、ちょっとでも血の中に浸《し》みこむと、たちまち硫黄の山のごとくに燃えあがるのだ」（第三幕第三場）。

Iago
...... Trifles light as air
Are to the jealous confirmations strong
As proofs of holy writ. This may do something.
The Moor already changes with my poison:
Dangerous conceits are in their natures poisons,
Which at the first are scarce found to distaste
But, with a little act upon the blood,
Burn like the mines of sulphur. I did say so. (3.3.323-330)

▼（31頁）廻れ廻れ、毒よ廻れ、人の表しか見ぬ阿呆の心に、毒よ廻つて燃え上がれ、毒よ廻つて燃え上がれ

イアーゴ「毒よ、廻れ、手際《てぎわ》を御覧じろ、廻れ、廻れ！　信じやすい阿呆《あほう》どもが、こうして難なく罠《わな》に落ちるというわけさ」（第四幕第一場）。

Iago
　Work on,
My medicine, work! Thus credulous fools are caught; (4.1.44-45)

イアーゴ「ムーアは万事おおまかで、こまかいことに気を使わない、他人を見る目も、うわべさえ誠実そうにしていれば、それだけのものと思い込んでいる。鼻面《はなづら》とって引廻《ひきまわ》せば、どこへでもおとなしくついてくる、全く驢馬《ろば》よろしくだ」（第一幕第三場）。

Iago
The Moor is of a free and open nature,
That thinks men honest that but seems to be so,
And will as tenderly be led by the nose
As asses are. (1.3.390-393)

▼（35頁）他の男＝キャシオ。

▼（35頁）あなた様が与へた母御の形見の大事な扇を、その男が持つております

イアーゴ「お気づきにならなかったでしょうか、苺の模様のあるハンカチーフをよく奥様がお使いになっているのを？」（第三幕第三場）。

Iago
Have you not sometimes seen a handkerchief
Spotted with strawberries in your wife's hand? (3.3.435-436)

オセロ「母はそれを今はの際におれに手渡し、もしさいわいにして妻をめとることができたなら、その女に与えるようにと言いのこしていったのだ。おれはそのとおりにした。大事にしてくれなければ困る、そのおのれの眼《め》のように大切に扱ってもらいたい」（第三幕第四場）。

Othello
...... She dying, gave it me,
And bid me when my fate would have me wive,
To give it her. I did so, and take heed on't.
Make it a darling, like your precious eye. (3.4.59-61)

イアーゴ「ただそのハンカチーフが―あれは確かに奥様のものに違いありません―実はそれで、きょうキャシオーが髭《ひげ》を拭《ふ》いているのを見たのです」（第三幕第三場）。

Iago
I know not that; but such a handkerchief—
I am sure it was your wife's—did I today
See Cassio wipe his beard with. (3.3.438-440)

オセロ「あれほど大切にしていたハンカチーフを、おれはお前に与えた、それをお前はキャシオーにやってしまった」（第五幕第二場）。

Othello
That handkerchief which I so lov'd and gave thee,
Thou gav'st to Cassio. (5.2.48-49)

オセロ「出まかせを言うおれと思うか。あの男がハンカチーフを持っているのを、現におれは見ている」（第五幕第二場）。

Othello
By heaven, I saw my handkerchief in's hand. (5.2.62)

▼（35頁）実は身どもが盗ませておいた

エミリア「よかった、ハンカチーフが手に入って。これは奥様がムーア将軍からお貰《もら》いになった最初の記念品、それをうちの気紛《きまぐ》れ亭主ときたら、ひとの顔さえ見れば、盗んで来い、盗んで来いとうるさくせがんでいたっけ。でも、奥様はこの形見の品を大層大事にしておいでだった。…早速、模様を写しとって、それをイアーゴーにやりましょう」（第三幕第三場）。

Emilia

I am glad I have found this napkin:
This was her first remembrance from the Moor.
My wayward husband hath a hundred times
Woo'd me to steal it; but she so loves the token,
・・・・・・・・・・・・・・・・・・・・・・・・・・・・・
・・・・・・・・・・・・・・・・・・・・・・・・・・・・・
..... I'll have the work tane out
And give't Iago. (3.3.292-299)

▼（35頁）**オセロ将軍の御心もおさまりませうとも**

イアーゴ「さあ、お出ましを、お泣きなさいますな、万事めでたく納まりましょう」（第四幕第二場）。

Iago

Go in, and weep not; all things shall be well. (4.2.170)

▼（35頁）**扇は秋には捨てられるもの、男の心はうつろふもの**

イアーゴ「考えてもみろ、デズデモーナがいつまでムーア人に惚れていられるものか。…男の方だって同じことさ。熱しやすきはなんとやら、見ているがいい、それだけ逆にすぐひびも入る」（第一幕第三場）。

Iago

..... It cannot be that Desdemona
should long continue her love to the Moor .....
..... nor he his to her. It was a violent
commencement, and thou shat see an answerable
sequestration..... These
Moors are changeable in their wills..... (1.3.337-342)

▼（35頁）**廻れ廻れ毒よ廻れ**

イアーゴ「毒よ、廻れ、手際《てぎわ》を御覧《ごろう》じろ、廻れ、廻れ！ 信じやすい阿呆《あほう》どもが、こうして難なく罠《わな》に落ちるというわけさ」（第四幕第一場）。

Iago

Work on,
My medicine, work! Thus credulous fools are caught; (4.1.44-45)

▼（35頁）**人の心に硫黄のごとく毒よ廻れ**

イアーゴ「ムーアの奴、早くもおれの毒が効きはじめている。邪推にはもともと毒がひそんでいる。そいつが始めは嫌《いや》な味がしない。しかし、ちょっとでも血の中に浸みこむと、たちまち硫黄の山のごとくに燃え上がるのだ」（第三幕第三場）。

Iago

The Moor already changes with my poison:
Dangerous conceits are in their natures poisons,
Which at the first are scarce found to distaste
But, with a little act upon the blood,
Burn like the mines of sulphur. ..... (3.3.326-330)

▼（37頁）**妾が心と言の葉を、誠と信じ給へかし**

デズデモーナ「あの人を愛さぬような私なら、今までもこれから先も、そんな心根の私なら、どうなろうと厭《いと》いませぬ、この身からあらゆる楽しみを剝《は》ぎ取ってしまってくださいまし！　辛《つら》く当られるのが何より悲しい。あの人に辛く当られると、まるで身を斬られるよう。でも、私の愛情は変わらない」（第四幕第二場）。

Desdemona

Or that I do not yet, and ever did,
And ever will—though he do shake me off
To beggarly divorcement—love him dearly,
Comfort forswear me! Unkindness may do much,
And his unkindness may defeat my life,
But never taint my love. ...... (4.2.155-160)

▼（37頁）言の葉は所詮言の葉

ブラバンショー「言葉は所詮《しょせん》言葉に過ぎませぬ」（第一幕第三場）。

Brabantio

But words are words; (1.3.216)

▼（37頁）愚かにも偽りの言の葉を信じ

オセロ「おれも承知はしている、お前の真心、誠実、軽々に言葉を弄《もてあそ》ばぬ重厚な性格、それだけにお前の口ごもるような度々の言いさしがおれの心を騒がせるのだ」（第三幕第三場）。

Othello

And for I know thou'rt full of love and honesty,
And weigh'st thy words before thou give'st them breath,
Therefore these stops of thine fright me the more; (3.3.119-121)

オセロ「おれはなぜ結婚などしたのだ？　あいつは誠実な男だ、嘘は言わぬ、まだ色々見聞きしていることがあるに違いない、あれだけではあるまい、まだあるはずだ」（第三幕第三場）。

Othello

Why did I marry? This honest creature doubtless
Sees and knows more, much more, then he unfolds. (3.3-244-245)

▼（37頁）愛しき妻を我と我が手で喪ひしこと、返す返すも無念なれば

オセロ「だが、どうしてもお前は死なねばならぬのだ、死なければ、次々に男を陥《おとしい》れる。さあ、火を消せ、そうしておいて、あれの命の火を消してやるのだ。…死んだ後もこのままでいてくれ、お前を殺して、なおいつまでもお前をいとおしく思いつづけられるように。もう一度、これが最後だ。かほどうるわしく、しかもかほど罪ふかい女は、世に二人といはしないぞ。これでも泣かずにいられるか」（第五幕第二場）。

Othello

Yet she must die, else she'll betray more men.
Put out the light, and then put out the light: (5.2.6-7)
Be thus when thou art dead, and I will kill thee
And love thee after. One more, and this the last.
So sweet was ne'er so fatal. I must weep. (5.2-18-20)

▼（37頁）先立たぬ悔いの八千度百千度、なきて地獄の炎に焼かれ、羅刹の刃に貫かれんとも、我が身の許され、よもあらじ

オセロ「最後の審判の日が来て、ふたたびお前に出会うとき、その顔を見ただけで、おれの魂はたちまち天から投げ出され、地獄の鬼どもに食いちぎられるであろう。…おれに鞭をくれ、地獄の悪魔ども、そうしてこの清らかな姿の見えぬ地の果てまで追い出してくれ！　このおれを烈風に乗せて吹き飛ばしてくれ！　燃える硫黄の山に焼けただらせ、火の海の底深く、まっしぐらに突き落とすがいい！」（第五幕第二場）。

Othello

..... When we shall meet at compt
This look of thine will hurl my soul from heaven
And fiends will snatch at it. .....
. . . .
. . . .
..... Whip me, ye devils,
From the possession of this heavenly sight!
Blow me about in the winds! Roast me in sulphur!
Wash me in steep-down gulfs of liquid fire! (5.2.271-278)

▼（38頁）涙の河にぞ溺るる

オセロ「さ、さ、涙の川を泳ぐがいい！」（第四幕第一場）。

Othello

..... —proceed you in your tears— (4.1.254)

▼（38頁）かくも悲しき物語、歌ひ伝へよ旅人よ、語り伝へよ詩人よ

オセロ「どうかありのままをお伝え願いたい。お庇《かば》いくださるには及ばぬ、もとより悪意の曲解もなさらぬよう。ただどうしてもお伝えいただきたいのは、愛することを知らずして愛しすぎた男の身の上、めったに猜疑《さいぎ》に身を委《ゆだ》ねはせぬが、悪だくみにあって、すっかり取り乱してしまった一人の男の物語」（第五幕第二場）。

Othello

Speak of me as I am; nothing extenuate,
Nor set down aught in malice. Then must you speak
Of one that lov'd not wisely, but too well;
Of one not easily jealous but, being wrought,
Perplex'd in the extreme; ..... (5.2.338-342)

ロードヴィーコ「この身はただちに船に乗り込み、この悲しい物語を本国に伝えねばならぬ」（第五幕第二場）。

Lodovico

Myself will straight aboard, and to the state
This heavy act with heavy heart relate. (5.2.366-367)

〔注〕古典詩歌の引用・転用

▽印に新作能《オセロ》の詞章をあげて、引用・転用した日中の古典詩歌をあげ、その現代語訳や解説を加えた。（　）は▽を付した詞章の所収頁である。日中の古典詩歌は『新編国歌大観』（角川書店）、『三木雅博訳注和漢朗詠集』（角川ソフィア文庫、角川学芸出版）、『新釈漢文大系』（明治書院）、物語は『新編日本古典文学大系』（岩波書店）、片桐洋一・田中まき『新校注伊勢物語』（和泉書院）、歌学書は『新編日本古典文学全集　歌論集』（小学館）に拠った。世阿弥の能楽論書は、小西甚一編訳『世阿弥能楽論集』（たちばな出版）に拠った。ただし訳は私に施した。

※印には、新作能《オセロ》に引用・転用した古典詩歌が他の能の詞章に引用されている例を、『謡曲二百五十番集』（一九七八・赤尾照文堂）に拠ってあげた。

▽（32頁）**春宵一刻、値千金**＝「春宵一刻値千金　花有清香月有陰／春宵一刻値千金　花に清香有り　月に陰有り（春の夜の一時は千金にも値するほど素晴らしい、花は清らかな香を放ち、月は朧ろに霞んでいる）」（蘇軾《そしょく》「春夜」）。

※「春宵一刻価千金、花に清香月にかげ、春の夜の、華の蔭より、明けそめて」《西行桜《さいぎょうざくら》》、「春宵一時価千金、花に清香月に陰、見る目ひまなき花守の、心は空になりやせぬ」《泰山府君《たいざんふくん》》、「春宵一刻価千金、花に清香、月に影、げに千金にも、かへじとは、今此時かや」《田村《たむら》》、「それ春宵一刻価千金、花に清香月に影、惜しまるべきは唯此時なり」《小塩《おしお》》他。

▽（32頁）**月も照り添ふ花の上**＝月光が加わって、一層美しさを増している白い花。

▽（32頁）**月、月に非ずして、花、花に非ざれば、いづれが月か花影か**＝月のようであって月ではなく、花のようであって花ではなく、一体、どれが月光でどれが花なのか。月光と花が溶け合った白の美しさの饗宴。「花非花霧非霧。夜半来天明去。来如春夢幾多時、去似朝雲無覓処／花か花にあらず　霧か霧にあらず　夜半に来り天明に去る　来ることは春の夢のごとく　幾多の時ぞ　去ること朝の雲に似て　覓むる処無し（花かと思うと花ではなく、霧かと思うと霧でもない。夜半にやって来て明け方に去っていった。来た時は春の夢のように短く、去る時は朝の雲のように消えて　行方を捜しようもない）」（白居易「花非花」）。

「月夜にはそれとも見えず梅の花香を尋ねてぞ知るべかりける（月夜には、白い月の光にまぎれて白梅の花のありかがわからない、その香りで花のありかを知ることができるのだ）」（『古今集』・春上・四〇・凡河内躬恒《おおしこうちのみつね》）、「わがやどの梅の初花昼は雪夜は月とも見えまがふかな（我が家に咲いた梅の初花は、昼には雪、夜には月の光と見まがうほど白く輝いて美しい）」（『後撰集』・春上・二六・読人しらず）。

▽（32頁）**心あてに一枝の春を折らばやと**＝「心当てに折らばや折らむ初霜の置き惑はせる白菊の花（当て推量で折ったなら折ることもできようか、真っ白な初霜が置いて、同じ白さで人を惑わせる白菊の花は）」（『古今集』・秋下・二七七・凡河内躬恒／『和漢朗詠集』・巻上・秋・「菊」・二七三／『百人一首』・二九）、「聞得園中花養艶　請君許折一枝春／聞き得たり園の中に花の艶なるを養ふことを　君に請ふ一枝の春を折らんことを許せ（君が花園に花をあでやかに育てていると聞きました。その春の盛りの一枝を、私に手折らせてはくれまいか）」（『和漢朗詠集』・巻下・恋・七八三・無名）。

▽（33頁）**オセロと妻のもろともに、眺めし月なれば、見れば心を傷ましむ**＝「行宮見月傷心色　夜雨聞猿断腸声／行宮《あんぐう》に月を見れば　心を傷ましむる色　夜の雨に猿を聞けば　腸を断つ声（行在所で月を見ると、かつての楊貴妃との生活が思い出され、心を悲しませる色であり、夜の雨の中に猿の鳴く声を聞

くと、腸を断ち切られるような悲しい声である)」(白居易「長恨歌」/『和漢朗詠集』・巻下・恋・七七九)。

「行宮見月傷心色　浅茅生やどる涙の紅におのれもあらぬ月の色かな」(『拾遺愚草員外』・一一八六三・藤原定家)。

▽(33頁)**白き花は貞潔の証にて、また故き人の面影なれば**＝「春風桃李花開日　秋露梧桐葉落時/春風に桃李《とうり》の花開くる日　秋露に梧桐《ごとう》の葉の落つる時(春風に吹かれ桃や李の花が開く日(には花のように美しかった楊貴妃が思い出され)、秋露に濡れて梧桐の葉が落ちる時(には、その葉のように散ってしまった楊貴妃が思い出される)」(白居易「長恨歌」/『和漢朗詠集』・巻下・恋・七八〇)。

「春風桃李花開日　春風にゑみを開くる花の色は昔の人の面影ぞする」(『大《だい》弐高遠《にたかとお》集』・二八二)。

▽(34頁)**香をだに残し給へや**＝「散りぬとも香をだに残せ梅の花恋しき時の思ひいでにせむ(散ってしまうとしてもせめて香りだけでも残しておくれ、梅の花よ、お前を恋しく思う時の思い出のよすがとしよう)」(『古今集』・春上・四八・読人しらず)。

▽(34頁)**いとせめて恋しき時の思ひ出と、花の香を袂に移し**＝どうしようもなく恋しい時の思い出にしようと、花の香を袂に移して。「いとせめて恋しき時はむばたまの夜の衣を返してぞ着る(どうしようもなく恋しい時は、夜着て寝る衣を裏返して着ることです)」(『古今集』・恋二・五五四・小野小町)、「散りぬとも香をだに残せ梅の花恋しき時の思ひいでにせむ(散ってしまうとしてもせめて香りだけでも残しておくれ、梅の花よ、お前を恋しく思う時の思い出のよすがとしよう)」(『古今集』・春上・四八・読人しらず)、「梅が香を袖にうつしてとどめては春は過ぐとも形見ならまし(この梅の香を袖に移してとどめておけるものならば、春は過ぎ去っても梅の香は思い出であろうに)」(『古今集』・春上・四七・読人しらず)。

▽(34頁)**今日よりは、いつしかとのみ待ちわたる**＝今日からは、今度あなたが来るのはいつかいつかと待ち続けるのだ。また一年花の咲く夜を待ち続けなければならないというオセロの想い。

「今日よりは今来む年の昨日をぞいつしかとのみ待ちわたるべき(今日からは、これからやって来る年の昨日の七月七日を、いつかいつかとだけ思って待ち続けなければならないのか)」(『古今集』・秋上・一八三・壬生忠岑《みぶのただみね》)。

▽(34頁)**月にむら雲花に風**＝月には雲が集まって月を蔽い、花には風が吹いて花を散らす。世の中に障碍《しょうがい》の多いこと。

※「元より世の中は、月にむら雲花に風、妨多き習なるも」《重盛《しげもり》》

▽(34頁)**人、木石に非ざれば、浮世の咎はなくもがな**＝人は木や石ではなく情を持っているのだから、現世で犯した罪は咎めないでほしい。「人非木石皆有情/人は木石に非ざれば　皆情有り(人間は木でも石でもなく、皆、情を持っている)」(白居易「李夫人」)。

「さるはおこなり、かからじと思ひ忍ぶれど、さまざまに思ひ乱れて、「人、木石にあらざればみな情けあり」と、うち誦じて臥し給へり(しかし、このようなことでは愚かしい、もうこのように恋い慕うまい、と思ってこらえるのだが、あれこれと思い乱れて、「人は木や石ではないのだから誰にも情がある」と口ずさんで横になっておられる)」(『源氏物語』・蜻蛉巻、浮舟を思っての薫の心中)。

▽(35頁)**花はそもそもうつろふものぞ、いづれの花か散らで残る**＝「いづれの花か散らで残るべき。散るゆゑによりて、咲く頃あれば珍しきなり(散らずにいつまでも残っている花などない。散るからこそ、咲く時節になって花が咲

くのが新鮮なのだ)」(世阿弥『花伝第七別紙口伝』)。

▽(35頁)**扇は秋には捨てられるもの、男の心はうつろふもの**＝扇は寵愛の象徴。「秋の扇」は寵愛を失うこと、また寵愛を失った女の象徴。

「常恐秋風至　涼風奪炎熱　棄捐篋笥中　恩中道絶／常に恐る秋節の至りて涼風炎熱を奪ひ　篋笥の中に棄捐せられ　恩情中道に絶えんことを(いつも恐れているのは、秋風が吹くようになって、涼風が炎熱を奪い、篋笥《きょうし》の中に打ち捨てられ、寵愛が途中で絶えてしまわないか、ということだ)」(『文選』・楽府《がふ》上・班婕妤《はんしょうよ》「怨歌行」／『玉台新詠』・「怨詩一首」)。

「班女閨中秋扇色　楚王台上夜琴声(班女が閨の中の秋の扇の色　楚王が台の上の夜の琴の声)」(『和漢朗詠集』・巻上・冬・「雪」・三八〇・尊敬)。

※「ふる事までも思ひ出づる、班女が閨の中には秋の扇の色」「秋風冷かに吹き落ちて団雪の、扇も雪なれば、名を聞くもすさましくて、秋風怨あり」《班女《はんじょ》》。

▽(36頁)**天にあつては比翼の鳥、地にあつては連理の枝、魂魄夢にだに入り来たらず、此恨み綿々として尽きることなし**＝「悠悠生死別経年　魂魄不曾来入夢…七月七日長生殿　夜半無人私語時　在天願作比翼鳥　在地願為連理枝　天長地久有時尽　此恨綿綿無尽期／悠々たる生死　別れて年を経るも　魂魄曾て来たりて夢に入らず…七月七日　長生殿　夜半人無く　私語のとき　天に在りては　願はくは比翼の鳥と作り　地に在りては　願はくは連理の枝と為らん　天長く　地久しきも　時有りてか尽きん　此の恨み　綿々として尽きる期なし(はるかに隔てられた生と死、別れて既に久しい時が流れたが、楊貴妃の魂は、皇帝の夢の中にさえ現れてくれない。…七月七日、長生殿で、夜更け、あたりに人影も絶え、二人が身を寄せささやきあった時、「大空に逢っては、翼の連なった比翼の鳥となり、地上にあっては、枝を連ねる連理の枝となりましょう」と誓った。天も地も悠久だと言われるが、いつか滅びるときがあろう、しかし相思永別におわったこの引き裂かれた恋の恨みは、いつまでも続いて決して絶えるときはないだろう)」(白居易「長恨歌」)。

「朝夕のことぐさに、翼をならべ枝をかはさんと契らせ給ひしに、かなはざりける命のほどぞうらめしき」(『源氏物語』・桐壺巻)。

※「天にあらば願はくは、比翼の鳥とならん、地にあらば願はくは、連理の枝とならむと誓ひし事を、ひそかに伝へよや、私語なれども今洩れそむる涙かな」《楊貴妃《ようきひ》》。

▽(36頁)**今年花落ちて顔色改まり、明年花開き復た誰か在る**＝「今年花落顔色改明年花開復誰在／今年　花落ちて顔色改まり　明年　花開きて復た誰か在る(今年、花が落ちるとともに人も衰える。明年、花が開くとき、果たして誰が健在でいられるだろうか)」(劉希夷《りゅうきい》「代悲白頭翁」)。

▽(36頁)**春や昔の春ならぬ、この身はもとの身にあらず**＝「月やあらぬ春や昔の春ならぬ我が身一つはもとの身にして(月よ、お前はあの時の月ではないのか、春よ、お前はかつての春ではないのか、すべてが変わってしまったように思えるのだ、私だけはあの時のままで)」(『古今集』・恋五・七四七・在原業平／『伊勢物語』第四段「西の対」)。勇将としてデズデモーナと愛し合った生前とはまったく異なった現在の状況に対するオセロの嘆き。

※「光普《あまね》き月やあらぬ、春や昔の春ならぬ、我が身一つは、もとの身にして」《杜若《かきつばた》》、「月やあらぬ、春や昔の春ならぬ、我が身ぞ本の、身も知らじ」《小《お》塩《しお》》、「月やあらぬ、春や昔の春ならぬ、我が身ひとつは、もとの身にして」《雲林院《うんりんいん》》、「げにや古を、聞くにつけても思出の、春や昔の春ならぬ我が身ひとりぞ心なき」《東北《とうぼく》》。

▽(36頁)**我も昔は男山、さかゆく時も有りけるに**＝「男山」は、山城国(現在は京都府八幡市)の歌枕。「一人前の男、ひとかどの男」を象徴する。「今こそ

あれ我も昔は男山さかゆく時も有りこしものを（今はこのようになってしまったが、かつてはひとかどの男として栄えていく時代もあったのだ）」（『古今集』・雑上・八八九・読人しらず）、「をとこ山の昔を思ひ出でて、女郎花のひとときをくねるにも、歌をいひてぞなぐさめける」（『古今集』・仮名序・紀貫之）。

▽（37頁）**末の松山波越さじ、神かけて変はらじと誓ひし我なれば**＝「末の松山」は宮城県の歌枕。和歌世界では、「末の松山浪越ゆると云事は、昔をとこ、女に末の松山を指して、かの山に浪の越えん時ぞ忘るべきと契りけるが、ほどなくこと心つきにけるより、人の心変はるをば浪こゆといふ也」（顕昭《けんしょう》『顕註密勘抄』）のように、「末の松山を波が越える」ことは約束を違えて心変わりすること、「波が越えない」のは心変わりしないことの比喩。

「契りきなかたみに袖をしぼりつつ末の松山浪越さじとは（二人は約束しましたよね。互いに涙に濡れた袖を絞りながら、あの末の松山を波が越すことがありえないのと同様に、心変わりすることは決してないと）」（『後拾遺集』・恋四・七七〇・清原元輔《きよはらのもとすけ》／『百人一首』・四二）、「思ひ出でよ末の松山末までも浪越さじとは契らざりきや（思い出してください、末の松山を波が越すことはいつまでもないように、心変わりは決してないと契ったのではなかったのですか）」（『拾遺愚草』・上・七八・藤原定家）。

※「末の松山、波こえて、帰らざりし人やらん、末の松山たつ波の、何か恨みん契りおく」《班女《はんじょ》》、「はづかしや思ひ夫の、二世と契りてもなほ、末の松山千代までと、かけし頼はあだ波の、あらよしなの空言や」《砧《きぬた》》。

▽（37頁）**色見えで、うつろふものは世の中の、人の心の花なれば**＝「花」は、はかなくうつろう「人の心」の比喩。

「色見えでうつろふものは世の中の人の心の花にぞ有りける（色にも現れないで衰え変わってゆくものは、この世の中の人の心の花なのです）」（『古今集』・恋五・七九七・小野小町／『古今集』仮名序・公任注）。

『風姿花伝』「第三　問答条々」に能の「しほれたる風体」を表す歌として小町歌「色みえで」をあげる。なお、「しほれたる風体」は、「しみじみとした情趣」（竹本幹夫）、「しっとりした趣」（小西甚一）等のように解釈されている。

※「いや小町とは恥かしや、色見えでとこそよみしものを、移ろふものは世の中の、人の心の花や見ゆる」《関寺小町《せきでらこまち》》。

▽（37頁）**生きての世、死にての後の後の世も**＝「生きての世死にての後の後の世も羽を交はせる鳥となりなん（今生きている現世においても、死後に生まれ変わった来世においても、二人は羽を並べる比翼の鳥となりましょう）」（『玉葉集』・恋三・一五五五・村上天皇／『村上天皇御集』・一〇七）。

▽（37頁）**あだし心を我はもたじ**＝「君をおきてあだし心をわが持たば末の松山浪も越えなむ（あなたをおいてあなた以外の人に心を移すようなことを私がしたなら、あの末の松山を浪が越えるような、有り得ないことが起こるでしょう）」（『古今集』・東歌・一〇九三・読人しらず）。

▽（37頁）**いつはりの、無き世なりせばいかばかり、人の言の葉、うれしからまし**＝「いつはりのなき世なりせばいかばかり人の言の葉うれしからまし（偽りというものがこの世の中に無かったなら、どんなにかあの人の言葉が嬉しいだろうに）」（『古今集』・恋四・七一二・読人しらず／『古今集』仮名序／『和漢朗詠集』・巻下・「文詞」・四七八）。

※「げにや偽の、なき世なりせばいかばかり、人の言の葉嬉しからん、愚かの心やな、愚かなりけるたのみかな」《砧》。

▽（37頁）**今さらに誰が誠をか我は頼まん**＝「いつはりと思ふものから今さらに誰

がまことをか我はたのまむ（偽りだと思いはするものの、今となっては誰の真実を私は信頼できるというのだろう）」（『古今集』・恋四・七一三・読人しらず）。

▽（37頁）**先立たぬ悔いの八千度百千度**＝「先立たぬ悔いの八千度かなしきは流るる水の帰り来ぬなり（先立たない後悔を何度もするこの悲しさは、流れる水のようにあの人が去ってしまって、二度とは戻っては来ないからです）」（『古今集』・哀傷・八三二・閑院《かんいん》）。

※「あだに散りぬる花なれば、落ちても水のあはれとはいさ白波の花にのみ、馴れしも今は先立たぬ悔いの八千度百千鳥」《桜川《さくらがわ》》。

▽（38頁）**ただ独り中有に留まりたる**＝「中有」は「中陰」とも。「前世での死の瞬間から次の生存を得るまでの間の生存、もしくはそのときの身心を言う。その期間については、七日、四九日、無限定などいくつもの説がある」（『岩波仏教辞典』岩波書店）。

「中有といひて、まだ、定まらぬ程は、はるかなる荒野に、鳥、獣などだに無きに、ただ一人ある心細さ、この世の人の恋しさ、堪へがたさ、推しはからせ給べし」（源俊頼『俊頼髄脳』）、「中有の心を　いかばかりあはれなるらん夕まぐれただ一人ゆく旅の中空」（『聞書集《ききがきしゅう》』・二三一）、「かくて日も夕暮になるほどに、御かたはらさびしきにつけても、『いかなる中有の旅の空に、ひとり闇に迷ふらむ』など、おぼし乱れたる心苦しさ、哀れに悲しなどいふもをろかなり」（『唐物語《からものがたり》』第十八「玄宗皇帝と楊貴妃の語」）。

※「帰るさも、涙にくれ果てゝ、中有にさまよふ身なるとも」《恋の松原》、「生をもかへぬ此世より、中有の道（闇）に迷ふなり」《弱法師《よろぼし》》、「黄泉中有の旅の空、長闇冥の巷までも」《春栄《しゅんえい》》、「中有の道も近づくか、橋と見えしも中絶えぬ」《船橋《ふなはし》》。

▽（38頁）**かたみに袖を絞りつつ**＝お互いにしとどに涙に濡れた袖を絞りながら。「契りきなかたみに袖をしぼりつつ末の松山浪越さじとは」（『後拾遺集』・恋四・七七〇・清原元輔／『百人一首』・四二）。

▽（38頁）**しづの苧環、繰り返し返しても**＝「しづ（倭文）」は古代の織物の一つ。「苧環（おだまき）」は紡いだ麻糸を玉のように巻いたもの。「しづの苧環」は「繰り返し」の語を導く序詞。「いにしへのしづの苧環繰り返し昔を今になすよしもがな（昔の織物の糸を紡いで巻く苧環に糸を繰り返し巻きつけるように、あの昔を現在に巻き戻す方法があればなあ）」（『伊勢物語』第三二段）。

※「賤やしづ、賤やしづ、賤の苧環、繰り返し、昔を今に、なすよしもがな」《二人静《ふたりしずか》》、「賤や賤、賤や賤、賤の苧環繰り返し、昔を今に、なすよしもがな」《吉野静《よしのしずか》》。

▽（38頁）**なほ立ちかへる心かな**＝「古になほ立ちかへる心かな恋しきことに物忘れせず（求め合ったあの昔にやはり立ち返る私の心だな、あなたを恋い慕うあまりに物忘れすることもなく）」（『古今集』・恋四・七三四・紀貫之）。

▽（38頁）**涙の河**＝次々に涙が流れるのを川に喩えた歌ことば。「涙河枕流るるうき寝には夢もさだかに見えずぞありける（次々に涙が流れて枕まで流してしまうようなつらい寝かたをすると、夢の中でもあの人に逢えないことだ）」（『古今集』・恋一・五二七・読人しらず）、「かがり火にあらぬ我が身のなぞもかく涙の川にうきて燃ゆらむ（かがり火でない我が身が、どういうわけで、このように涙の川に浮かんで燃えているのだろうか）（『古今集』・恋一・五二九・読人しらず）。

※「おもひも深き花の雪、散るは涙の、川やらん」《桜川》。

▽（38頁）**さればよに、目に見えぬ鬼神をも哀れと思はせ、男女の中を和らげ、猛きもののふの心をも慰むるは詩なれば、この事言の葉に託して詩となし、哀**

れなるものどもの魂をば慰めん＝「やまと歌は、人の心を種として、よろづの言の葉とぞなれりける…力をも入れずして天地を動かし、目に見えぬ鬼神をも哀れと思はせ、男女の仲をもやわらげ、猛きもののふの心をも慰むるは歌なり」（『古今集』仮名序・紀貫之）。

※「鬼も神も納受する和歌の道こそめでたけれ」《放生川《ほうじょうがわ》》、「それ和歌といっぱ。…天地を動かし鬼神を感ぜしむる事」《東北》、「和歌の道ならば神も許しおはしませ」《鸚鵡《おうむ》小町《こまち》》。

▽（38頁）**八重葎《やえむぐら》**＝幾重にも生い茂ったつる草、雑草。荒廃して人の来ない寂しい家や庭の象徴。悲しさや寂しさに荒れた心の風景。「八重葎繁き宿には夏虫の声よりほかにとふ人もなし（雑草が生い茂ったこの家には、蟬の声以外に来て声をかける人もいない）」（『後撰集』・夏・一九四・読人しらず）、「八重葎茂れる宿のさびしきに人こそ見えね秋は来にけり（つる草の生い茂ったこの寂しい家に、人は誰一人として訪れないが、秋だけはやってきたことだなあ）」（『拾遺集』・秋・一四〇・恵慶《えぎょう》／『百人一首』・四七）。

「闇にくれてふし沈み給へる程に、草も高くなり、野分にいとど荒れたる心地して、月影ばかりぞ、八重葎にもさはらずさし入りたる（亡き娘を思う悲しみにかきくれて泣きふしていらっしゃるうちに、草も高く生い茂って、野分に一層荒れた感じになって、ただ月の光だけが、つる草にも遮られずに差し込んでいる）」（『源氏物語』・桐壺巻）。

第二章

新作能《オセロ》創作のプロセス

新作能《オセロ》を演じて
—演出と主演に対する考察—

※能面・装束の名称を全てゴシック体で表記した。

辰巳 満次郎

今回と同一プロジェクトに於いて、『オセロ』と同じ原作者のシェイクスピア作『マクベス』を新作能にした時には、物語としても、新作能の構成にしても、古典能からみて違和感のないものであった。

それは、能の優れた演出を用いて能の持つ魅力を最大限に活かしつつ、古文を用い、能の手法に則ることを意識したからでもあるが、世の無常・罪業深き死後の報いをテーマにしている事も大きい。

新作能《マクベス》の場合、修羅の地獄に堕ちた元・忠臣マクベス将軍の奮闘場面、逆臣マクベスの修羅道の中に尽きせぬ闘いと討死、などもあり、修羅能として比較的演じやすいものであった。

これに対し、新作能《オセロ》に於いては、将軍オセロの勇猛なシーンは、はるかに少ない。もちろん、これは原作上、またテーマ上、致し方の無い事で主題が別に在るわけだが、奥にある世の無常観、救われぬ者たちを表現するという点では、能《マクベス》と共通するものである。

しかしながら新作能《オセロ》では、オセロのデズデモーナに対する強い愛の儚さ、心の弱さが強調されており、異なるものである。

いわゆる安っぽいメロドラマ調に陥ることを恐れた。作者も当然それを考慮して作っておられるわけだが、演じるにあたって工夫が必要と考えた。古典能に於いて、男女の恋愛に重きを置いた作品は、両人を登場させずにどちらか片方のみ登場し、報われぬ思いからくる執心や、許されぬ所業により成仏できずにいる苦しさをワキにうったえるというパターンが常である。

古典現行曲では、どちらか一方を主軸にしてその人物だけを登場させることにより、その思いを強調させている。そして、対象者がその場に居ないからこそ、自由に吐露し嘆かせることもできる。相手がいれば言い争いになったり、さらに恨みや執心が強まるだけであったりと、能としては持て扱いにくくなるからであろう。

もっとも古典曲でも例外と思える《清経《きよつね》》は、清経と妻の両方を登場させて、入水して命を絶った夫の清経を妻は恨み、夫は形見の黒髪（遺髪）を届けさせたのに突き返した妻を恨み、と、お互いを責めあう曲である。

夢にでも出てきて欲しかったはずの夫に対して、妻は恨み言を述べる。

> 戦死や病死ならば諦めもしましょう。第一に主上がおわしますのに、また、味方の最期を見極めるでもなく、なぜ早まったことをなさったのですか？　死ぬ前に私を思い出し下さらなかったのですか？　形見なぞ頂いても、それを見るたびに辛くなるだけ。なんと身勝手で薄情な…

形見を届けさせ姿まで現した自分を罵る妻に、夫も反発する。

> 深い訳があったのだ。主上を御頼み申すべくもなくなり、味方の負け戦も決定的と成り、敵の雑兵に討たれることも耐え難い。最

期まで想っていればこそ、黒髪を届けたのだ。それにこうして会いに来たのに、その態度は許せん！

と、しばし互いに恨み言で争いあうのだったが、やがて清経は入水に至った経緯を語り、夜明けとともに消え去るという曲である。

清経は自ら命を絶ったと雖も、戦場でのことでもあり、数々の戦を経たわけであるから、修羅の地獄「修羅道」に堕ちている。能のジャンルに於ける「修羅物」に入るが、儚い哀しい恋慕が大きなテーマになっている異色の修羅物とも言えるので、演じる方も深い解釈と工夫が必要となる。私自身も好きな曲で何度も演じた。

ただし、《清経》は《オセロ》を演じるにあたって参考にはなるが、違う部分も多い。《清経》は男女双方を登場させて互いに鬩《せめ》ぎ合うが、男はこの世に居ない修羅道に堕ちた者。女はこの世に留まる哀れな者。そして、ワキ僧などが登場して経の功徳により成仏するのでもない。終曲に「仏果を得しこそ有難けれ」とは結んでいるが、当事者間だけの物語である。そして最も重要なのは、回想として闘いの仕方話があることで、これが修羅物としては不可欠なもの。

これに対して《オセロ》にはこの戦闘仕方話がない。主題がオセロとデズデモーナの恋慕・恨み・後悔・心の擦れ違い…というものだから造りが違う。冒頭にも述べたが、オセロ将軍の勇猛さも出さないと、能としては演りにくい。そして、主題も充分に工夫して演じなければいけない。となると、《オセロ》を深く解釈するだけではなく、演出に尽きる。

オセロの勇猛さだけに焦点を絞らずに、まずは根本的な演出について述べてみよう。

原作でもそうであるように、また、演劇やオペラの世界でも凡そ重要な役を担うイアーゴは悲劇の立役者であり、今回も間狂言《あいきょうげん》という形で構成された。《マクベス》でマクベス夫人が間狂言であったことは大きな成功を収める要因のひとつであるが、《オセロ》においても構成上だけではなく、演技スタイルを考えても狂言方が演じるのが最良と考えられた。そしてイアーゴの登場からスタートし、プロローグを語る。

これは「口開《くちあけ》」という古典のスタイルであり、通常は口上のような事を述べたら引っ込んでしまうのだが、このイアーゴは自分が罠にはめたオセロとデズデモーナの顛末を観て嘲け笑う役であるから、中入で再登場させる。

初演、再演とホールでの演能であったため、揚幕《あげまく》や切戸口《きりどぐち》を設けず、アイは自由に出入りできたので口開が済むと舞台上から退くようにしたが、再再演の初の能楽堂公演では、頭上に装束を担いで隠れるような姿勢で囃子方の後ろに控えるという、伝統的な手法をとった。

これは《葵上《あおいのうえ》》などでも用いられる手法で、囃子方の後方（後座）や後見座のような、下に居ることによって存在していないことを意味するものである。特に今回は闇に棲むものということも考えて、**紺地無地熨斗目**を使用した。これも実は《通小町《かよいこまち》》や《飛雲《ひうん》》でも「**カツギを担ぐ**」と表現する演出だ。闇にまぎれる姿として解りやすいものでもある。

また、前場からアイが存在し中入も語るスタイルなら、橋掛り一ノ松奥にある間座《あいざ》で座って展開を見聞きするのが定式なのだが、それはアイが生きている人間の場合に限るので、やはり後座《あとざ》で姿を隠す態が相応しい。そして、オセロの霊の化身である花守が、白い花を守りつつも水やりに近付けば枯れるのを見て嘆く姿を垣間見たりもする。狂言方の性分として、間座に座して様子を見聞きする代わりに必要な所作でもあった。

前シテの花守の扮装については、本プロジェクト内でも色々意見が出た。まず年齢設定。《マクベス》の前シテである城守は老体にしたので、プロジェクトの第二作が同じでは如何なものか、という視点に思い至った。

初演は若い男ということで能面は**邯鄲男**《かんたんおとこ》を使用した。本来、若い面の中でも憂いを帯びた表情をしているからだ。花守の男なので貴族的な**中将**や武将の**平太**《へいだ》などは似合わない。ムーア人の感じも出したかったので、**花の帽子**を使う。

これは、《大原御幸》《おおはらごこう》や《俊寛》《しゅんかん》に使う仏門に入った者の被り物だが、《マクベス》の際に西洋の旅の僧にも使った。今回はワキが吟遊詩人であり、僧ではないのでシテに用いた。結果として、若い不思議な雰囲気は出たものの、**花の帽子**の造作が顔の輪郭や眉を隠す着付け方であるが故に、悩める象徴である眉が見えず、少々可愛らしすぎた感もしたことは反省点でもある。

再演以降は、前シテ花守をもう少し齢を経た姿にとの方向で、**俊寛**の面を用いることにする。**俊寛**は実は初演のイアーゴに使ったのだが、頬のこけた顔立ちが、憔悴するオセロの化身の花守に有効と考えたわけだ。俊寛は言わずと知れた平家打倒の未遂クーデターの張本人俊寛僧都であり、喜界が島に流されて哀れな日々を送る人物。流され人であるので、髭さえまともには剃られていない。また、身分は高いので品格も必要と考えると、正に**俊寛**の面がピッタリであった。もっとも次回があれば、新作面を打ってもらうのも良いかもしれない。

初演、再演はホール能であったので、その特性を最大限に活かすことを考え、能舞台では不可能な照明技術を効果的に使おうとした。初演の大阪府立大学では、ホリゾント幕への照明投影、通常の照明の他に、白い花群が枯れ行く有様を表現しようと、ぼんやりとした白い花をイメージできる照明をプランニングした。

再演の羽衣学園講堂では、思い切った照明器具を持ち込んでのプランを作り、白い花畑の輪郭をより一層はっきりと出した。勿論、本来は能ではこのような照明の助けは使わないのだから、演出としては賛否両論あるが、新作ならではのこと、また、ホール能の可能性、もっと言えば、将来の能楽堂の照明にも思いを馳せるための実験と捉えている。

特に再演時は演出に拘り、ホリゾントの薄暗い照明のみで囃子方と地謡方を登場させ、講堂にあるドイツ製のパイプオルガンでオペラ『オセロ』のデズデモーナ殺害シーンの楽曲を演奏するという演出をした。オセロがデズデモーナを殺す場面が能には皆無なので、そのイメージを湧かせる為でもあった。悲劇の妻殺し。そしてオセロも命を絶った…。

これで終わる物語を、能はそこからがスタートなのである。暗い中で聴く観客がそれぞれに大悲劇を思い浮かべ、それから長い間経った後日談の始まりを感じてもらおうとしたのだ。

再再演の大江能楽堂は、ぼんやりと全体的に暗めの照明にした以外は、なんの細工もしていない。能舞台には小細工は無い方が良いからだ。京都で一番古い能舞台で、舞台の黒光りした板といい能楽堂内の雰囲気といい、劇場セットに勝る役割を担っている。

新作能というものは、古典曲がそうであったように、演じられるたびに進化していく必要があると思っている。古典は長い時を経、再演を繰り返し経て進化した。色々試して、どこかに決着するという具合にならねば勿体ないし、本物にもならないと思う。

その進化の過程で扮装は落ち着いたが、三回目には持ち物で悩んだ。花守に何かを持たせてみようと。本当は別に持たなくても良いのだが、過去二回は持たなかったし、《女郎花《おみなめし》》の花守も何も持たない。

実際に色々持ってみては試行錯誤した。舞台で何度も動いているうちに、水桶を持つことに至る。水汲みの態は普通にあるが、能の花守には水桶のようなものは持たない。それを何故かと考えた結果、およそ日本には花に水をやる行為が能大成時までには一般になかったのではないか。花守の存在は、花を荒らしたり盗んだりする者から文字通り、花を守ることであったろう。

それを能でやるからには、水をやる仕型だけでなく水桶を持って花に水をやるという所作が閃《ひらめ》いた。古典伝承の場では、このような「思いつき」で色々やることはあり得ないし、してはいけない事なのであるが、何しろ少ない回数しか上演していない未熟な状況では、考えつくことを片っ端から検証するべきであろう。果たしてこの「**水桶持ち**」は成功したようだ。

前シテ中入のあと、アイ狂言イアーゴは、憎きオセロを罠にはめてやった企みに満足し、オセロの死後の苦悩の様子を垣間見ては嘲り笑っている。イアーゴの面は**俊寛**から**真角《しんかく》**に変更した。既にこの世にない者でもあり、すこし特別な力をも持つような存在。「**怪士《あやかし》**」群類の面であり、目と歯が金色でうまく合っていた。

ただし、イアーゴの人間性を充分に表すには、かなりの手練れでないと難しい。普段の狂言に登場する小悪党ではなく、大悪党である。この世のものでは無く、その上で狂言らしい剽軽《ひょうきん》な人間性もある。深い恨みをもっているが、シテやツレのように重苦しくはいない。人を罠にはめて妻殺しにまで追い詰めた事への罰として地獄に堕ちているのだが、その自らの所業さえも、地獄に堕とされた事さえも、客観視して笑い飛ばそうとする一種の強さがある。

三回の公演に於いて、三回とも違う狂言方役者が演じたが、当方の要求の外にあるお任せの部分では、それぞれの工夫と原作に対する解釈が意思強く出ており、三人の芸域・芸境に触れることが出来た。もちろん、皆、良い舞台であった。

その三人も、前述のようにそれぞれ再演する機会があれば、また進化してくるものと期待する。

後シテのオセロ将軍の扮装も議論があった。新作面の**黒平太《くろへいだ》**は二種作っていただくことになってしまった。それは頭髪や被り物が影響したとも言える。ムーア人将軍ということのイメージで、当初の頭髪スタイルは「黒頭《くろがしら》」とし、面は強い武将の霊に使用する平太の造作に顔色は茶褐色、加えて当方の注文で口髭を植毛してもらった。

しかし、大きな黒頭のボリュームと、精悍《せいかん》でやや細めの黒平太は、今少し調和しきっていない感があったことと、この曲の主題を考えれば、普通の能的亡者の姿では違和感が出てしまった。

これを解決するために、「黒平太第二号」を製作していただくとともに、能面周りの頭髪の姿を制作するに至る。能的亡者なら、黒頭でないなら黒垂《くろたれ》という修羅物や神体に着用する馬素（バス、馬尾の毛）のザンバラ髪となるのだが、それに囚われずに長考した結果、喝喰鬘《かっしきかずら》を垂らして、色入りと色なしの鉢巻を二本合わせて大幅にし、それを大花結びにしてみた。能における胡韓耶単于《こかんやぜんう》（能《昭君》のシテ）よろしく、異教徒・異国人の風体を出せたと思う。

もっとも、オセロは将軍となった時にはキリスト教に改宗していたとの話もあるが、普通の姿ではオセロ自身の中にあるヨーロッパ中心文化に対する心の闇が出せないと見たからである。

かくして、オセロ後シテの姿は一応完成されたのではないかと考えている。

オセロとデズデモーナの絡みについては三公演とも殆ど変えずに演じた。古典能には「擦れ違い」の表現を大きく表現したものは無いと言っても良いと思う。あっても「恋愛の不成就」や「立場の擦れ違い」程度の事で、本曲のような「己への許しを理解できない」オセロと、「本心を伝えきれない」デズデモーナとが精神的にも、また、堕ちた世界でも共に居れない悲劇を表すには、今までの能に無い演出を工夫し、そしてそれを能の技法で演ずる必要があった。いや、必要とまでは言えないかも知れないが、是非挑戦してみたいと臨んだ。

時空の違うところに居る二人が、年に一夜のみ同空間で逢えるとすると、お互いに言葉も交わせるだろうに。いつまでも解け合う事の無い苦しみを、一瞬ではなく後場全般にわたって出さなければならない。

能に於いては、片方一人が出て語らせて嘆かせて、罪障懺悔して成仏する、と常套になるのだが、二人同時にその場に居させて「擦れ違い空間」を出すには、スピードのずれを活用するしかないと考えた。

後場の構成としては、先にオセロ将軍が登場し、苦しみの闇に棲むことを嘆き、吟遊詩人と言葉を交わすのだが、やがてその苦しみの表現として、修羅の闘いや恋慕の妄執などの狂ひの表現でもある「カケリ」という短い舞を舞う。古典の「カケリ」を踏襲するが、正先《しょうさき》（舞台の最前部、階の前）にはシェイクスピア原作のハンカチーフの代わりである扇が置かれている。これはイアーゴが置き去りにしていくのだが、大きな舞台上の象徴的なアイテムとしている。

オセロはカケリの最中にこの扇を見つけて驚き、苦しみ、座り込んでしまう。あまりにショックなアイテムである所以。実はこのカケリの最中から静かにデズデモーナが橋掛かりに登場してオセロの様子を遠巻きに眺めている。オセロがガックリと臥したところへ声を掛けるのだ。こうした掛け合いの場合には、お互い向き合ったり背いたりするのだが、能の定式をやぶって、一緒に向き合う事を極力避けるようにした。会話をしているのだが、お互いに通じていない、という意味として。

そしてもっとも工夫したところが、二人の相舞である。

ここでは、近寄ったり離れたり擦れ違ったり、進むスピードもずらして時空の違いを表現してみた。これは能には無い演出で、しかし現代では映画の世界にはしばしば用いられている。キアヌリーブス演じる「救世主ネモ」と空想世界マトリックス内での敵との戦闘シーンなど、闘いや緊迫した場面によく用いられる。黒澤映画が先駆かと思えるが、能の演出を多用するものも増えてきた。能にも逆輸入があっても良いのではと個人的には思う。ただし、能の手法でそれを演じなければならない制約は必要であろう。

今宵もまた二人は言葉を交わし、解け合えぬ身を嘆き、デズデモーナは異空間へ去っていく。太鼓の静かな一調で表してみた。

オセロは永遠に解け合えず、成仏（日本的な観念として）も出来ない身を承知しつつも、吟遊詩人に、せめて我々の本当の姿を世人に伝えてくれよ、慰めてくれよ、と闇に消えていく。終曲には吟遊詩人が琵琶を弾いて二人の物語を語り伝える決意を示して去る。

新作能《オセロ》は、今後ますます演出と言う面に於いても進化せねばならないだろう。あくまでも「能」として成り立つもの、説明過剰でなく、観客の自由な心を引き出せるものとして。

新作能《オセロ》の間狂言の事

―野村萬斎×（聞き手）辰巳満次郎―

野村萬斎氏

辰巳：よろしくお願いします。

《オセロ》の、間狂言《あいきょうげん》というかたちですけども、イアーゴを演じて頂きまして有難うございました。

時間がちょっと経ちましたけども、あの時、演出として、《オセロ》が始まる時に、備え付けのパイプオルガンでオペラの『オセロ』の、オセロがデズデモーナを殺してしまうというシーンの古典音楽を演奏してもらって、その後日談として始まるという演出をしました。

折角パイプオルガンがあるならイアーゴの場面でも上手く使えばいいんじゃないか、という演出案を言って下さって。

今回、イアーゴが苦しむ場面であるとか、あるいはハンカチならぬ扇を落とす場面とか、そういうところでパイプオルガンを使って頂きました。

能にパイプオルガンを使った演出っていうのは他にないと思いますけども、ああいう形に関しては、どういうお考えを持っていらっしゃるのか、ということですね。

萬斎：パイプオルガンを使った演出というのは、今回が初めてではないと思いますけれども。

宗教音楽の、バロックですかね、その荘重さ、荘厳さというものを際立てる楽器と、それと能の荘重さと、今回の場合だと、例えば天国と地獄というようなことを表したりするのに、最適なツールであると思いますが。相性がいいんじゃないかなと僕は思いましたし、シェイクスピアから入る人にも、能から入る人にとっても、新鮮味があったんじゃないかと思います。

新作を創る時に、もちろん能という非常に様式性の強い演出によって成り立っている場合、そういう様式にはめ込まないと能にならないということもあるわけですけど、でも全てを古典と同じようにやる必要はないわけですし。新作として新しい可能性やら、古典とは違う側面とか、そう言った意味でもね、パイプオルガンは非常に有効だったと思います。

萬斎：そういう意味で、イアーゴの造型に関しても、間狂言をどう考えるかっていう事でもありますけれどもね。シェイクスピアは非常にイアーゴという人を重く扱っていて、実際の原作でも、主人公＝タイトルロールっていう言い方をしますけど、タイトルロールのオセロより台詞数が多い。

辰巳：両シテみたいなもんですね。

萬斎：そうですねぇ。大概はイアーゴの方がうまい役者が出て来て。

辰巳：それだけイアーゴの役は難しい、ていうことですよね。

萬斎：まぁ、そうですよね。器用な役者がやらないと面白くない。オセロの方がどっちかっていうと、軍人で武骨で大きな人間というかね。そういう大きい人間と卑小なる人間の、一種、攻防だったりもするわけですよね。ですから、そういう意味でいうと、能と狂言という一つの組合せが非常にマッチングしているような気がします。

ただ、イアーゴっていうのも、人を陥れるっていうことは、そうですねぇ、トリッキーな…。トリックを張り巡らすという意味では、トリックスターという言い方がありますけど、観客をも共犯関係に導きながら陥れていったりとか、ていうところが今回省かれてますけど。

まぁ、そういう意味でいうと、「ざまあ見ろ！」てなことを、多少なりとも観客と共有するというような。何となく狂言が多少悪戯している演技をしたりするのにもちょっと近いところがあるかなとは思います。

そういう意味ではね、今回は僕とすると、能と狂言の差というものを、オセロ将軍とイアーゴという副官との対比ということで、間狂言にもそういうトリッキーな、またはコミックリリーフ＝道化的なというかですね、そのようなところもまずさせて頂いた。

それから、何と言ってもオセロというと、ハンカチの取り違えが大きな事件なので、それを、ハンカチその物を使うのは、能の演出様式にはまらないので、それを今回扇でやるという、これはもちろん、それこそ能の演出にはめるという事だと思いますけど、ただ、それをそう変えるんだということを、諧謔《かいぎゃく》風に、その演出意図をあえて強調するために、諧謔に加えつつ、あえてそういうことで、能というもののあり方を考えて頂く。二度ほど「ハンカチではのうて」って言ったかな。

辰巳：「ハンカチーフではのうて、扇…」ってやつですね。

萬斎：そうですね、そういうことで強調できるし、そこにシェイクスピアと能というものの違いも確立する。

そういう意味でね、遊び心をたくさん入れながら、物語の振幅を見せる。まあでもその、地獄に堕ちる将軍というニュアンス、また、極楽で結ばれるんでしたっけ？

辰巳：いや、結ばれない。

萬斎：…てないですね、

辰巳：(笑)

萬斎：まあまあ、イアーゴもそうやって地獄へ突き落としたのに自分も堕ちている、というこれもひとつ悲劇的と言えば悲劇的だけど、堕とすつもりのやつが自分が堕ちちゃった、というのは一種のパロディーというかね。

辰巳：そうですね。

萬斎：そういう精神も含めて、そこに間狂言をやる意味があるかなぁと思って、私なりにさせて頂きました。

辰巳：単に古典的にやるだけではなくて、もちろん、逸脱しない精神性はもちろんそうですけれども、逸脱しない身体表現は狂言でしかないわけですから、逸脱しない中で、自由さも少し出して頂きながら、萬斎さんの個性が非常に出ている演出だし。もちろん、自分ならこうだっていうのを強く持ってらっしゃるし、確固たるそういったものがなければ出来ない役でもあったかな、と思いますし。

今までに三回やりましてね、皆それぞれいいイアーゴをしてもらったと思いますけど、特に萬斎さんは萬斎さんしか出来ないようなイアーゴをやって頂いたと思って、本当に喜んでおります。

それからですね、話はちょっとそれますけど、今度、能《マクベス》でレディマクベスを演じて頂きますけども、そのマクベス夫人、それから過去に異形の者の演出もやって頂いて、石田さんと高野さんとね、非常にいいコンビで。

特に異形の者というのは本当に存在感があって、まぁ作り方も変えましたけど、普通の間狂言と比べると―本狂言と言っていいのかわかりませんが―、人によっては狂言よりも大き過ぎるのではないかという感想もありました。

でも僕は決してそうは思わなくて、《マクベス》にしても、レディマクベスの存在っていうのが最も大きいと思いますし、それを焚き付けた異形の者、原作では魔女ですよね、魔女三人を一人に集約してますけど、今回のイアーゴもそうですが、その役を狂言でやって頂くのは、非常に重要な人間を、能で演ずるよりも狂言の表現でやって頂いた方がより強調出来ると思って実はやってる、っていう気持ちがあるんですよね。

単に間狂言にしてはどうのこうのなんていうことに当てはめて考えることしか出来ない人もいるんですよね。

僕はそういうことではなくて、全体としては違和感がない方がいいんだけども、そうではなくて、型にはめるだけじゃなくて、新作だからこそ出来ることをして頂きたいし。

それから、劇場でやるということで、パイプオルガンだけじゃなく、照明のこともありました。

それから、出てくる時に、幕と切り戸がないんで自在に出たり入ったりするっていうことで、両方から出て頂いたりですね。垣間見てる場面があったり、てなことは普段の能にはないことで、非常にあれも面白くて良かったなぁと思います。

萬斎：そういう意味でね、シェイクスピアと能を掛け合わせるというか、コラボでもあるわけなので、本来のシェイクスピアとしての面白味っていうものに能が入っていかないと、シェイクスピアをやる意味がないってところもあると思うんですよね。

でもシェイクスピアは本当に人数が多いし、饒舌で多弁ですし、能に全部はまるわけではないので、そういう意味で饒舌だったりするところ、または人間っていうものをある種、達観、俯瞰して見ている時に、諧謔味を持って見るっていうところに、実はイアーゴとか魔女っていうのは共通する。

こう、ちょっとほくそ笑みながら、悲しむ奴らを見ているっていう、そこはまさしく間狂言と合う部分だ、と思うんですよね。

辰巳：そうでしょうねぇ。間狂言以外の部分でそういうものってあんまりないから、いくら新作といってもちょっと難しくて出来ないというか、やりにくいんじゃないかなと思いますけどね。

萬斎：それが際立てば際立つ程、マクベスやオセロの悲劇性が―、

辰巳：強調されますね。

萬斎：強調されるっていう振れ幅を見せるっていうことも、ひとつあるんだと思いますよね。

辰巳：大きな役割ですよね。

萬斎：そういう意味で、まさしく、異形の者が仕掛けて、そうなる。そういう意味でいうと、シェイクスピアの中には、そういうふうに人を陥れる魔の手というか、人間のどこかに潜む悪というか、そしてそれに翻弄される人間がいるっていう、だからこそ悲劇が付きまとうんだと思いますけど。そういう意味でいうと、まさしく異形の者がマクベスという世界を俯瞰して見ている、ということだったりするんだと思いますよね。

辰巳：さっき、間狂言のあり方っていうのをおっしゃったけども、本当に古典でカッチリと決まっているものもあるけど、それでもやはり、前とか後とか、あるいは間狂言が終わって待謡《まちうたい》か、シテがそのまま出るものもあるけど、そういうものも、我々も間狂言っていうものを受けて後を出るとか、あるいは前場を受けてアイが出て来られるとか、ていうことは、当然ある事で。狂言方もそういうことって勉強になるなと思いましたし。いう風に感じて若い方にもやってもらって。今日も《黒塚《くろづか》》がありましたけど、例えば、「あの女主は親切だけども、阿闍梨に向かってあんな事を言うのは」なんていう台詞がありましたよね。[1] お家によって色々違うけれども、「血相変えて」とか、立ち戻ってただ「聞いた」っていうんではなくって、急に表情を変えて言ったとかっていうことを言う台詞があったりして。そういうことがあるか無いかで、中入の謡い方もちょっと僕としては変えるんですよね。

萬斎：うん。

辰巳：ですから、どういう状況で言っているかっていうようなことは、やっぱり間狂言が感じたことがそうだと僕は思ってるんで。そういう台詞によって、シテ方もですね、いつでもこうだとか、というようなことではなくて、やっぱりそういうことが全体を通して見た時に、それが能として―、

萬斎：そうですねぇ。隠したいものっていう事とは何だっていう、単なる寝室、ベッドルームっていうんではなくて、後シテというか、シテの一つの心の扉でもあるわけじゃないですか。それを覗きたい奴っていう、どうしたって野次馬はいるわけで、覗いた時に、それが恥ずかしいものであり、人には見せられないものっていう、何かそういう劇的なものに捉えていくっていうこと。だからそれは、逆に言うと、隠せば隠す程、人は見たくなるっていう事をこっちはやるし。

辰巳：そうですね。人間の心理の奥を一番実は突いているのが、そこですよね。

萬斎：だからこそ、見て欲しくなかった、という思いになる。やっぱり、さっきも言った振れ幅として狂言が機能する。ただ単にふざけまくってやるだけじゃなくて、開けて見てしまったら、見た人間だってびっくりするっていう、その事の重大さに驚くとか、という。そこをちゃんと間狂言が差配できるかと。それはドラマのためにどういう機能をするのかっていう意思が――。

辰巳：必要ですねぇ。

萬斎：お互いにないと。

辰巳：そう。今日なんかを観て、やっぱり難しいんだな、と思いましたよ。

萬斎：（笑）

辰巳：（笑）

萬斎：ちょっとねぇ、そこら辺の確信がないとやれないですよね。《安達原《あだちがはら》（黒塚）》であるとか《船弁慶《ふなべんけい》》だって、やっぱり、天気をどれだけ見せられるかによって違いますよね。晴れ晴れと出て行くところから、掻き曇って行く様子をどれだけ見せられるかによって、全然違うわけですしね。

辰巳：作り上げる、っていうシーンがね。すごく入ってきますよね、あいうところは。

萬斎：《邯鄲《かんたん》》にしたって、ただ単に飯屋の主ではなくて、ある種の悩める青年を受け止める何かがアイにあると。そこで枕を借りて夢を見て、しかもね、そこで「傘之出」とかになってくれば尚更のこと。

辰巳：そうそうそう。

萬斎：そういうことが強調されますよね。

辰巳：どうしてもみんな、シテとかワキとか地謡とかそういうことしか考えてないけど、やっぱり、そういった狂言とですね、あるいは直接言葉のやり取りがなくても間狂言の重要さ。

また、それを前でも渡す、あるいは、それを受けて後を作るかっていうことも含めて、自分が新作に色々関わって能を作ってみて、色々能の深みが分かるっていうか、新作をやることによって、要するに古典というか、今の「能」っていうものを深く勉強するきっかけになりましたね。

まぁ、今日はそもそも「間狂言」とは何なのか、みたいなお話を伺って、非常に勉強になりました。

萬斎：有難うございました。

〔注〕

（1）該当する《黒塚》の間狂言セリフは以下の類。「この主のような。心のやさしい人は浮世には御座あるまい。それを如何にと申すに。お宿を申さるゝのみならず。焚火をしてあて申さうずるとて山へ参られた。（中略）が。さり乍《なが》ら爰《ここ》に一つ不審な事が御座る。山へ参る者が立ち戻つて。構へてわが閨の内ばし御覧ぜられなと申した。何が人によりましよけれ。先達に向つて。其様な事を申すもので御座るか」野々村戒三・安藤常次郎『狂言集成』（一九三一・春陽堂）より。

大倉源次郎氏　　辰巳満次郎氏

新作能《オセロ》の囃子の事

―大倉源次郎 × (聞き手) 辰巳満次郎―

辰巳：では、《オセロ》に関してですね、大倉源次郎さんに色々と話を伺いたいと思います。

大倉：はい。

辰巳：《オセロ》は三回上演させて頂いて。最初が大阪府立大学、二回目が羽衣国際大学同窓会の美羽会五十周年ということでしたが、二回ともホールだったので、能楽堂でやってないから是非能楽堂っていうことで、昨年の一二月に大江能楽堂で上演させていただきましたけど。

お囃子に関しては、その三回で何か変わったことって特にございましたか？

大倉：いや、あのねぇ、洋物というかね、まったく新しい素材の作品なので、あえて従来の手組を使って全てをやりました。

というのは、どうしても新作っていうと色々やり込み過ぎてしまって、後の人が出来づらくなるということがあると思うんですよね。これなら自分もやりたいと思えるような作り方にしていくことによって、また次の人達が創作意欲を持ってその作品にかかっていく、っていう風にやっていくのが新作能の基本ではないかなという風に僕は思っております。

辰巳：本当に能として違和感もない作品ですからね。

で、小鼓だけでなくて、全体を通して色々囃子の監修をしていただいたと思いますけども、後半の、デズデモーナが出て来て、それから、オセロと別れる時といいますか、消え去って行く時の太鼓の―、

大倉：一調ね。

辰巳：あれも、ご意見、監修して頂いて、あれがいいという事で、非常にあそこはよかったんじゃないかなぁと思うんですけどね。

大倉：効果的に太鼓が使われて、突拍子もないことをしているように見えたかもしれませんが。
でも、そういう刻みだけで聴かせて効果を与えるとかいうのは、お能の中にもあるわけで。

辰巳：要するに、今の現行曲の中にもそのような演奏法ってありますかね。

大倉：あるわけでね。

辰巳：例えばどういう風に。

大倉：まぁ、例えば「**懺法**《せんぼう》」なんかでもそうなんですけどもね、ちょっと特殊な例といえば。

辰巳：《**朝長**《ともなが》》の「**懺法**」（《朝長》の後シテが登場する際に太鼓が特殊な低い調子で演奏する）。

大倉：えぇ。要するに、太鼓なら太鼓の効果っていうものを使って、そういう刻みがあることによって静けさが余計に静かに聞こえていくとか。

辰巳：普通は大小を使って考えてしまいますけどねぇ。

大倉：うん、そうですよね。

辰巳：あそこの、太鼓を使って静かに止まるっていうのは、すごく効果的だったと思いますね。

大倉：そうですね。亡くなった観世静夫先生なんかが、夜中にふと目が覚めた時に、時計のチクタクチクタクっていうのが聞こえて、静けさがやけに印象に残るみたいな効果があるんだ、という風なことをね——、

辰巳：静かだからこそ聞こえるっていうか。

大倉：そうそう、逆に静けさが強調されていくみたいなことになって、時間がどんどんどん経過しているっていうのが印象付くということですよね。
だから、《オセロ》っていう作品が、遠い過去のものなんだけれども、その時間の中で、自分達と共有されていく、みたいな場面になるんじゃないかな、という風に思いますね。

辰巳：まぁ、あそこは、僕はずっと座っている場面なんですけれども、座って聴いてると、登場人物それぞれ、みんな違う想いがあり、イアーゴも含めて違う次元の地獄にいて、で、それをお互いに解け合おうとするんだけど解け合えない、という風なことで。ずっと、永遠の悲劇が続いていて、その解決できない悲しみとか、そういう深みをすごく感じて。あの場面は特に静かな場面での刻みだったので、客席からね、こう、結構、すすり泣きが聞こえたりね。

大倉：おぉ！

辰巳：聞こえませんでしたか？

大倉：う～ん、それはクーラーが寒かったのか…。

辰巳：（笑）寒くて泣いてた（笑）、一二月だからクーラーついてないし（笑）。
それで、やっぱり、そういうねぇ、すごく、感動する場面だなぁと思って。で、こちらも、その音を頼りに、こう、また振り向きたくなるというかねぇ。

大倉：そうだねぇ。

辰巳：思った以上に効果があったような気がしますねぇ。後はどうでしょう。《マクベス》も、やって頂きましたけど。

大倉：そうでしたねぇ。

辰巳：《マクベス》と比べて、《オセロ》っていうのは、どんな感じなんですかね。

大倉：そうですよねぇ…、どうやったかいなぁ。まぁ、作り方がちょっと違うってこともあったんですけども。

辰巳：鼓の、例えば手組とかなんかを作る時には、新作の時はどうやって。

大倉：あ、やっぱりねぇ、もう、これは何回か謡い込んで、あ、ここにはこういう手組がはまるな、とか。で、満次郎さんはお囃子に明るいっていうこともあってね、謡ってると自然に手がこう、出てくる、という風な節付はちゃんとされているので。そういう意味では、こちらの、作調というか、手組の持って行きようは作りやすかったですよね。これは、やっぱり阿吽の呼吸というかね、節付をしていく人の意図が伝わるというか、実際、型付も即して動きが出来てくるわけで。総合芸術としての良さが出ていたんじゃないかな、と思いますね。

辰巳：前に、まぁ、昔、その、そこはどういう型なんだとか、どういう節なんだ、ということで打つ手が変わってくるんだ、ていうことを教わったことがあって。やっぱり、なるほど、そうなんですよね、こっちだけじゃなくて。

大倉：そうですよね。

辰巳：やっぱり、言葉の強調したいところにクリ節があったりとか、ていうことも含めて、だからこういう手がはまるべきだ、ということがあるんですねぇ。

大倉：だから《マクベス》なんかも、戦いの場面みたいなところでね、派手な切り組の手を使うところと、逆に、そういうリアルなものじゃなくって、そこに吹いてる風を表す、みたいなね。そういう情景的な部分もお囃子が作ってたりとか、そこら辺のバランスっていうのかね、そういうのは。逆にこういう場面場面がはっきりしている曲の場合、こちらも面白く作れるというかね、そういう楽しさがありますよね。

辰巳：二回目の時にですね、あの〜、パイプオルガンが入ったんですけども。あれは賛否両論ありましたけども、ああいうものが入る事に関してはどうですかね。

大倉：まぁ能楽がね、今の四拍子に既定されるまでは、色んなものを使ってたわけですよね。それで削ぎ落とされて今の四拍子になるわけだけれども。こないだもね、アイルランドの公演の時に、合唱が入ったんですよ。で、面白いな、と思ったのは、パイプオルガンの時は、やっぱり音階がすごくはっきりしているのでね。オクターブに乗った音が出てくると、ちょっとどうかな、と思ったんだけれども。やっぱり、お囃子と謡と動きとだけでは表現できない部分がパイプオルガンで鳴ってるという感覚があって、すごく面白い部分と、これ邪魔だなと思う部分は確かにありましたよね。

辰巳：まぁ、やってみてわかるというか、あのパイプオルガンはね、普段ないですから。

大倉：でしょうねぇ。

辰巳：あの場でやってみてね、初めて分かることだから。

大倉：逆にね、パイプオルガンがよすぎてさぁ、もう満次郎の声とか囃子はいらないなんて言われたら——、

辰巳：(笑)

大倉：何が困るって、それが一番困るわけで。

辰巳：(笑) そうですねぇ (笑)。

大倉：まぁ、パイプオルガンはパイプオルガンのいい使い方があると思うけども、やっぱり、このお囃子はお囃子でないと出来ないところをちゃんとやりたいし。

辰巳：そうですよねぇ。

大倉：うん。

辰巳：僕も、例えばパイプオルガンが全編に入って、それで混ざってっていうことは、まったく考えてなかったですけどねぇ。

大倉：うんうん。

辰巳：まぁ、それは、そういうやり方はあるかもわかりませんけど、やるんだったらもっと緻密に作っていかないといけないしね。

大倉：そうですよね。

いや、こないだのアイルランドの時はね。演出がすごい緻密にスコア書いてきたんですよ。例えば、いわゆる、切り組みのムスビハシラみたいなところでね、声で「うわぁー」とか言って効果音を作られてね。逆にこっちはドキドキしてやるようなことがあって。あ、なるほど、音に関しては、まだまだ色んな可能性があるんだなぁっていう風には思いましたね。

まぁ、色々新作させて頂くと、色んな事がありますよね。オセロはね、宗片教授の英語能でもやってるんですよ。

辰巳：宗片さんですか？

大倉：うん。静岡大学の上田邦義さん。

辰巳：上田さん。あぁ、『マクベス』とかもなさってる。

大倉：うん、作ってるでしょ。その時も参加させて頂いてたんだけど、やっぱり、能でないと出来ない世界というものをちゃんと理解して作っていかないと、こういう作品に掛かるのは難しいなぁって。

辰巳：そうですね、それは慎重にしないといけないですよね。やっぱり、奇をてらうっていうことではなくって、本当に、こう、まぁ、調和出来てないといけないし、

大倉：だから、そういう意味では《オセロ》にしたって、《マクベス》にしたって、結局、亡霊を上手に使って、過去の自分にとってのある一番大事な場面を、みんなに見せてしまうというね、そういう面白さっていうのは能でないと出来ないし。

辰巳：でもやっぱり、能の囃子とか能の組み立てとか、わかってないと出来ないですよね、

大倉：そうですよね。

辰巳：うん。ですから、僕も新作っていうのに関わるようになってから、能ってどういう風に出来上がってるのかというのが勉強に

なりましたけどね、えぇ。

大倉：うん、うん、そうですか。そう、だから、普段の能にねぇ、これがフィードバックしていくと。

辰巳：はいはい。

大倉：うん。

辰巳：それはあると思うんですよ。ですから、能っていうものはどうあるべきか、なんていうのを考えた時に、そういうことは逆に古典に役に立つ。

大倉：単なる筋追いしてるだけではねぇ。やっぱりそこにドラマは出て来ないわけで。作者が何を一番言いたかったのかとか、このシテが出て来て、何を一番観客に訴えたいのかというかね、現代に訴えたいのかみたいなことは—、

辰巳：深く考えないとね。

大倉：そうですよね。そうやって能が立ち上がってくると思うんですよね。

辰巳：まぁ、そういう意味では、勉強としては本当に難しいですけれども。

大倉：そう。

辰巳：古典の、何十年、何百年って揉まれてね、それだけ研ぎ澄まされた演目とかに比べたら、まぁ、あれですけども。

大倉：そう、だから、さっきも言ったみたいに、この作品がまた人手に渡ってね、新たな視点で、例えばカットされたり、構成し直されたりした時に、また、この作品の良さが次のステップへ行くだろうなと思うんですよね。

僕らとしても、最初に立ち合った人達の思い入れがあるからね、なかなか切ったり貼ったり出来ないですよね。

辰巳：はいはい。作者もいる事なんで。作者がいなければ無礼講な気もしますけど。

大倉：本当そういうことがあってねぇ、うん。

辰巳：なかなかそれを削るとかってことが難しい。

大倉：そうそう。いつも例に出すんですけどね、「風の谷のナウシカ」っていう映画あるでしょ？ で、あれの原作は普通の漫画で四冊本で出てんのよね、それと全然違うわけですよ。映画は映画じゃないと作れない作りになってんのね。

辰巳：うんうん。

大倉：あれは、原作者じゃないと発想の組み立てをあそこまで構成出来なかったと思うんですよ。脚本家が何か作っていくと、単なる筋追いで終わってたんじゃないかな、とかね。逆に、あと「イグアナの娘」っていう—。

辰巳：知りません。

大倉：実は、漫画をテレビドラマにしたのがあるんですけどね、それは、萩尾望都の短編の漫画が、結局、連続の、九週か、十週ぐらいの、菅野美穂のドラマになったんですよ。これなんかも、やっぱり面白いなぁと思ってね。やっぱり、原作者の手を離れて初めて作品が一人歩きする。そのテーマを元に、色んな付加価値を付けていく、みたいなね。

辰巳：まぁ、元々シェイクスピアの原作をね、能としてやってますからね。

大倉：だからね、シェイクスピアの原作があって、こうやって新作能として料理をした。で、僕らがこの場面を面白く作ろうと思ってやったところでね、また、次のステップでどういう風に――、

辰巳：そうですよね。まぁ、でも、そういう最初の作品というか、ああいう形なんですよね、うん。まぁまぁ良かったんじゃないかなと思いますけどね。

大倉：非常に勉強になりました、僕も。

辰巳：メロドラマチックにあんまりならないで出来たかな、良かったかなと思いますけど。

大倉：そうですよね。本当、面白い作品に参加させて頂けて。有難うございました。

辰巳：はい。（笑）どうも有難うございました。

大倉：有難うございました。

大倉源次郎氏

能面考
―新作能《オセロ》の能面―

藤原 千沙

※面の名称を全てゴシック体で表記した。

一❖はじめに

能の特徴の一つとして様式美がある。しかし、その様式は長い歳月をかけて昇華され築き上げられたものであり、中世以前の能の草創期には盛んに創作や改作が行われていた。能作の充実と共に、求められる能面もまた深みを増し、種類も豊富になり、逸品から写しが生まれ普遍性をおびていく。

現在、能は現行曲がおよそ二〇〇番あり、古典化された能本と様式美で表現される中、新作能(1)はその築き上げられた様式美を踏まえ創作する。能面の創作もまた、充実した型の上に新たな表現を提示することである。

新作能《オセロ》では、後シテ（オセロの霊）とツレ（デズデモーナの霊）に〈創作面(2)〉を使用している。その他、〈専用面〉と言われる特定の人物を表した能面も複数使用されている。

本論考では新作能《オセロ》での使用面を通して〈創作面〉や〈専用面〉について考察し、現在進行形で息づいている能と能面の更なる可能性を探りたい。

新作能《オセロ》の使用面は次の通りである。

前シテ	花守	**邯鄲男**《かんたんおとこ》（初演時）（図1、図2） **俊寛**《しゅんかん》（再・再々演時）（図3、図4）
後シテ	オセロの霊	**黒平太**《くろへいだ》**怪士**《あやかし》**型**（初・再演時）（図11、図12） **黒平太**（再々演時）（図13、図17）
ツレ	デズデモーナの霊	**ぬばたま**（図19、図20）
アイ	イアーゴの霊	**俊寛**（初演時）（図5） **平六**《へいろく》（再演時）（図6） **真角**《しんかく》（再々演時）（図7、図8）

二❖専用面について

能面の特徴の一つは「原人称的仮面(3)」である。それは、「誰にでもなるが、特定の誰でもない」という、様々な物語に対応する柔軟性を持つ仮面を言う。

しかし、能面の中には特定の名前を持つ〈専用面〉と言われる面もある。《邯鄲》に使う**邯鄲男**のように、**俊寛**、**景清**《かげきよ》、**頼政**《よりまさ》、**山姥**《やまんば》、**敦盛**《あつもり》、**弱法師**《よろぼし》、**蟬丸**《せみまる》、**熊坂**《くまさか》、**猩々**《しょうじょう》など、シテの着用する面の名称が、曲名（シテあるいはツレの役柄）と同じもので、「原人称的仮面」という特徴とは異なる面である。とはいえ、特定の名称が付いていても、稀ではあるが、別の役柄に着用することも可能なのが、様式の中で表される能の柔軟性である。

例えば、**山姥**が《頼政》に使用される場合がある。一言に**山姥**と言っても、現在見られる**山姥**の面の型は複数あり、**頼政**などの他の面の改造（塗り替え）から**山姥**に仕立てられたと考えられる面もある。故に

その表情も様々あるが、《山姥》の詞章に

髪には荊棘《おどろ》の雪を戴き、眼《まなこ》の光は星のごとし。
さて面《おもて》の色は、さ丹塗の、軒の瓦の鬼の形を、

とあるように、白髪を束ね、金環を塡めた目、赤味を帯びた肌、力の入った鼻孔にカッと開いた口から見せる歯などが**山姥**の造型の特徴である。この鬼女の風貌をした面が性別をも超越して**頼政**にもなり得るのであるから、〈専用面〉であっても「原人称的仮面」としての要素も踏まえる独特の面である。

また**小面**《こおもて》が《敦盛》に使われる場合もある。いずれも頭巾や鉢巻で髪の毛描きは隠れるので違和感なく物語に溶け込む。この様に固定した用途だけでなく、柔軟性を持って面を使い分けることが出来るのは、先人からの能役者の工夫と感性によるものである。〈専用面〉が登場する以前は、代替や塗り替えなどの試行を重ね、理想の形を生み出していったのだろうか。それとも、先に上げた〈専用面〉を用いる演目が新作として演じられるに当たって〈専用面〉が創作されたのか。とても興味深いところである。

世阿弥らの時代にあった「立ち会い能」と呼ばれる新作を競い合う演能会は、より「花」（珍しさ、意外性）を見せるために、使用する能面も試行が懲らされたと想像する。

『大野出目家《おおのでめけ》伝書』[4]（明和七年〈一七七〇〉）には、現在見られる能面の種類より多く記されており、〈専用面〉と覚しき名称も上げられている。

葛城女　水戸光圀卿御好にて洞白打之。　源氏　松平陸奥守好にて、甫閑打之。　業平　上同　深草男　松平陸奥守殿名改。

ここに見られる面の名称は、現存しないわけではないが、型として定着していない面である。能が式楽となり殿様のお好みで、より曲に見合った個性的な面が面打に求められ、創作された時代であったことが分かる。

新作能《オセロ》でも〈専用面〉が用いられている。初演時では前シテ／花守に**邯鄲男**、アイ／イアーゴの霊に**俊寛**。また、再演時には前シテに**俊寛**、アイに**平六**（狂言面）が使用された。この様に、特定の人物の顔として作られた面が多様な使い方をされている。

次にこれらの面の特徴を考える。

○**邯鄲男**《かんたんおとこ》（図1）

上品な面立ちで眉間に皺を寄せ、どこか一点を見つめるその表情から、人生に迷い悩める青年蘆生《ろせい》（《邯鄲》の主人公）の実直な性格を想起させる。能では、生身の若い男性の役柄には、面を着けず役者の素顔で演じる〈直面《ひためん》〉という方法があるが、《邯鄲》では**邯鄲男**を着けることによって、物語の中で実に豊かな表情を表す。人生に迷い悩める姿、夢の中で栄華を極めて満ち足りた姿、粟が炊け夢から覚める時の呆然とした姿、悟りを得て悩みも解けた晴れ晴れとした姿。[5]面という固定された表情でこれだけ様々に変化して見えるのは、謡と囃子にシテの面使いが相まって、観ている者の中で多彩な表情に映るからであろう。

また〈直面〉ではなく**邯鄲男**という面を着けることで、より表象としてのイメージを共有できる。能面の持つ強さや必然性はそこにあるのだろう。

邯鄲男も《邯鄲》だけに着用される面ではない。品格を備えた一重瞼の真っ直ぐな鋭い眼差しと眉間に表れる芯の強さは、《高砂》《弓八幡》《養老》などの若い男神として面の位を上げる。

邯鄲男と同系の面として**若男**《わかおとこ》がある。**若男**と**邯鄲男**の関係性については諸説あり、どちらが早くに成立したかは定かではないが、造形的特徴が酷似している。それを表す最大のものは「一重瞼」である。能面の多くは「二重瞼」が基本である。能面の種類が大きく分けて六〇種類ある中で、「一重瞼」が見られるのは**若男**、**邯鄲男**、**猩々**、**泥眼**《でいがん》くらいである。勿論、これらの中で「二重瞼」の面も稀に見られるが、基本的には「一重瞼」が特徴の一つとなっている。一つの考えとして、元は「若い男」という同一の類で、その中で邯鄲に良く合う面として銘品が生まれ、写しが広がり、早い段階で**邯鄲男**という名前を得て定着していったのではないか。故に**邯鄲男**は若い男の典型としてあるのだと言えるだろう。

新作能《オセロ》の初演時では、前シテ／花守は「長き年月この花を守りたる者」という意味深長な名乗りで現れ、この地がオセロとその美しき妻の住まいであったことを述べる。「恋しき時の思ひ出」を胸に、亡き妻への心残りと後悔により、永遠に花守としてその地に彷徨い続けるという業を抱えた姿は、**邯鄲男**の持つ複雑で多彩な表情によって表現される。また、頭巾を被った姿は、**邯鄲男**の表情に影を与え、より神秘的にも映る（図2）。

ここでも**邯鄲男**が新たな顔となった。

○ **俊寛**《しゅんかん》（図3）

平安後期に実在した俊寛僧都《そうず》。流刑の地、鬼界ヶ島で三年を過ごし、三七歳で亡くなった晩年の面影を表した面である。痩せこけ、頬骨も露わになり、眉間に寄せた皺と下がり気味に口角を広げた表情からは、孤独と絶望、怒りや悲しみが折り混ざった屈折した心境がうかがえる。また、その鋭い眼孔は極限に達した人間の精神力を感じさせる。

《邯鄲》と同じく《俊寛》もまた〈現在能〉[6]で、シテの俊寛のみ面を着け、ツレの平判官入道康頼と丹波少将成経は〈直面〉である。三人は「罪も同じ罪、配所も同じ配所」ではあったが、思いがけず流人赦免の使者がやって来て、三人の運命は大きく分かたれる。一人残されることとなった俊寛のさらなる絶望は、俊寛の眉間の緊縮と誇張された骨格表現によって観ている者にも共有され、ツレ二人の直面姿でより強調されることとなる。これも**俊寛**の面があっての《俊寛》であり、〈直面〉では弱過ぎる。

新作能《オセロ》の再演・再々演時には、前シテ／花守に**俊寛**が使われた。初演時の「恋しき時の思ひ出」を胸に初々しさも残る**邯鄲男**に対し、恋しき人を自らの手で殺してしまう極限の精神を影に偲ばすには**俊寛**もまた相等しく花守となり得る（図4）。

能は様式の中で型を用いて演じられる舞台芸術ではあるが、その人物の何に重きを置いて表現するかは演者に委ねられており、その表現の媒介を担うものとして、能面は重要な役割を果たす。

また、初演時ではアイ／イアーゴの霊として、**俊寛**は別の顔にもなった。アイは狂言方が演じるため、シテ方とは違う構えで立ち、言葉の言い回しや所作も違う。すると、当然面の見え方にも違いが表れる。首を大きく動かすため、勢いのある滑稽身を帯びたものとなり、シテ方の面使いでは見られない表情が出る。例えば、顎を上げて上を向く所作などは、シテ方が用いる「面を〈テラス〉(7)」とは全く異なる。

また、面の向こうから発せられる言葉や声色の違いによっても、受ける印象は随分違う。

オセロとデズデモーナを罠に掛け、苦しみの果てに死に追いやったイアーゴは、その悪行の報いから自らも地獄に堕ちている。「なんといふ皮肉、なんといふ恐ろしき神の企み。皆の衆、御用心御用心」「廻れ廻れ毒よ廻れ」と笑い飛ばす。地獄に堕ちてもなお、悪巧みを続けるイアーゴの執心は、痩せこけても残る強い生命力を持った**俊寛**を通して表される（図5）。

○**平六**《へいろく》（**塗師**《ぬし》**平六・塗師**）

狂言《塗師平六》（あるいは《塗師》ともいう）に使う〈専用面〉。大蔵虎明の『わらんべ草(8)』には「かはづのくづし(9)」とあるが、狂言面の中では珍しく、滑稽味を表さない表情の面で、平六という名の塗師の亡霊の顔を表す。《通円》や《楽阿弥》などと同様に、能掛かりの狂言ではあるが、生身の平六が自身の亡霊に扮するのに使われる点が面白い。用い方がそもそも滑稽であるから、あえて面に滑稽味を出さないことが、かえって面白さを引き立てる。妻の悪知恵で死んだ事になってしまった平六は、供養の念仏にひかれて幽霊の姿で現れ、餓鬼道の有様を塗り物の手順にたとえて謡い舞う。

造形的には能面の**痩男**や**河津**《かわづ》（**蛙**）の怨霊の要素を備え、細面で眉間を少し寄せ、黒い髭をひょろりと生やす。中には白眼に朱を注し、金環を嵌めた面もある。平六という、妻の尻に敷かれる一人の平凡な塗師の姿ではあるが、どことなく怪しさを漂わせ、亡霊であることを表現している。

平六は再演時にアイ／イアーゴの霊に用いられた（図6）。**俊寛**に比べ、**平六**には劇的な人間ドラマが隠されているわけではない。しかし、ないが故にかえってイアーゴの色にも染まりやすい。〈専用面〉からは外れるが、再々演時には**真角**が用いられた。

○**真角**《しんかく》（図7）

怪士《あやかし》系統の面でY字状の筋が三本浮き立っている表現が特徴である。目には金環を嵌め、歯にも金を注すことで、生身の人間ではないことを表す。目や口は大きく開かれ、何か壮絶な事態が起きている様な、緊迫感のある力強い表情で、観ている者にも劇的に映る。

イアーゴは自分の仕掛けた罠で、オセロとデズデモーナの悲劇を生み出す。その大きな罪で地獄に堕ち、壮絶な苦しみとなって自身に降り掛かる。**真角**はイアーゴのオセロに対する嫉妬や怨み、地獄での怒りや苦しみを全て引き受け、舞台の上で狂言方の肢体を得て様々な表情を見せる（図8）。

俊寛・平六・真角の三者三様の面は、各々にイアーゴの一面を表し、悲劇を語る狂言回しとなって舞台の上を縦横無尽に動き回る。

能面の中でも独特な〈専用面〉が新たな顔となり活かされる。また、能面を狂言方が着けることによって見られる新たな表情は、新作能から生まれる、新たな能の表現である。

〈専用面〉が生み出される過程は、〈創作面〉を生み出す行為に等しい。しかし〈専用面〉とは特定の役柄において、それ以外では表し得ない個性を持った面であり、その役柄の表象として成立した面を指す。また、それを着ける役者が、その個性をどう活かすかによって、他の顔（役柄）にも成り得る。〈専用面〉とは個性と汎用性を兼ね備えた面である。

三 ❖ 創作面について

能面の種類は、細かく細分化すると数百種類におよぶ。これらは型によって分けられ、中でも特異性を持つものには更に名前が付けられ、一つの型となる。

〈創作面〉は、新作能における新たな物語や表現に伴って生み出されることがあり、中世においても新作とともに、能面の種類も豊富になっていった。

新作能《オセロ》では、オセロの霊として使用する面を創作した。原作となるシェイクスピア作の『オセロ』は「ヴェニスのムーア人」という副題がつく。肌の黒いムーア人で軍人のオセロを演じる俳優は、黒い肌で、軍人の風格を表すのに髭をたくわえ、オセロのイメージを象徴的に表している。それらを踏まえたオセロに相応する面を思案する。

平太《へいだ》という能面がある（図9）。鎌倉時代の武将、荏柄平太胤長《えがらのへいたたねなが》の相貌を表しているとも言われる。また次のような説もある。

> 或説ニ是ハ箙の面成。父の梶原平三乃字嫡子源太の太の一字を加テ云ると成。
>
> （宝生大夫重友[10]『面論記』）

いずれにしても、勇猛な坂東武将の姿を表す。**平太**に限らず、新たな面を創作する際に、何か特定の人物をイメージすることは、自然なことであり、デザインを考える上での基準となる。**平太**が生み出される過程にも、先に挙げたような歴史上の人物を想定し、勇ましい武将の象徴として様々作られる中で、現在のような型が出来上がったのだろう。

同じ武将でも、平家の公達などに使われる色白の高貴な風貌の**中将**《ちゅうじょう》もまた、現在一般には在原業平の相貌を表していると言われる。しかし、平安文学研究者の泉紀子氏によると「**中将**は業平の相貌を写したと言うよりも、あくまで中世の能の世界の業平のイメージであり、平安文学での業平の人物理解とは、かなり違う」のだという。ということは、**中将**という面から能の物語を通して業平の相貌のイメージが確立されたということになる。

中将は在原業平の他、平清経にも、忠度《ただのり》にも、通盛《みちもり》にも、また源融《みなもとのとおる》にも村上天皇にも、さらには光源氏にもなり得る王朝時代の公達を象徴する「原人称的仮面」であると同時に、能における業平の相貌というものを確立するに至る、型の力強さを感じさせる。そして、イメージの共有という能面の特性も表出している。

平太は口や顎に凜々しい髭が描かれており、しっかりとした骨格と、真ん丸に見開いた黒い瞳とカッと開いた口元に力を込め、武骨で勇ましい様を表す。武将として陽に焼けた褐色の肌から**赤平太**とも称されるが、白い肌で少し品格を持たせた**白平太**と称するものもあり、小書《こがき》[11]の時などに使われる。品格を示すものとして、肌の色もその一つであるが、眉や髭の表し方と歯の表し方も顕著に違う。王朝の公達は髭を描かずに薄くぼかすのに対し、坂東武者は風になびいているような太くて長い黒々した髭を描く。また、公達の歯は上歯だけを表し、下歯は見せない上品な口の開き方をしているが、坂東武者は下歯も見せ、口横の皺にも力が現れる。これは**怪士**系統の面も同様である。

同じく武将の霊などに使用される**怪士**という面がある（図10）。**平太**と**怪士**は一見すると造形的に類似する点が多く、大きな違いは目に金環が嵌まっているか否か、また白眼の部分に朱を注しているか否か、という点である。これらの違いは生身の人間であるか否かの違いを表す要素であり、能面の種類に分けられる際には、**平太**は男面、**怪士**は男面の中でも怨霊の面となる。

平太は、現行曲では《田村》《箙》《八島（屋島）》などのいわゆる〈勝修羅〉と称される演目に使用されるのが常で、在りし日の姿で現れ自ら武勇を語る、躍動感に満ちた晴れやかな能である。

それに対して**怪士**は、死後もなお怨念や執念といった強い念を抱き続け、その執心が人間を超越した姿で現れる様な演目で使用される。「あやかし」とは「船が難破する時出るという怪物。転じて、不思議なこと。怪しいこと。また妖怪。」（『大辞林』）とあり、まさに「この御船にはあやかしが憑いて候」と義経の従者が告げる場面のある《船弁《ふなべん》慶《けい》》では、**怪士**系統の面を着けた後シテ平知盛の亡霊は海より現れ出る。

新作能《マクベス》では**怪士**が用いられ、異形の者（魔女）の予言に惑わされ、王位の座に執着したあげく死後には修羅道で苦しむ様が描かれる。しかし、オセロはマクベスとは異なり、武将としての争いではなく、愛する妻を疑い、殺してしまうという苦しみの中で死に至ることになるが、戦に生きた者として修羅道にいるのである。

そこで〈勝修羅〉の様な陽のイメージのある**平太**に、「黒」という陰のイメージを持たせ、**黒平太**を創作した。

○**黒平太**（図11）

平太の替わり型。黒い髭を強調するために、黒く染めた毛を植え付けている。現在使用されている能面の型の中で、植毛をなす面は**翁**《おきな》をはじめ老体の面のみであり、髭は老人や仙人、神など、尊い存在の象徴として表されている。そのため、若い男面に植毛をなすことは、型から外れる行為にもなる。しかし、新作能において面を創作するにあたり、髭がオセロのイメージの一つでもあることから、あえて植毛をして強調することにした。これは新作能《オセロ》において、この面を着けて舞う能役者辰巳満次郎氏の提案でもあり、一面打の判断ではなかなか成し難いものである。

まずは**平太**の型を元に粗彫りをし、西洋の人物であることも意識をし、少し鼻筋を強調し彫りも深くした。また、眉間に筋を入れ、白眼を強調する事で混沌とした感情を表し、面の角度によって表情が一変することを狙う。

初演・再演時はホールでの公演で、照明にも工夫を凝らした演出であったが、鮮やかな唐織の装束に比べ、面の黒色は光を吸収し目の錯覚も伴って小振りに見え、表情も暗い印象であった（図12）。手元で面を見る場合と舞台の上での面の見え方の違いを目の当たりにし、再度、**黒平太**の創作を試みる機会を得た。

先の**黒平太**は**平太**の型を基にはしているものの、鼻筋や彫りの深さの強調に伴い、骨格も多少細面になった為、**平太**というよりは、**怪士**に近い型となっていた。

①**黒平太**（初演・再演時着用）　高さ　鼻　八センチ
（図11）　眉間　六・九センチ
鼻下　六・二センチ

②**黒平太**（再々演時着用）　高さ　鼻　七センチ
（図13）　眉間　五・八センチ
鼻下　五・六センチ

右に挙げた数値に見るように、①の**黒平太**は、既存の**怪士**の型の高さに近く、②の**平太**の型を基に作成したものは、**怪士**よりも一センチ低い。**平太**が**怪士**に比べ素朴な風貌に映るのは、顔全体が少し平たいというのも一因であろう。

そこで、①の**黒平太**を怪士型の**黒平太**とする。

②の**黒平太**を創作するにあたり、基本的な**平太**の型の骨格は変えず、眉間の皺と髭の植毛を加える程度の工夫とした。また肌の色味も①の**黒平太**の赤黒い色より黄味の残る茶色とし、面の光の吸収を和らげ、ツレの着ける女面との舞台上でのバランスも重視した（図13）。

黒平太の再考にあたり、もう一つ工夫を試みた。

オセロの霊は修羅の地獄から武将の姿で現れるが、戦で命を落としたのではなく、自ら命を絶った。愛する妻を自ら手に掛けてしまったことへの後悔で死後もなお、妻を想い苦しみ続ける。デズデモーナに対する想いをその瞳に表せないか、という意見が本プロジェクトメンバーから浮上した。

能面は瞳を刳り抜くため、仏像のように玉眼をはめ込む事は出来ない。瞳の周囲に金環を填める人間を超えた表現とも違う。どのような工夫を用いたら瞳に想いを表現出来るのか。

思案する中、ミケランジェロ作「ダビデ」の瞳からヒントを得た。ミケランジェロ・ブオナローティ（イタリア、ルネサンス期の芸術家 一四七五

―一五六四）の生み出す彫刻作品は、写実を超えた人体表現で圧倒的な存在感を放つ。

解剖学者の篠原治道氏は、「ダビデ」について「高さ二メートル強の台座上に立つ約四メートルの大理石像は圧倒的な存在感をもつが、それに見合う重量感は感じさせない。下肢は細く、そのポーズはむしろ優雅ですらある。顔や上体の表現には逆に緊張感がみなぎっており、全体としては心理的な存在感が物理的な重量感を凌いでいる」[12]と述べる（図14）。

さらに「ダビデ」に表される筋や静脈の詳細な表現を分析[13]した上で、「見る者に息苦しいほどの精神の高揚を感じさせる」表現は「眼にも顕著な反応が現れている」としている。その言説は眼球に表れる人体の仕組みとして興味深い。

> つまりその瞳孔は病的なほど散大している。著しい散瞳と末梢静脈の拡張という身体表現の組合せは、きわめて強度の交感神経緊張状態を示し、ダビデでは単なる生存徴候以上の、生存のダイナミズムといったものまで感じさせる効果を生んでいる。
>
> （篠原治道『解剖学者がみたミケランジェロ』）

ミケランジェロは人間の精神状態を執拗なほど如実に表現し、またそれを超えて作品としての存在感を追究している。さらに今回注目したいのは、ミケランジェロの作品の中でも「ダビデ」にしか見られない眼球に表された光彩の表現である。

「ダビデ」の眼球には凹凸があり、瞳は刳り抜かれていて、そこに光彩を表したかのような表現が見られる（図16）。ちょうどハート型にも見えるが、台座を含めて六メートルもの高さのあるこの像を下から見上げても、実際にこの瞳の工夫がどれくらい活きてくるかは分からない。そのような工夫は他の像には見られず、「ダビデ」を通して試みた新たな創意工夫と読み取れる。日本のルネサンスと称される鎌倉期に運慶（?－一二二三）らが玉眼で瞳に光を表したように、イタリアのルネサンス期に若きミケランジェロも瞳に光を表した。

能面の瞳に光を与えるには、「ダビデ」の瞳のように、刳り抜いた瞳の上部に少し三角に白を残すことで表した。ただでさえ面を着けることで視界が極端に狭まるため、視界の妨げにならない程度に少しだけその工夫を付け加えた（図15）。

この工夫は実際の舞台の上でどれ程活きてくるかはわからないが、舞い手が鏡の間でこの面と対峙した時に、この瞳から微かに光彩を感じることができれば、これから始まる物語の世界に入る一助となるのでは、という思いからの工夫である。

能面はその物語の顔になる前に、幕の向こうで、それを着ける役者が非現実世界に没入する依り代となる。

再考した**黒平太**は再々演時から着用された（図17）。また、怪士型の**黒平太**はその後新たに手を加え肌の黒味を取り除いた。さらに黒目の部分を一回り大きくし、白眼の部分に微かに銀泥を注すことで、目にほんのり光彩を与える（図18）。そして新たな**黒平太**として、次の出番を待つ。[14]

今後、これら二種の**黒平太**は**平太**の替わり型として、また別の顔にもなり得ることを期待したい。

○ ぬばたま（図19）

若女《わかおんな》や**孫次郎**《まごじろう》などの若い女面を元に新たに創作した面であり、黒髪の毛描きに特徴を示す。

女面の毛描きは、平安以降の貴族女性にみられるような、耳を隠した垂髪を表し、髪筋の乱れ[15]の描き分けによっても面の種類が分けられる程、凡そ型が決まっている。一番若い女性を表す**小面**から、**孫次郎**、**若女・増女**《ぞうおんな》、**深井**《ふかい》**・曲見**《しゃくみ》と乱れの数は増える。

ぬばたまの毛描きの特徴は、真っ直ぐに垂れる髪ではなく、こめかみの辺りで緩やかな曲線を描く。また、乱れも波打つ様に垂れ、わずかに毛先もなびいている。曲線は心情の表れでもあり、微笑みの内側に秘めた想いを抱く。

黒を象徴するオセロに対し、その妻デズデモーナは純白な印象がある。その名前はギリシャ語では「不運な」という意味を持つが、新作能《オセロ》では、オセロを愛し、オセロを信じ、死後もなおオセロを許し、想い続けるが故に中有《ちゅうう》を彷徨う女性の姿として現れる。

しかし、裏を返せば、オセロへの執心により成仏できずにいる「不運な」女性でもあろうか。

古代より「黒」「夜」「闇」「髪」などに掛かる枕詞として用いられていた「ぬばたまの」という言葉は、デズデモーナの白とは反対の黒のイメージを引き出すものではあるが、面の彩色では白い肌と黒い髪が互いに引き立てる。また舞台上ではオセロの霊に引き寄せられるように闇の中より現れる（図20）。

『万葉集』をはじめ、多くの古人が歌に詠み継いできた「ぬばたまの」を用いた歌からは、相手を想う切ない気持ちや心細い気持ち、嘆きや悲しみが感じられる[16]。その音の響きには、現代の我々には感じ得ない程の言霊が宿っているのであろう。

四 ❖ 創作面は可能か

はじめにも記したように、近世には現行曲より遥かに多く存在した能の演目は、淘汰され、現在およそ二〇〇番で固定されており、復曲はみられるものの、新作が流派を超えて広まることは難しい。能面も同様に、数百種みられた面は現在みられるおよそ六〇種の基本的な型が出揃っており、〈創作面〉が型として定着することはない。

昭和初期から新作能を多く書いた土岐善麿《ときぜんまろ》氏は、新作能における面の用い方について次の様に記している。

> 新作能の場合、いつも問題になるのは、シテの用いる面のことである。殊に「使徒パウロ」[17]は、現代のキリシタン能であり、在来の面でピタリとしたのなど、あるはずがない。喜多氏[18]も、はじめは「天神」を採りあげたが、再演のときは「千種怪士」という特異な家宝を取り出して、マア、このへんですかねと、苦心の面さがしに嘆声をもらされた。また「鑑真」[19]のときは、あの周知の

木像の模刻をつくられた本郷新氏[20]が、めしいた和上の顔をそのまま能面にしてくだすったので、予行試演のときも、唐招提寺でも、シテはそれをつけたが、材がキリやヒノキではなく、かつ能面としては、やや大きめで重くもあり、その後、かたがた上演の機会もなかった。

（土岐善麿『新作能縁起』[21]）

その後、土岐氏の甥の一郷広長《いちごうひろなが》氏が鑑真の面を試作したとあり、試作に際しての一郷氏のメモも記してある。

唐招提寺のお木像のお顔に依らず、能面としての「鑑真」を作ろうと思い、お木像の写真など一切見ないことにしたのである。構想としては、「ヤセ」（俊寛、景清の類）に属せるより仕方ないと思う。しかし、お木像は、およそヤセには程遠いお顔である。もしヤセに仕立ててはたして鑑真と見えようかしらとも思った。
お木像のお顔は人間であり、私の作るのは「面の鑑真」である。面の肉取りは人間の相そのままではない。人間の肉取りからはなれて初めて面になる。

（土岐善麿『新作能縁起』）

「僧職にあって面の打てる私に課せられた仕事のように思われる」と記されており、一郷氏は僧侶であり、能面作りは五十年という。《鑑真和上》の能を観て、僧侶という立場から鑑真の面を制作することへの並々ならぬ思いが感じられる。

その後、実際に制作した面が舞台で使われたのかは分からないが、興味深いことは、唐招提寺の鑑真和上坐像の写実的な顔を面にしたものと、すでにある能面の型から創作をするものとの両極の方法が試みられている点である。

誰もが共通認識出来る像のある人物を能面にする場合、通常はその像をモデルに面を考案するだろう。しかし、人の顔を写実的に面に仕立てようとすると、デスマスクのようになる恐れがある。また、「能面としては、やや大きめ」であったのは、等身大に顔を写し取ったからであり、面打としてではなく、彫刻家として面を作ったからであろう。能面は人の顔よりやや小振りに出来ている。舞台を観ると能役者の顎が少し見えるのが普通である。面は着けるものであって、被るものではない。また、目鼻口の造型はデフォルメされており、特に耳のある大振りな面は、耳の位置が極端に前につく「圧縮デフォルメ」[22]も掛かる。

土岐氏の文面からは、初演時の面で納得しているのかは読み取れないが、一郷氏が鑑真の面に挑んだのは、恐らく舞台を観てしっくりこなかったからではないだろうか。

一郷氏が挑んだ方法は、面打が〈創作面〉を作る際に取り組むやり方であろう。元ある型から如何に新たな表現を生み出すか。これは、能面が「原人称的仮面」であることを基本にした常套手段であり、型から逸脱したものは、能面の手法を用いた仮面ということになりかねない。〈創作面〉が能面として受け入れられることが、面打の目指すところである。

五 ❖ おわりに

江戸時代に能が式楽となり、能面の需要も一段と増える。そして、面打の仕事は重んじられ世襲になり、「写し」という形で数百年受け継がれてきた能面の型と技は、洗練され確固たる普遍性を持つ。その間に生まれた多くの能面も受け継がれ、現在でも舞台で生きている。長い年月を経て、多くの能役者の息が掛かり艶と深みを増したそれらの能面の中で、現在の面打が打つ新面はどうしても太刀打ち出来ないものがある。そんな中にあって、果たして〈創作面〉は可能なのだろうか。

六世野村万蔵氏は、次のように語っている。

> 能面はほぼ完成され、能役者の間でも既存の面が先入感として根強く意識されています為、かりに相当な創作面を提示しても相手にされず、まして実技に用いるなどという襟度を示されないのが常であります。面は実用に供して始めて真価を発揮する性質のものであつて見れば、舞台と切り離しての創作は無意味に近く、この習慣が是正されない限り、能面の創作は後を断つでありましょう。能役者としては、自己の芸の生命とする面の向上を助成擁護する責任もあるのですから、一つ大なる襟度を以て新作に対すべきかと考えられます。
>
> （野村万蔵『狂言面』[21]）

面打は技を磨き、鍛錬を積むと共に、能の奥深い世界を知り、能役者がどう演じるかを探究しなければならない。そこではじめて新たな創造も生まれるだろう。

能の現行曲に〈創作面〉を用いることはまず無いが、明治以降生まれた数々の新作能において、どれ程の〈創作面〉が生み出されたのだろうか。

〈創作面〉の可能性は新作能にこそ求められ、また、その面が真の能面になるには「原人称的仮面」にならなければならない。いわゆる〈専用面〉でも様々な顔になり得るように、〈創作面〉が〈専用面〉として定着することも一つの可能性となるだろう。

【注】

(1) 明治以降に作られた能で、現行曲に含まれていない演目。

(2) 能面を打つ（作る）作業は、主に古面を写すことであるが、創作面とは、従来ある型に寄らず、新たに創作した面のことをいう。

(3) 『新作能マクベス』（二〇一五・和泉書院）「能面考―新作能《マクベス》の能面―」参照。哲学者坂部恵氏が『仮面の解釈学』（一九七六・東京大学出版会）の中で、仮面を意味するペルソナを「原人称」という言葉を用いて論じたのを、観世寿夫氏が能の考え方に通じるものと述べた（「能面、その内なるドラマ」『別冊太陽No.25』一九七八・平凡社）。これらの論を踏まえ、面打見市泰男氏は、能面を「原人称的仮面」と称している。

(4) 世襲面打家の一つ。大野とは越前大野のこと。

(5) 蘆生は邯鄲の宿で粟が炊ける（食事の用意ができる）までの間、宿の主人から勧められ、不思議な枕で一眠りする。それは、未来について悟ることができるという不思議な枕であった。

(6) 死後の話ではなく、現在の出来事としての物語。

(7) 喜びや、月を見る時など、顔を少し上向けることを〈テラス〉と言い、悲しみや、泣く時などの俯くことを〈クモラス〉と言う。

（8）狂言の伝書。万治三年（一六六〇）成立。狂言方の作法、稽古、演技、演出の心得から故実などを記す。大蔵虎明（一五九七－一六六二）は江戸初期の狂言師。

（9）河津（蛙）という能面。動物を殺生することを生業をしていたことで、死後地獄に堕ち、彷徨う霊系の面。

（10）宝生重友（貞享二年〈一六八五〉）没。

（11）特殊演出の事。観世流では《屋島 弓流》に白平太を用いる。

（12）篠原治道『解剖学者がみたミケランジェロ』（二〇〇九・金沢医科大学出版局）

（13）篠原氏は、「ダビデ」の表現について「左方を凝視しているために正面からみたダビデの右側の頸は大きく開いている。右耳介（いわゆる耳のこと）の後ろから前下方へ斜走する太い胸鎖乳突筋は大部分が胸骨の上端へ停止しているが、その直前に、細かいけれども強靭な停止腱を鎖骨へ送り、ピンと張ったその腱が頸部の緊張感を示している。また、右側の胸鎖乳突筋の筋腹中央を横切って外頸静脈の線状レリーフが皮膚から浮き出ており、見る者に息苦しいほどの精神の高揚を感じさせる」と詳細に分析している。

（14）改良した怪士型黒平太は、二〇一八年一一月二六日に宝生能楽堂において、四度目の再演時に着用された。

（15）女面の髪の毛描きは頭頂部で分けた垂髪を表しており、こめかみ辺りで二本、三本と毛描きに段差をつけて表すことを本文では「乱れ」と称している。また、それ以外にも、荒々しく毛先を乱して描く場合も同様に乱れという。

（16）「黒」「夜」「闇」「髪」に掛かるが凡そ恋の歌である。

例「居明かして君をば待たむぬばたまの我が黒髪に霜は降るとも」

（『万葉集』・巻二・八九・磐姫皇后）

「恋ひ死ねとするわざならしむばたまの夜はすがらに夢に見えつつ」

（『古今集』・恋一・五二六・よみ人しらず）

（17）《使徒パウロ》（一九六〇・一一月）土岐善麿作。

（18）喜多実（一九〇〇－一九八六）。喜多流能楽師。喜多流十五世宗家。

（19）《鑑真和上》（一九六四・四月）土岐善麿作。

（20）本郷新（一九〇五－一九八〇）。彫刻家。一九四四年に唐招提寺にこもり、鑑真和上坐像の模刻を作る。

（21）土岐善麿『新作能縁起』（一九七六・光風社書店）

（22）面打見市泰男氏の造語。大振りな能面などは、耳と目尻の間をグッと縮め、圧縮して表現される。

（23）野村万蔵『狂言面』（一九五六・わんや書店）

■参考文献■

・『新編日本古典文学全集 謡曲集』（一九九八・小学館）
・アンソニー・ヒューズ『岩波 世界の美術 ミケランジェロ』（二〇〇一・岩波書店）
・田口和夫編『カラー百科 写真と古図で見る 狂言七十番』（二〇一四・勉誠出版）
・平田喜信、身崎壽『和歌植物表現辞典』（一九九四・東京堂出版）
・青木信二撮影『狂言面礼讃』（一九八一・芳賀書店）

撮影者の表記のない掲載写真は、全て稿者の撮影による。

図2　初演時　前シテ／花守　辰巳満次郎　（能面 邯鄲男）

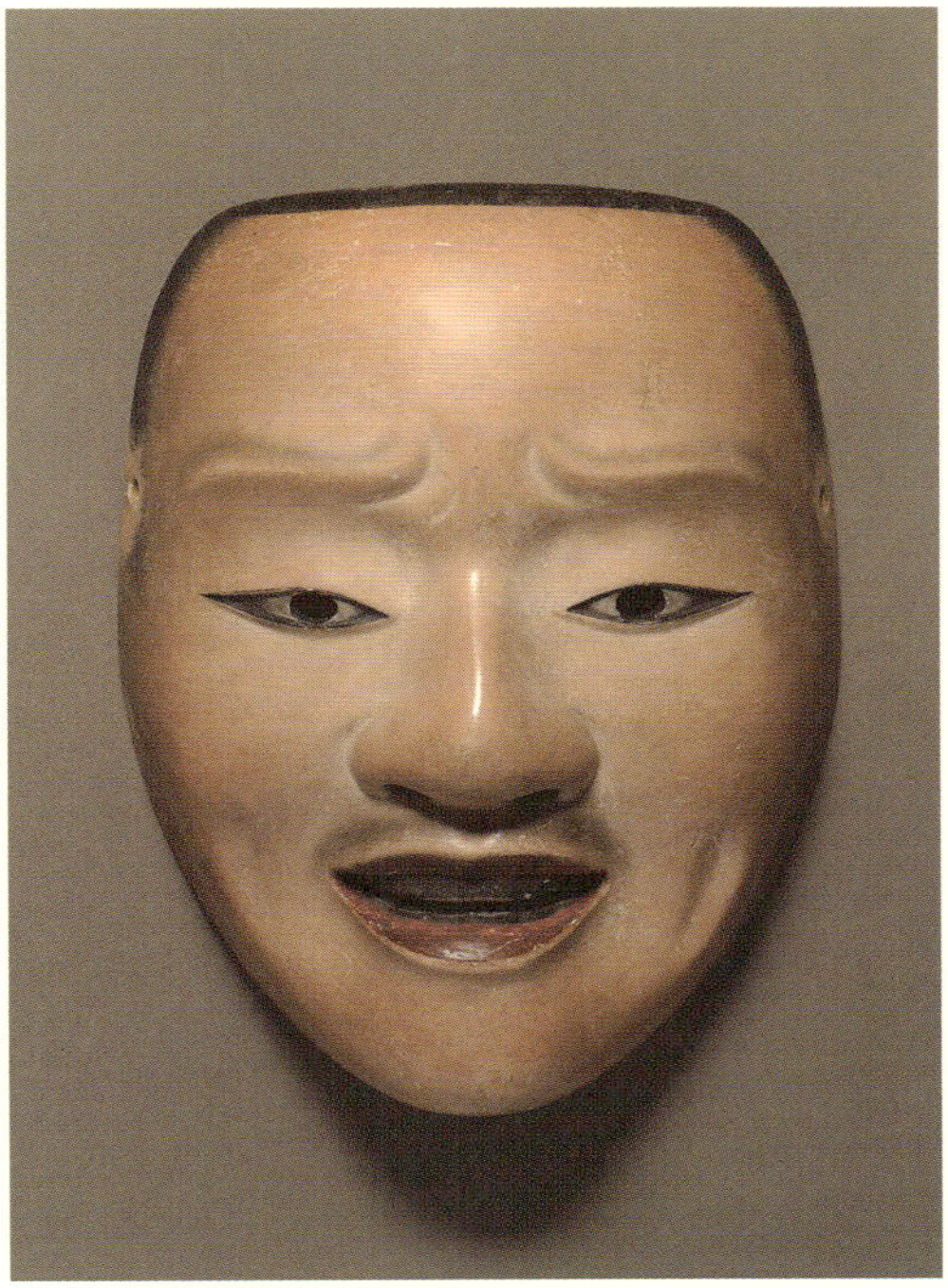

図1　辰巳家所蔵　邯鄲男

図4　再々演時　前シテ／花守　辰巳満次郎　（能面 俊寛）

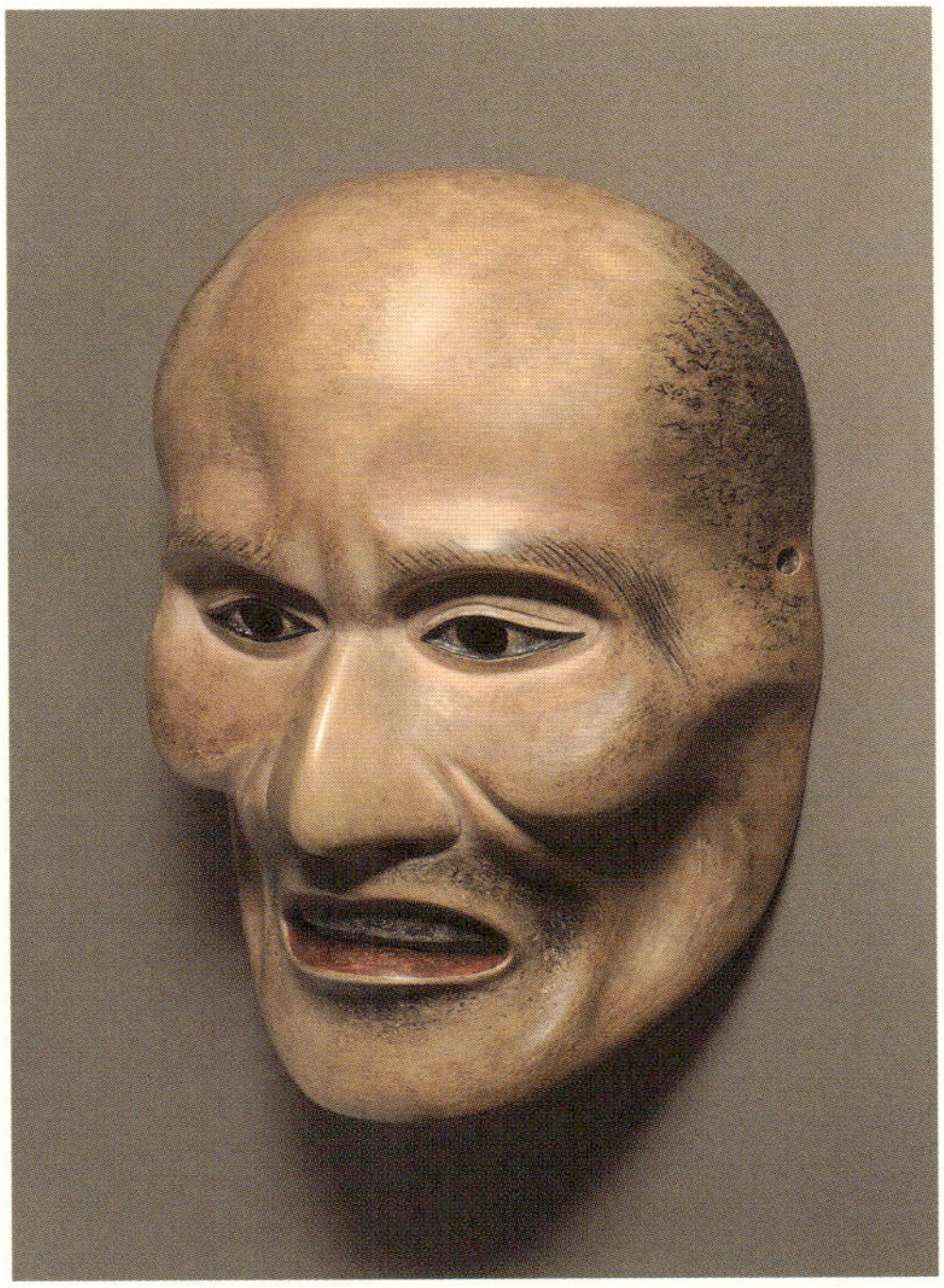

図3　辰巳家所蔵　俊寛

図5　初演時 アイ／イアーゴの霊 茂山千三郎 （能面 俊寛）

図6　再演時 アイ／イアーゴの霊 野村萬斎 （狂言面 平六）
（撮影　中川 喜代治）

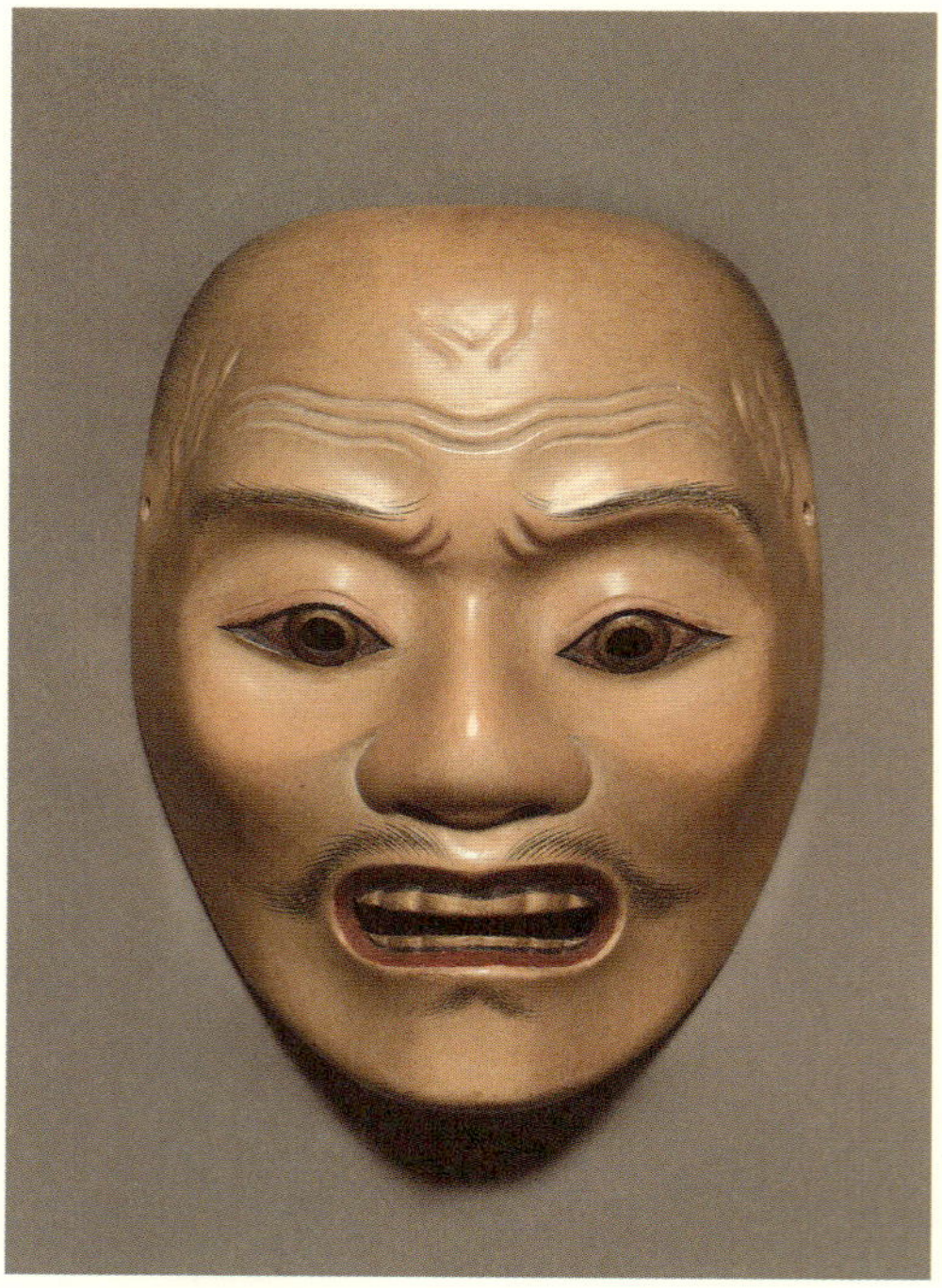

図7　辰巳家所蔵 真角

図8　再々演時　アイ／イアーゴの霊　茂山逸平 （能面 真角）

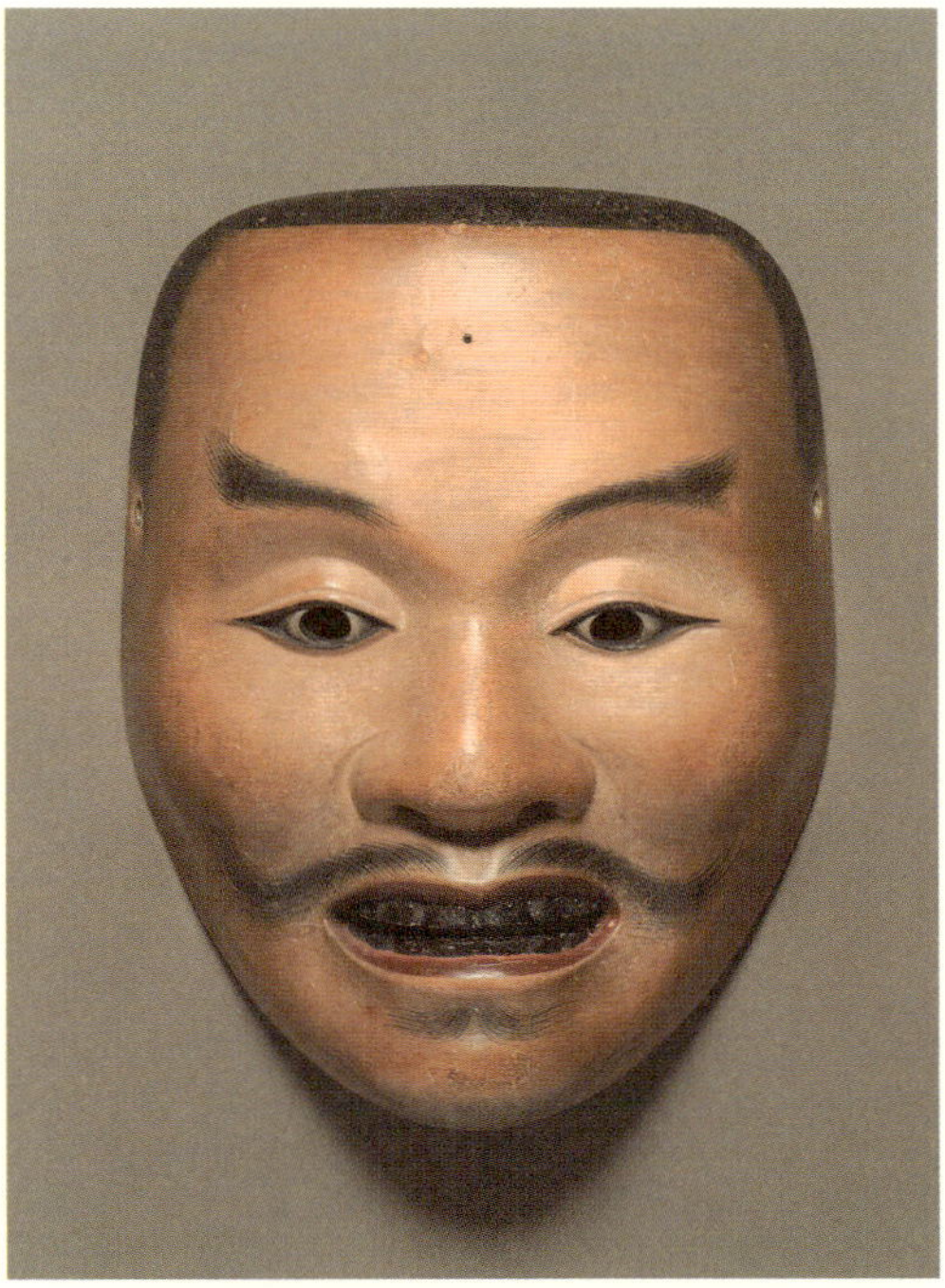

図9　辰巳家所蔵 平太

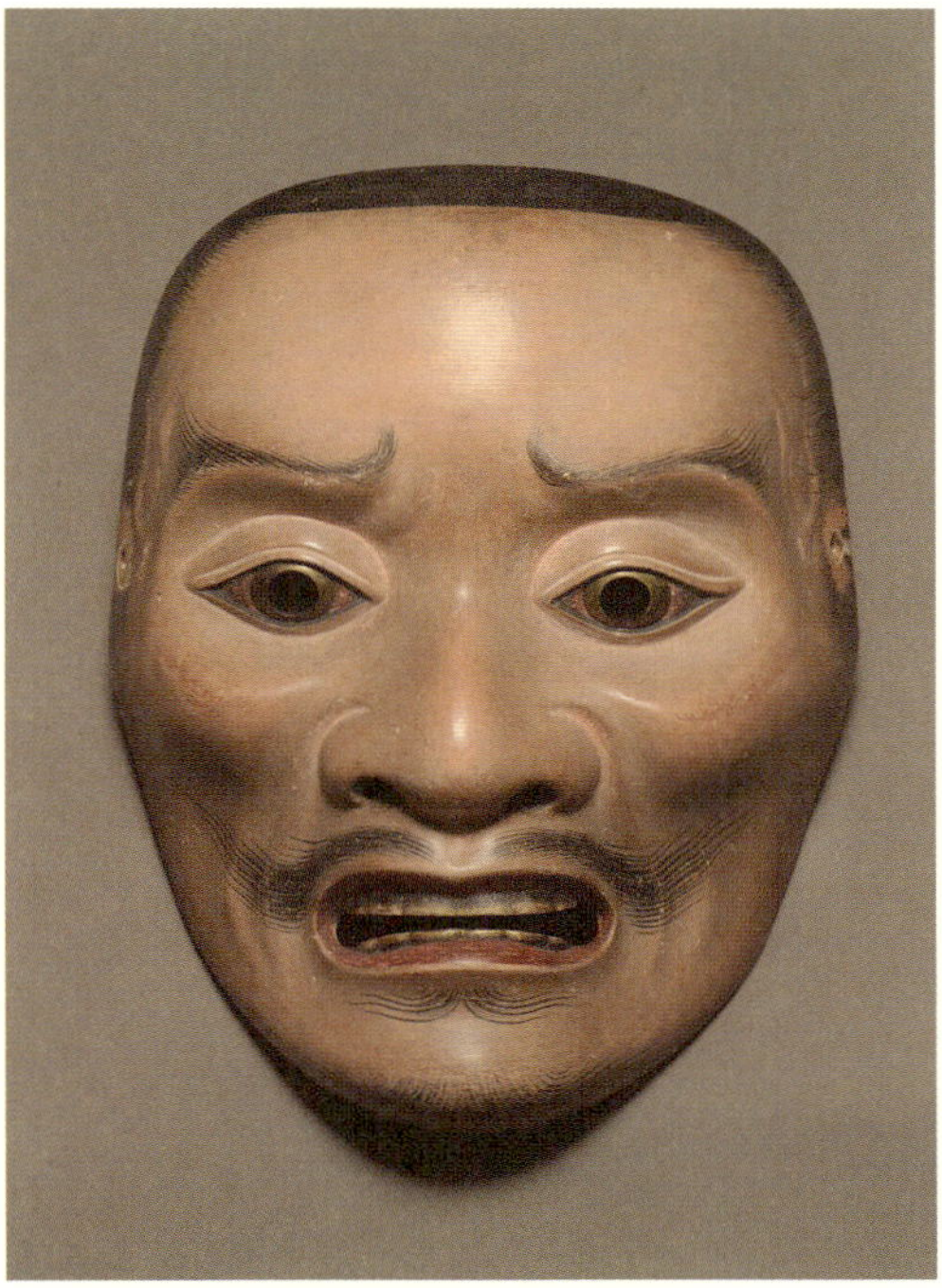

図10　辰巳家所蔵　怪士

図11　黒平太

図12　初演時　後シテ／オセロの霊　辰巳満次郎
（能面 黒平太）

図14 「ダビデ」ミケランジェロ作 （提供:アフロ）

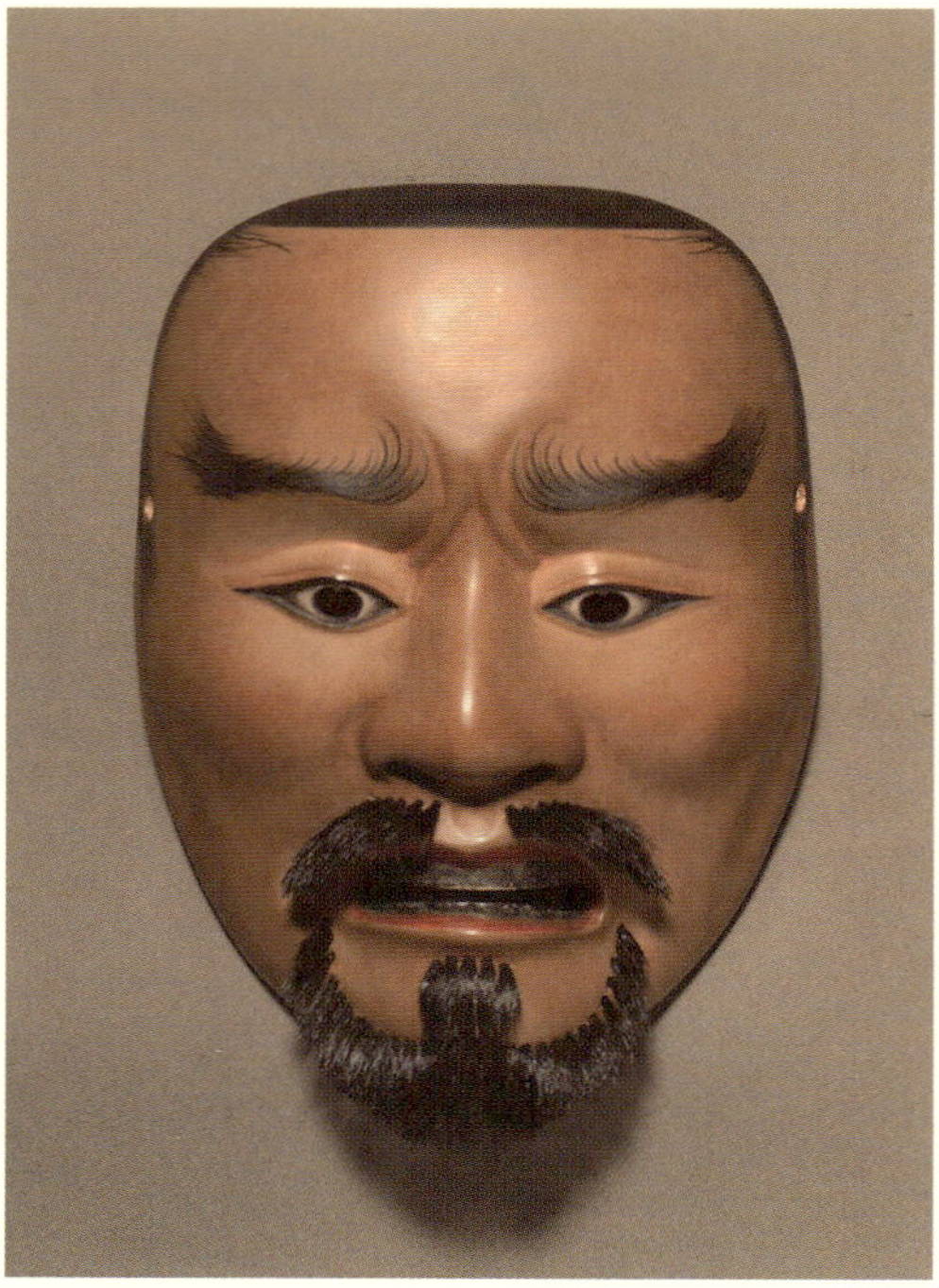

図13 黒平太

図16 「ダビデ(部分)」（提供:アフロ）

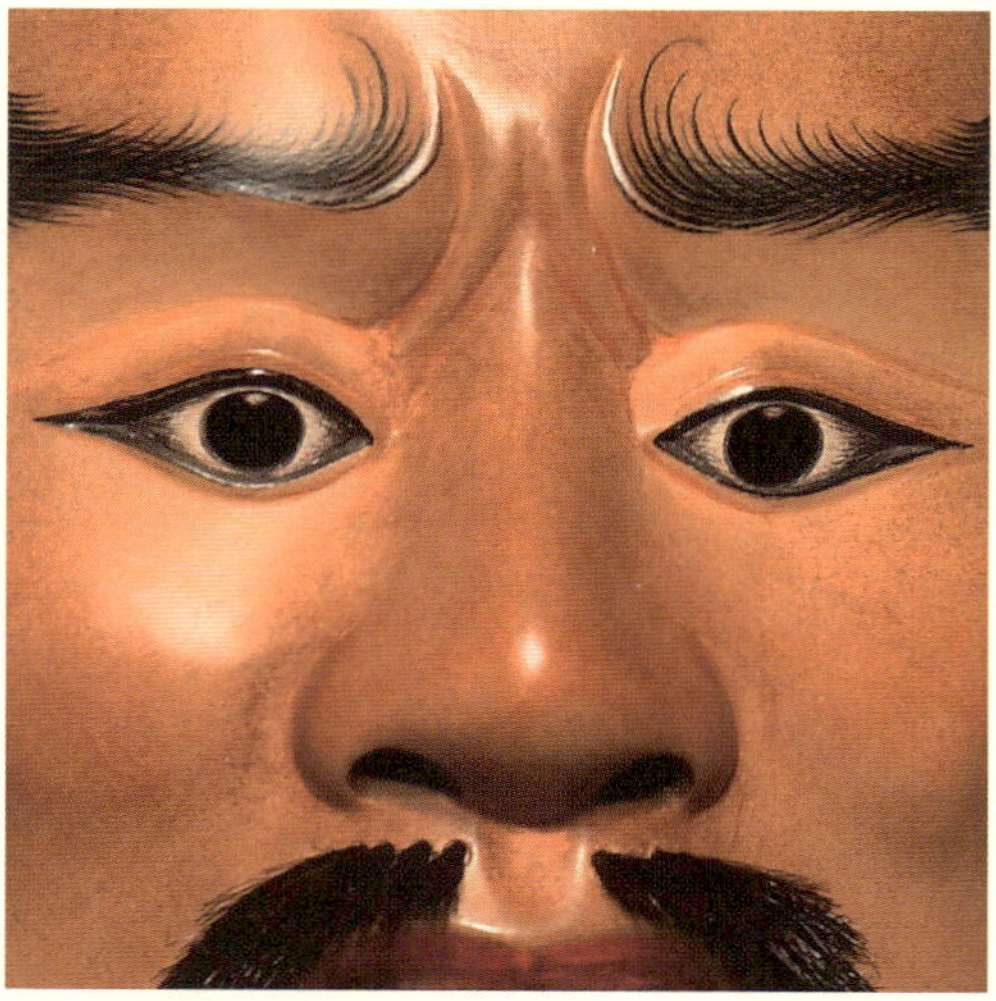

図15 黒平太（部分）

図18　黒平太　（怪士型 改良）

図17　再々演時　後シテ／オセロの霊　辰巳満次郎
（能面 黒平太）

図20　再々演時　ツレ／デズデモーナの霊　和久荘太郎
（能面 ぬばたま）

図19　ぬばたま

詩劇としての新作能《オセロ》

泉 紀子

「詩劇」とは、韻文を用いた演劇の謂である。

能の台本である謡曲は、多くの和漢の古歌名句を引用し、掛詞や縁語などの詩法を駆使して、詩歌の持つドラマや言葉のイメージの連接、リズムをもたらしている大きな詩であり、一つの韻律の文学として捉えられると、西野春雄氏は述べる[1]。

また、能の詞章に用いられた詩的な言葉や工夫が作品の狙いや主題と呼応して詩的で象徴的な能の世界を現出させるがゆえに、能という演劇の本質は「詩劇」であると天野文雄氏は述べている[2]。

つまり、能の詞章における詩歌の引用や転用、レトリックの使用は単なる衒学趣味などではなく、能にドラマ性やイメージ、リズムをもたらすものであり、主題にまで関わるものであって、能はそもそも「詩劇」であり、文学的な要素の強い演劇なのである。

新作能《オセロ》の詞章に用いた詩歌や物語、レトリックの大方は注（45-50頁）にあげたが、ここでは「花」「七夕」「長恨歌」『伊勢物語』第四段に関する引用と転用をとりあげ、新作能《オセロ》がどのように詩劇を目指したかについて、いま少し説明を加えたい。

一❖「花」

新作能《オセロ》は、吟遊詩人が闇に漂う花の香に導かれて廃墟の庭園に迷い込むことから始まる。季節は春。空には大きな月が浮かんでいる。迷い込んだ庭園には白い花々が月光を受けて輝き、ここは神の庭ではないかと疑うほど神々しく、また耽美的な美しさである。

吟遊詩人　不思議やな荒れたる廃墟の庭に、
月の光を受け白き花あまた咲き、
白銀と見まがふまで輝きたり、
いかさまここは神の庭か

その不思議な美しい情景に驚嘆した詩人は、白く輝く花を一枝手折ろうとする。

吟遊詩人　散るにはあまりに惜しき花、
心あてに一枝《いっし》の春を折らばやと

原作『オセロ』では、デズデモーナを殺す直前に、オセロはデズデモーナを白薔薇に喩えて死後もその美しさの変わらぬことを切望していた。該当する台詞の福田恆存訳と原文を次に挙げてみよう。

あれに血を流させたくはない。どうして傷がつけられよう、
雪を欺《あざむ》くその肌《はだ》の白さ、石より滑らかなその肌に――だが、
どうしてもお前は死なねばならぬのだ、死ななければ、次々に男を陥《おとしい》れる。さあ、火を消せ、そうしておいて、あれの命の火を消してやるのだ。…

この薔薇《ばら》は一度捥《も》いでしまえば、二度と命の水を吸いあげはしない。枯れ凋《しぼ》むばかり。木にあるうちに、その香りを。…死んだ後もこのままでいてくれ、お前を殺して、なおいつまでもお前をいとおしく思い続けられるように。

（第五幕第二場）

Othello

It is the cause. Yet I'll not shed her blood,
Nor scar that whiter skin of hers than snow
And smooth as monumental alabaster —
Yet she must die, else she'll betray more men.
Put out the light, and then put out the light:
. . . .
. . . .
......When I have pluck'd thy rose,
I cannot give it vital growth again,;
It needs must wither. I'll smell it on the tree.
. . . .
. . . .
Be thus when thou art dead, and I will kill thee
And love thee after.

(5.2.1-19)

新作能《オセロ》では、オセロの霊が花守の姿で闇の中から現れて、「花を折るな」と詩人を咎める。それは、一年に一夜しか咲かないその白い花が、オセロにとって、自らの手で殺めた美しい貞潔なデズデモーナを偲ばせる形見であり、大切な身代わりの形代《かたしろ》[3]だからである。

花守（オセロの霊） また夫婦の空しくなりて後、
　毎年その月その日の夜、
　ただ一夜ばかり白き花咲く、
　今宵咲きたるその花を、
　いかにも哀れと思し召し、
　心とどめて御覧ぜよ

吟遊詩人 白き花は貞潔の証にて
花守 また故き人の面影なれば

だが、オセロが近づくと花はたちまちに色褪せ次々に散ってしまう。無実のデズデモーナを手に掛けた自分が許されるはずもないと思い込んでいるオセロにとっては、花が散るのはデズデモーナに許されていない証拠だとしか思われない。

吟遊詩人 不思議やな、花守の近づけば花忽《たちま》ちにうつろひ、
　風も吹かぬに悉く散りたるは如何《いか》に、
　また花御身を許さずとは
花守 我が妻未だ我を許さざるなり

オセロは、また一年、花の咲くのを待ち続けなければならないと嘆き、散った花を集め、花の香を袂に移して、恋しいデズデモーナを偲

ぶよすがにしようとする。

この「花の香が恋しい人の香に似る」「袖や袂に花の香をうつして恋しい人を偲ぶ」という発想や表現は、延喜五年（九〇五）に成立し、以後の日本の古典文学においてカノン（正典）となった『古今集』に多く見られる類型である。

宿近く梅の花植ゑじあぢきなく待つ人の香にあやまたれけり
（『古今集』・春上・三四・読人しらず）

梅が香を袖にうつしてとどめては春は過ぐともかたみならまし
（『古今集』・春上・四六・読人しらず）

散りぬとも香をだに残せ梅の花恋しきときの思ひいでにせむ
（『古今集』・春上・四八・読人しらず）

五月待つ花橘の香をかげば昔の人の袖の香ぞする
（『古今集』・夏・一三九・読人しらず／『伊勢物語』第八〇段）

この『古今集』的類型を用いて花を恋い慕うオセロの詞章とし、花の香を袂に移す動作をオセロの動作としても表現したいと考えた。

地謡　いとせめて恋しき時の思ひ出と、花の香を袂にうつし、
花守　今日よりは、いつしかとのみ待ちわたる

原作『オセロ』では、イアーゴは不変の愛を信じていない。そもそも愛など信じていないのだ。

考えてもみろ、デズデモーナがいつまでムーア人に惚れていられるものか…男の方だって同じことさ。熱しやすきはなんとやら、見ているがいい、それだけ逆にすぐひびも入る。（第一幕第三場）

ゆえに新作能《オセロ》では、オセロ（の霊）にとってかけがえのない白い花も、イアーゴ（の霊）にとってはただの花にすぎず、花が色あせ散っていくのは花の本質であり自然の道理だとオセロを嘲笑する。

イアーゴ　花はそもそもうつろふものぞ、
いづれの花か散らで残る、
あのムーア人はいまだに物の表しか見ぬ、
人の心を操るは、いかにも面白き事ぢや

だが、能の後半、現世と来世の間の時空である〈中有《ちゅうう》〉から現れたデズデモーナ（の霊）は「オセロへの愛情は決して変わらないと神にも誓った私なのだ」とオセロに訴える。

デズデモーナ　うつろひやすき世なれども、
末の松山波越さじ、
神かけて変はらじと誓ひし我なれば

オセロへの愛は変わることがないと訴えるこのデズデモーナの詞章には、歌枕「末の松山」を用いた。

歌枕とは、「吉野山と雪」「暗い小倉山」のように、特定の景物や概

念と結びついた地名をいう。「末の松山」は宮城県のいずれかの海岸近くにある山で、そこことは特定できないが、和歌世界では、「末の松山を波が越えない」というのは愛の誓いを守って心変わりしないこと、「末の松山を波が越える」というのは心変わりすること、という愛の概念と結びついている。

たとえば、『百人一首』の清原元輔《きよはらのもとすけ》歌「契りきなかたみに袖を絞りつつ末の松山浪越さじとは（固く約束したことだよね、お互いに涙にぬれた袖を絞りながら、あの末の松山を波の越えることがないように、互いの心が変わることは決してないと）」は、心変わりしてしまった相手の不実さをなじる歌であり、能《班女《はんじょ》》や《砧《きぬた》》においても、戻らない男を待つ女の想いの吐露として、歌枕「末の松山」が用いられている。

末の松山、波こえて、帰らざりし人やらん、末の松山たつ波の、
何か恨みん契りおく
《班女》

はづかしや思ひ夫の、二世と契りてもなほ、末の松山千代までと、
かけし頼みはあだ波の、あらよしなの空言や
《砧》

オセロはといえば、デズデモーナを信じる一方で、「花がいつのまにかうつろっていくように、外見には表れぬままいつのまにか人の心はうつろうものだ」という人間不信や無常観から遁れることができない。後半、オセロが武将姿で登場し「長恨歌」を引いて引き裂かれた愛の哀しさをうたった後に、地謡が劉希夷《りゅうきい》詩を引いて、「花は散っては翌年同じように咲くが、人は変わってゆく」とオセロの心と状況を代弁する。

地謡　今年花落ちて顔色改まり、
明年花開き復た誰か在る

そして、このように人の変りやすさと無常を嘆くオセロの詞章には、『古今集』の小野小町の恋歌を引用した。

オセロ　色見えで、うつろふものは世の中の、人の心の花なれば

色見えでうつろふものは世の中の人の心の花にぞありける
（それと様子にも表れないままに色あせて散ってゆくのは、この世の中の男の心でありました）
（『古今集』・恋五・七九七・小野小町）

恋歌において「世の中」とは「男女の中」を指し、「花」は「（自分に飽きて）うつろう相手の心」の比喩である。つまり「うつろう花」とは「心変わり」のメタファーであって、小町歌「色見えで」は『古今集』の恋歌としては、『古今集』の恋歌の、

我のみや世を鶯と鳴きわびむ人の心の花と散りなば
（私だけがこの世の中をつらがって鶯のように鳴いているのだろうか、あの方の心が花のように散ってしまったならば）
（『古今集』・恋五・七九八・読人しらず）

と同様に、相手の心変わりを散る花に喩えて怨じた恋歌として解される。

だが、一一世紀前半までに成立した『玉造小町壮衰書《たまつくりこまちそうすいしょ》』(4)や、一二世紀末成立の平康頼『宝物集』等に見える、若い日に美貌を誇った小野小町が見る影もなく老いさらばえるという小町衰老説話が人口に膾炙《かいしゃ》する中で、たとえば、東常縁《とうのじょうえん》の『古今集』に関する講釈を宗祇がまとめた注釈書『両度聞書《りょうどききがき》』(一四七一年)が、「此歌恋にしもかぎるべからず」と注しているように、「色見えで」の和歌を単なる恋歌としてではなく、「人の心はうつろうもの」という人間一般の真理と世の無常を詠んだ歌として捉える解釈があった。

世阿弥は、『風姿花伝《ふうしかでん》』第三「問答条々」に、能の演じ方の「しほれたる(しっとりとした、しみじみとした)風体」を表すものとして小町歌「色見えで」をあげている。また、老女物と称される秘曲の中で最高位の能《関寺《せきでら》小町《こまち》》において、百歳の姥の小町が、

　いや小町とは恥かしや、色見えでとこそよみしものを、
　移ろふものは世の中の、人の心の花や見ゆる

と語るのも、小町歌を恋歌に限らない解釈が背景にあるのだろう。

話を新作能《オセロ》に戻そう。

オセロの詞に小町歌を用いたのも、オセロがデズデモーナの心変わりを怨んでいるというのではもちろんなく、外見からはわからない「人の心」に対するオセロの不信や「人の心のうつろい」に対するオセロの詠嘆として引用したのである。

また、デズデモーナに許されるはずがないと思い込んでいるオセロと愛は不変だと訴えるデズデモーナとの心は解け合わず、二人の霊は行き違うしかない。

暁方、深い悲しみを抱いたまま、デズデモーナは〈中有〉へと帰ってゆく。吟遊詩人はオセロにこの悲劇を詩に創って人々に歌語りすることを約束し、オセロは地獄へと戻ってゆく。

二❖「七夕」

オセロにとってデズデモーナの形見・形代である白い花は、一年にただ一夜しか咲かない。しかも、オセロが近づけば色あせて散ってしまい、オセロはまた一年、花が咲くのを待ち続けなければならない。

花守　一年に、一度待ちし我なれば
地謡　一年待ちし我なれば、香をだに残し給へや、
　いとせめて恋しき時の思ひ出と、花の香を袂に移し
花守　今日よりは、いつしかとのみ待ちわたる

この場面には、天の河を隔て一年に一度しか逢えない牽牛と織女の七夕伝説と、七夕伝説をよんだ七夕歌の表現を用いた。

『万葉集』や『古今集』に数多く収められている七夕歌は、歌の作者が牽牛の立場や織女の立場に立って、いわば一人称的に七月七日を待ちわび、別れを惜しみ、翌朝の八日から来年の七月七日をひたすら待

ち続ける想いを表現するのが常套である。来年の花の開く夜を待ちわびるオセロの想いの表現には、この七夕歌の類型を踏まえ、『古今集』歌人である壬生忠岑《みぶのただみね》の七夕歌を引用・転用した。

秋風の吹きにし日よりいつしかと我が待ち恋ひし君ぞ来ませる
（秋風が吹いたその日から、いつになったらと待ち続けた恋しいあなたがやってきた）
（『万葉集』・一五二三・山上憶良）

今はとて別るる時は天の河渡らぬ先に袖ぞひちぬる
（今はさらばと言って別れるときは、天の河をまだ渡らないうちに涙で袖が濡れるのです）
（『古今集』・秋上・一八二・源《みなもとのむねゆき》　宗于）

今日よりは今来む年の昨日をぞいつしかとのみ待ちわたるべき
（八日の今日からは、来年の七月七日をいつになったらとばかり待ち続けなければならないのですね）
（『古今集』・秋上・一八三・壬生忠岑）

三 ❖ 白居易詩「長恨歌」

前シテの花守姿とは異なって、生前の武人姿で現れる後シテのオセロの霊は、生前にデズデモーナと交わした愛の誓いと二人が引き裂かれた恨みをうたいながら登場する。この〈一セイ〉は白居易詩「長恨歌」に拠った。

オセロ　天にあつては比翼の鳥、
地にあつては連理の枝、
魂魄《こんぱく》夢にだに入り来たらず、
此恨み綿々として尽きることなし

悠悠たる生死別れて年を経るも　魂魄かつて来たりて夢に入らず
…七月七日長生殿　夜半人無く私語のとき　天に在りては願はくは比翼の鳥と作《な》り　地に在りては連理の枝と為《な》らん　天長く地久しきも　時有りてか尽きん　此の恨み綿々として尽ききる期なし
（「長恨歌」）

「長恨歌」は、唐の第六代皇帝の玄宗と寵妃楊貴妃との愛の悲劇を白居易が長編詩として詠じた作品である。史実としては、七五六年、玄宗の重用した安禄山が叛乱し、玄宗と楊貴妃は長安を脱出するが、楊貴妃は皇軍によって殺される。

しかし白居易詩「長恨歌」では、乱の平定後、楊貴妃恋しさに耐えかねた玄宗は、方士《ほうし》（不老不死の術を行う道教の士）に命じて楊貴妃の魂を探させ、方士は蓬莱山で仙女となっている楊貴妃の魂と対面する。楊貴妃は、玄宗と自分だけが知る七月七日の愛の誓いの言葉「天に在りては願はくは比翼の鳥と作り　地に在りては連理の枝と為らん」を方士に告げて形見の簪を託す。方士の報告を聞いた玄宗の痛恨は永遠に続くだろうと「長恨歌」は締め括られている。

日本文学では、「長恨歌」を引用・転用した物語が繰り返し構築されてきた。たとえば、『源氏物語』の桐壺巻、葵巻、幻巻では、「長恨歌」の詩句の引用や転用によって、「長恨歌」にうたわれている、

帝王と帝王の寵愛する妃との悲恋・悲劇
寵妃の死
帝王の限りない追慕

が『源氏物語』の読者に思い起こされ、「長恨歌」と『源氏物語』とが重ね合わされてきた。『源氏物語』の読者は、玄宗が亡き楊貴妃を追慕するように、桐壺帝や光源氏は亡き桐壺更衣や葵上、紫上を追慕し悲嘆にくれるのだ、と想像してきたのである。

原作『オセロ』には、将軍オセロとオセロの寵愛する妻デズデモーナとの悲劇、デズデモーナの死、亡きデズデモーナに対するオセロの限りない追慕が語られている。新作能《オセロ》に「長恨歌」を引用したのは、原作『オセロ』と「長恨歌」に、かような共通点を見出したからである。

新作能《オセロ》における「長恨歌」の引用は、後シテが登場する際の〈一セイ〉だけではない。「長恨歌」の引用と転用は、能の前半、「なぜ花が月に照らされ輝いているのか」との詩人の問いに、花守が「妻とともに眺めた月だから、(月を見ると心が傷《いた》む。)白い花は貞潔の証であり亡くなった人の面影をうつすから、(見ると目もくらみ心が乱れる)」と答えるところから始まっている。

花守　オセロと妻のもろともに、眺めし月なれば、
　　見れば心を傷ましむ
吟遊詩人　白き花は貞潔の証にて
花守　また故《な》き人の面影なれば
吟遊詩人　見れば目もくれ心乱るる

この場面の詞章には、玄宗が月を眺めて楊貴妃との日々を追慕し悲しむという詩句「行宮見月傷心色」と、春風に開く桃や李の花を亡き楊貴妃の面影に喩えた詩句「春風桃李花開日」を題にして詠んだ、平安歌人藤原高遠《ふじわらのたかとう》の和歌を踏まえた。

春風桃李花開日
春風にゑみを開くる花の色は昔の人の面影ぞする
(『大弐高遠集《だいにたかとおしゅう》』・二八二)

オセロは、詩人の問いに対し、「月は妻デズデモーナと生前眺めた月であり、白い花はデズデモーナの面影に通じるがゆえに、月に照らされて花が美しく咲くのだ」と答えるのである。

さらに、後半、デズデモーナがオセロに「現世でも来世でもあなた以外を愛さない」と誓った詞章の、

デズデモーナ　生きての世、死にての後の後の世も、
　　あだし心を我はもたじ

には、平安中期、村上天皇が「長恨歌」の「在天願作比翼鳥　在地願為連理枝」を踏まえて宣耀殿《せんようでん》女御藤原芳子に贈った和歌の上句「生きての世死にての後の後の世も」を引用した。

宣耀殿女御にたまはせける　天暦御製
生きての世死にての後の後の世も羽を交はせる鳥となりなん
御返し　女御藤原芳子
あきになる言の葉だにも変はらずは我も交はせる枝となりなん
（『玉葉集《ぎょくようしゅう》』・恋三・一五五五・一五五六）

この村上天皇（「天暦御製」）と宣耀殿女御との贈答歌にも引用された「在天願作比翼鳥　在地願為連理枝」という「長恨歌」の詩句は、日本文学において愛を誓う言葉として定着し機能している。

その代表的な例をあげておこう。『源氏物語』では、「不変の愛」を約束したにもかかわらず、その愛が桐壺更衣の死という形で挫折したことを桐壺帝が恨めしく思う場面において引用されている。

朝夕のことぐさに、翼をならべ枝をかはさんと契らせ給ひしに、
かなはざりける命のほどぞ、うらめしき　（『源氏物語』桐壺巻）

さらに能《楊貴妃《ようきひ》》は、「長恨歌」の最終部である方士と楊貴妃の亡魂との出会いと対話から構成されているのだが、ここでも楊貴妃の魂は、現世での玄宗との誓いの言葉「天にあらば…」を方士に伝えて涙するのであった。

天にあらば願はくは、比翼の鳥とならん、地にあらば願はくは連
理の枝とならむと誓ひし事を、ひそかに伝へよや私語なれども、今
洩れそむる涙かな　《楊貴妃》

四 ❖ 『伊勢物語』第四段「西の対」

オセロの霊は、庭園で、月に照らされつつ愛の挫折と懐旧をうたう。

オセロ　春や昔の春ならぬ、我が身はもとの身にあらず

これは『伊勢物語』第四段の昔男の和歌——『古今集』・恋五・七四七では在原業平歌と記す——の引用である。

月やあらぬ春や昔の春ならぬ我が身一つはもとの身にして
（月よ、お前はあのときの月ではないのか、春よ、お前はかつての春ではないのか、すべて変わってしまったように私には思えるのだ、この我が身だけはあの時のままであって）

この「月やあらぬ」は、《雲林院《うんりんいん》》《小塩《おしお》》《杜若《かきつばた》》のような『伊勢物語』を本説《ほんぜつ》とし在原業平をシテとする能——いわゆる業平物——において、必ず引用される和歌である。

月やあらぬ、春や昔の春ならぬ、我が身ひとつは、もとの身にし
て　《雲林院》
月やあらぬ、春や昔の春ならぬ、我が身ぞ本の、身も知らじ

《小塩》

光普《あまね》き月やあらぬ、春や昔の春ならぬ、我が身一つは、もとの身にして

《杜若》

オセロの霊の詞章としては、傍線を付したように、『伊勢物語』の和歌の結句「もとの身にして（もとの身のままで）」を「もとの身にあらず（もとのままの身ではない）」との否定に変えた。否定することによって、「春は昔の春ではないのか、私はまったく昔とは変わってしまった」と、名誉も命も果て、勇将であった生前の己れとはうって変わった今の我が身を嘆くオセロを表現したかったからである。

『伊勢物語』第四段は、春夜、梅の花盛りに、愛する女を喪った男がかつて女の住んでいた屋敷に出かけてゆくが、喪失感に耐え切れず、すべてに取り残された思いを和歌「月やあらぬ」によんだ、という歌物語である。この第四段には、原作『オセロ』や「長恨歌」と同様に、女の喪失と男の限りない追憶と追慕、愛の挫折と懐旧が語られている。[5]

…又の年の正月に、梅の花盛りに、去年を恋ひて行きて、立ちて見、居て見、見れど去年に似るべくもあらず。うち泣きて、あばらなる板敷きに、月のかたぶくまで臥せりて、去年を思ひいでてよめる。

月やあらぬ春や昔の春ならぬ我が身一つはもとの身にして

とよみて、夜のほのぼのと明くるに、泣く泣く帰りにけり。

（『伊勢物語』第四段）

新作能《オセロ》は、オセロの霊が「天にあっては比翼の鳥、地にあっては連理の枝」とうたい始めた時から「長恨歌」と、また「春やむかしの」とうたいだした時から『伊勢物語』第四段と重なり、以降の能の展開に女の喪失や男の追憶が自ずと予想されてくる。同時に、月に照らされた男の追慕や懐旧の詠嘆が舞台の空間に満ちてゆく。吟遊詩人が夢から覚めると、そこは月の光が差し込む廃墟の庭であり、花の香りがあるだけで、オセロもイアーゴもデズデモーナもいない。登場人物によってその意味を変えていた花の姿もない。

地謡　我はまた、愛別離苦の世を離れ、もとの闇路に帰らんと、
見えし夢より覚めければ、
誰を偲ぶの八重葎《やえむぐら》、茂れる庭は荒れ果てて、
人こそ見えね月こそは、ただ白々と射し入りて、
花の姿は無かりけり、
花の香ばかりぞ残りける

このように新作能《オセロ》は、シェイクスピア作『オセロ』をその本説とし、『古今集』歌をはじめとする日中の古典詩歌や物語を引用・転用しつつ、歌枕のレトリックを用いて、登場人物の想いや状況、主題を語り、七夕伝説や「長恨歌」『源氏物語』『伊勢物語』第四段の文学世界と交響する「詩劇」なのである。

〔注〕

（1）西野春雄『謡曲百番』四「詩としての謡曲」1「日本のリリカル・ドラマ」（一九九八・新日本古典文学大系・岩波書店）。

（2）天野文雄『現代能楽講義』第六講「能は「詩劇」である」（二〇〇四・大阪大学出版会）。

（3）「形代《かたしろ》」とは、その人の代わりとなる人やものを意味する語。形代の論理は『源氏物語』において顕著である。光源氏は母の桐壺更衣の形代として藤壺を慕い、藤壺の形代として紫上を求め、薫は宇治の大君の形代として中君、そして浮舟を求める。

（4）片桐洋一『小野小町追跡』Ⅰ「小野小町の周辺」八「玉造小町と小野小町」（一九七五・笠間書院）。

（5）『伊勢物語』第四段の成立には「長恨歌」と「長恨歌絵」の影響が考えられる。『伊勢物語』もまた「長恨歌」と響き合っている。拙稿「伊勢物語第四段の〈構図〉と〈詠嘆〉―虚構を支えるもの―」（『中古文学』第八八号・二〇一一・一二）。

第三章

新作能《オセロ》を考える

シェイクスピア戯曲の翻訳に関わって

―松岡和子×（聞き手）鈴木雅恵―

鈴木雅恵氏　　松岡和子氏

◆『オセロー』を読み直して考えたこと

松岡：これまでの翻訳を見直し、また、部分的に修正したりする度に、これまで気が付かなかったことに思い至ることが多々あるのですが、（シェイクスピアは）どの作品でもそれまでやってこなかったチャレンジをしているのですね。そこがやっぱり、シェイクスピアの凄さだなという風に思うのです。

『オセロー』に関しては、最近私が読み直して引っかかったのが、オセローが泣くじゃないですか。それから癲癇で倒れるでしょ、嫉妬するでしょ。こういうことって、だいたい劇の中では軽蔑の対象なのですね。

鈴木：男としてということですね。

松岡：ええ。特に嫉妬なんていうのは、あの、マスター・フォード（注：『ウィンザーの陽気な女房たち』の中の登場人物）が代表であるように、あるいは、シェイクスピア以外の作品の登場人物でも明らかなように、やっぱり、こう、軽蔑と笑いの対象なのですね。

鈴木：はい。

松岡：今言ったように、泣くとか、人前で倒れるとか、人前といってもイアゴーが見ている前だけれども、でもそれをお客さんは見ている訳でしょ。そして嫉妬するとか。そういう笑われるべき要素がある。それから身分から言っても、それまでの悲劇の主人公としては有り得べからざるもの。身分は、貴族じゃなくて、将軍とはいえ元は傭兵。それから人種も、ムーア人。で、そういう今までの作品では有り得ないようなマイナス要素満載の人物を持ってきて、それで、悲劇の主人公として成立させる。これはすごいチャレンジだと思うわけですよ。

『リア王』の場合、老人でよれよれになっちゃった、善悪の判断もできない人っていうのはやっぱり憐みか、笑いの対象ですよ。それで、そういう面を確実に描いておきながら、やっぱり悲劇の主人公としての巨大さを生みだしている。なんかね、一作一作チャレンジしている。

で、『オセロー』については、ついこの間、「子供のためのシェイクスピア・カンパニー」での公演が久しぶりにあって、ここは東京グローブ座時代から応援してきた劇団なので（注：「子供のためのシェイクスピア」シリーズは、一九九二年に、「グローブ座カンパニー」として発足した日本の劇団。一九九九年に『オセロー』を初演し、二〇一六年七月に再演している）、いつもレクチャーを頼まれるのですが、初回にやった時と、同じことを喋ってもつまらないし、なにかないかと思って、全部総ざらいしてみたわけですよ。そしたらこういう結論が出てきた。

シェイクスピアの全作品のどういう位置にこの『オセロー』があるかというと、「悲劇の時代」といわれるもののど真ん中にあるのです。

しかも、面白いことに、『オセロー』の制作年代が、だいたい一六〇三年から一六〇四年という風に言われ、『アテネのタイモン』と『リア王』は、一六〇五年くらいじゃないかと考えられます。『マクベス』は一六〇六年。そうするとね、この四本の、ほぼ、時代が重なる頃に書かれた悲劇っていうのは、信じるべき人を信じず、信じちゃいけない人を信じたために起こる悲劇なのですよ。そういう共通項が見えてきたの。

これは、まあシェイクスピアの人間観、普段の生活に何かが起こって、その影響があったのかもしれないって、『タイモン』を訳しているときに思ったのです（注：インタビュー当時、松岡氏は『アテネのタイモン』を翻訳中であった）あれだけフレヴィアスが、「こんなに浪費していけないよ。だめですよ、だめですよ」って言っても「いや、いや、いや、いや」って、おべんちゃらをいう人ばっかり信じた結果、ああいう悲惨なことになっちゃったわけでしょ。で、それを訳している時に、信じちゃいけない人を、信じた故の悲劇、あれ、そういえばこのころのシェイクスピアの悲劇ってみんなそうじゃないかって気がついたの。

鈴木：一六〇三年頃に何があったのか、ということですね。

松岡：もちろん、そんなこと何ひとつ分かりませんけどね。ジョン・ケアードさんなんかは今、『ハムレット』でずっと付き合ってきているので（注：インタビュー当時、ジョン・ケアード演出、松岡和子訳、内野聖陽主演の『ハムレット』を東京芸術劇場で上演中であった）、分からないところがあると捕まえて、そこを教えてもらったりしていたのですけど、ジョンさんは、絶対『タイモン』を書いていた時のシェイクスピアは鬱に入っていたよって言うんですよ（笑）。

鈴木：確かに、鬱に入っていたに違いないような内容ですもんね。（笑）

松岡：そういうことも考えて、この創作時期がオーバーラップする作品を見ていると、そういう共通項も出てきたから、はぁー、面白いなーと思ってね。イアゴーは絶対信じちゃいけない人物なわけじゃない。オセローの場合は。デズデモーナを信じるべきだし、キャシオーを信じるべきだし。それなのに、一番信じちゃいけないイアゴーを信じてしまうことによって起こる悲劇っていう、この共通項の最たるものが『オセロー』だっていうことに最近気がついて、また改めて、あー、シェイクスピアって面白いなーって。

鈴木：『オセロー』の中で、イアゴーがオセローに恨みを持つきっかけは、自分を副官にしなかったっていうことですよね。

松岡：そうです。

鈴木：そんなに信頼しているなら、なんで副官にしなかったのでしょうね。

松岡：あぁ、それは、むしろキャシオーの方が好きだったからってことですね。

鈴木：キャシオーは上流階級で、イアゴーは、恐らく労働者階級というか、白人の中でも階級的に下だった、ということもありますよね。

松岡：そう、(イアゴーは) それまでは評価はしてもらっているし、一種の親近感を持っていたかもしれないですよね。オセロー自身が、ヴェネチアの貴族ではないのだけれども、本当に実力で、将軍職にまでのし上がってきた。

で、自分のほうも、身分がいいから、家柄がいいからっていうのじゃなくて、いろんなところで戦ってきて、それなりの功績をあげたから、副官を、ってところで自分が脇に置かれて、キャシオーに持っていかれた。だから、え、話が違うじゃない、ってところから発したのでしょう。

鈴木：イアゴーはイアゴーで、オセローに裏切られた気持ちがあったのですよね。

松岡：そういうことですよね。

◆シェイクスピア翻訳事始めと、東京(パナソニック)・グローブ座の役割

鈴木：シェイクスピアの翻訳を始められたのが、一九九三年ですね。

松岡：はい。その前に現代劇の翻訳を一九八一年くらいから始めて、で、その最初が、『ローゼンクランツとギルデンスターンは死んだ』でした。振り返るとそれ以降も、現代劇ではあっても、シェイクスピア絡みっていうのがすごく多いのですね。

だからその私の翻訳歴をずっと見ると、ゆくゆく、シェイクスピア本作をやるために、現代劇で、部分訳をやっておこうと思ってやっていたのではないですか、って言われかねないくらい、たくさんやっています。

『ドレッサー』だとか、それから『エドマンド・キーン』っていう一人芝居だとか、『くたばれ、ハムレット』だとか。不思議ですねえ。

鈴木：でも、それは先生がもともとシェイクスピアを勉強してらっしゃったから注文があったのですよね。

松岡：そう、だから、プロデューサーとかがオファーしてくるわけですよ。私からこれやりたいっていうのは有り得ないからね。「これやらない?」っていわれるのが大体シェイクスピア絡みで、恐らくプロデューサーとかが、そこが私の取り柄だと思ってくれたんでしょうね (笑)。振り返ればすごくありがたいことだと思

いますけれども。

鈴木：その頃は東京（パナソニック）・グローブ座（1988-2002）で、シェイクスピアに伝統芸能を取り入れる試みも含め、いろいろな形のシェイクスピアが出てきましたね。一九九〇年代前後に、高橋康也先生の狂言シェイクスピアも出ていますし。

松岡：『法螺侍』（注：シェイクスピアの喜劇『ウィンザーの陽気な女房たち』を高橋康也氏が翻案した新作狂言。万作の会により、一九九一年に東京グローブ座で初演され、ロンドンとウェールズでも公演が行われた他、野村萬斎氏が「にほんごであそぼ」でもとりあげている）の影響は、とても大きかったですね。それ以前には、映画では黒澤明の『蜘蛛の巣城』がありましたけどね。

鈴木：泉先生のプロジェクトでは、新作能《マクベス》があるのですが、泉先生ご自身は、その時はまだ『蜘蛛巣城』は見ていらっしゃらなかったようです。『NINAGAWAマクベス』は、最近再演されたものをご覧になったようですが。

松岡：そうなんだ。

鈴木：私にとっては、「日本のシェイクスピア」を論文として取り上げたのは、一九九六年のロサンジェルスの国際シェイクスピア学会に出させて頂いたのが最初で、そのコンファレンスの時に取り上げさせていただいたのが、野田秀樹の『三代目りちゃあど』と堤春枝さんの『正劇オセロ』だったのですけど、どっちも東京グローブ座で上演したのですよね。（注：『三代目りちゃあど』は一九九〇年、『正劇室鷲郎』は一九九五年）

松岡：バブル期の功罪といわれますが、東京（パナソニック）・グローブ座のシェイクスピアっていうのは、功ですよね。バブルの功。あれだけお金をかけ、海外からも超一流のシェイクスピア劇を呼んで観られたっていうのは、あの時代に観客だった人々にとってはすごい宝物だと思う。今はちょっと無理ですよ。

鈴木：いろんなものが見られたんですね。

松岡：そう。本当にあの時代にいろんなものが見られてよかったねえって思うよね。（英国の）ナショナルシアターからロイヤル・シェイクスピア劇団から、みんな来たものね。蜷川さんはあそこで『リア』やったのよね。襖絵が両方にあって、それこそ武将の時代の。

鈴木：そうですか。そのときは誰の訳だったのでしょうか。

松岡：小田島さんですね。

◆NINAGAWAシェイクスピアにおける『オセロー』

鈴木：蜷川さんの『テンペスト』は佐渡島という設定で、真ん中に能舞台を設けていますね。

松岡：そうです、そうです。あれは、最初は小田島さんの訳でしたが、さいたま芸術劇場での再演では、私の訳を使っていただきました。全作品のうち、今五作残っていますけれども、三二本ここ（さいたま芸術劇場）でやっているわけよね。だけれども、三二本のうち一本だけ私の訳じゃないのです。

鈴木：それが『真夏の夜の夢』なんですね。

松岡：そうです。

鈴木：松本幸四郎（現・白鸚）主演の『オセロー』（注：一九九四年、松竹、蜷川演出）というのはだいぶ前ですよね。

松岡：あの時のは私の訳じゃないです。その次の蜷川さんの『オセロー』は、（吉田）鋼太郎がやるっていうのが完全にわかっていて訳しました。

その時、私は、キャスティングに口を挟むっていうのはおこがましいのだけれども、企画委員会というのがあって、私はその委員会のメンバーでもあるので、ある程度の提案っていうのは出来るのよね。もちろん、その提案を取りあげるか却下するかは、蜷川さん次第なわけですけど。

私の『オセロー』の解釈で決定的だったのが、トレヴァー・ナン演出の公演（注：一九八九年　ストラットフォード・アポン・エイヴォンの小劇場、ジ・アザー・プレイスにて）だったのです。これが、私に『オセロー』が分かったと思わせてくれたのです。なぜ「分かった」と思ったかというと、デズデモーナがものすごく若かったからなの。女優さん（イモジェン・スタッブス）の実年齢でいうと、オックスフォード大学を卒業したばっかりだったから、もちろん二〇歳は超えているのだけれども、見たところティーン・エイジャーとしか見えなかった。

鈴木：デズデモーナはすごく若い、と思われたのですね。

松岡：若い！　だから無邪気になんでもおねだりできちゃう。それに対して、イアゴーが罠を仕掛けられるし。で、無邪気で、若くて、年齢が父と娘みたいに離れているから、オセローに不安が出てくる。ちょっとしたことでも不安が嫉妬にころがって来るという事もわかるし、それを見たことが私にとっての『オセロー』解釈の決定的なものになったのね。それがあるものだから、さいたまでも「絶対にデズデモーナは若くしてください」と言ったら、蒼井優ちゃんになったのですよ。

で、私は恐らく日本で初めて正しいキャスティングができたと思いますね（注：二〇〇七年、彩の国さいたま芸術劇場、蜷川幸雄演出、松岡和子訳の公演のこと）。

鈴木：それまでは熟練の女優さんだったのですね。

松岡：そう。成熟した貞女。それはイギリスでもそうだったと思いますよ。トレヴァー・ナンがあの『オセロー』の解釈で、革命を起こしたのだと思う。現にそのあとは、若いデズデモーナばかりだもの。

鈴木：トレヴァー・ナンの『オセロー』の上演は何年ですか。

松岡：一九八九年だと思う。娘が高校二年の夏休みに連れて行ったんですよ。

そのとき、私は何の予備知識もない高校生を連れて行って見せて、オセローとデズデモーナの年齢って何歳くらいだと思うって聞いて、そしたら四〇と一七、八くらいかなって言ったのです。だから、そういう印象を客に与えるように、トレヴァー・ナンは作ったのだと思うのよね。それがもう大正解。

鈴木：蜷川さんは舞台によく日本的なものをいろいろ入れていましたが、『オセロー』に関してそれはありましたか。

松岡：なかったです。幕開きはヴェネチアの運河のところで、ロダリーゴとイアゴーが話をしている場面で、水の波紋が天井に映って、みたいなところまでやったのですね。ヴェネチアに行くと、縞々のポールが運河のところに立っているじゃないですか。それも再現したりして、すごくこだわってらっしゃいましたね。

◆過去の様々な翻訳から伝統演劇の様式へ

鈴木：『オセロー』の翻訳に関して、先生は原文だけではなく、過去の他の方のいろんな翻訳も参照してらっしゃるのですね。

松岡：もう全部読みます。（坪内）逍遙から全部。私自身が小田島さんの翻訳でずっと楽しんできたから、やっぱり小田島さんの訳に一番親近感を感じますし、一番参考になるかな。

福田さんの訳は、ご自分で演出なさるために訳しているから、書いてないことを足してあるんですよ、すごく。翻訳の中に。確かにシェイクスピアは普通の戯曲なんかに比べると装飾過多で、役者さんが覚えるのは大変ですけれども、福田さんの訳になじんだ人には、私の訳では、あっさりしすぎっていう風に思われるのかもしれないなって思うことが結構ありますね。感想をお客さんが話しているのを耳に挟んだりすると。

鈴木：はい。

松岡：新作能《オセロ》の場合、シェイクスピアって、セリフが強いし、能という表現も強いじゃないですか。だから、そこのところでどっちも活かそうとするとぶつかっちゃうけれども、そこでどうやって融合させるかっていうことがあるでしょうね。

お能の世界って、もちろん、ビジュアル面も強いけれども、詞章を作る上で、シェイクスピアを使う強みとなっているのは、死者の目線があるところかなって、思うの。そういうお能の基本的なベースがあれば、どんな作品でもお能に取り込めるし、「死」によって映し出される登場人物の「生」っていうものが、やはりシェイクスピアの悲劇の中では大きな太い流れになっているから。そういう意味では「あの世の視点」からシェイクスピアの悲劇の世界を振り返るのは、能としてすごくすんなり入ってくるなっていうのは感じます。今回詞章を読んであらためてそう感じました。

鈴木：松岡先生は、ク・ナウカの文楽様式もどきの『オセロー』はご覧になりましたか。『夢幻能なオセロー』というタイトルになっていたと思いますが（注：二〇〇五年、国立博物館内の特設能舞台で上演。宮城聰演出・小田島雄志訳を元に、平川祐弘氏が謡曲台本を手掛けた）。

松岡：見たけどね。あまり覚えていないのです。場所の特異な印象しか残っていなくて。

で、そもそも、あのころ、「ムーバー」と「スピーカー」を分けるあの様式に私自身がすっと入っていけなかったから、あんまりポジティブな印象は残っていないのよね。この間の『冬物語』は同じ様式でやって本当に素敵だったけど。

鈴木：そうですか。彼らの『冬物語』は、私は拝見していません。

◆ジョン・ケアードの「ハムレット」で気がついた台詞の問題

松岡：今度の『ハムレット』（インタビュー当時、東京芸術劇場で松岡和子訳、ジョン・ケアード演出でやっていた公演）で、ものすごくいいのが、浅野ゆう子さんなのですよ。洋も東も問わず最高のガートルードでした。

結局ね、余計なことをしないの、自分の力に自信をもって本当にすっと立って言葉を言うんですよ。だからね、見ていて美しいでしょ彼女。で、余計なことをしないから、ただ耳を澄まして見て聞いてられる。

私最近になって、今更ですが、気がついたことなんですけど、シェイクスピアの場合は、一つの言葉やフレーズによって、人物が出来てくるの。あらかじめ感情があるとか、そういうのじゃなくて。だから、しっかり聞いているとその一言一言で人物が生まれてきて、造形されて、感情が出来て、それがプロットになっていって、最後に劇世界が完結する、という書き方をしている。で、私は訳していながら、いつもびっくりしていたんですよ。この言葉の次にこれがくるの!?っていう感じで。

で、そのびっくりを訳すうえで、なにしろシンタクスが違うわけじゃないですか、英語と日本語っていうのは。だから語順の問題っていうのはすごく重要になってくるのだけれども、この語の次にこの語が来る、このセンテンスの次にこのセンテンスがくるっていう、小さな驚きの連続なのですね。

振り返ってみると、ある一言で、その人物のある一面ができ、次の一言で次の一面が出る、という具合に、予想をちょっとずつ裏切っているのですね。

鈴木：予想というのは、誰の予想ですか。

松岡：読み手、そして聞き手の、です。To be or って来たら、not to be は予想できるかもしれないけれども、その次にThat is the question なんて、びっくりじゃない？　考えてみれば。

で、to be or not to be that is the question と言う事によって、ハムレットの思考というのが初めて私たちに届く。そういうことを考える人間というハムレットの一面が私たちに伝えられる。ていうことを今更ながらに気づきました。

そして、その驚きを、日本語でやるときに、あるところでは、シェイクスピアの書いた語順通りにしなきゃいけない。でもそれだと、日本人の思考の順序が違うから、ここはそれを曲げても、おどろきはキープしながら、どうやって日本語の語順に合わせるかということを考えてきたなあっていうのを初めて言語化できた。

だから、あらかじめ感情なんか作っちゃいけないわけですよ。そこで生まれてくるから、その瞬間に生まれてくるから。

鈴木：それはものすごく極端に言うと、ある意味では、お能とも通じますね。つまり、余計な動きをしないほうが、存在感があることとか、それから、謡の詞章の中におのずと感情が入っているので、最初から「こういう感情を乗せようか」とは考えないですよね。

松岡：そうなのよ。それがとっても大事なの、シェイクスピアの場合は。いつも言うのですけれども、「感情過多になるくらいなら、棒読みでやってください」って。

鈴木：そうなのですか。

松岡：一番大事なのは、お客さんの中に何が生まれるかだから。感情過多だと、「何か大変なことやっている、ふむふむ」という風に見ちゃうだけじゃない。

鈴木：じゃあ、役者さんがシェイクスピアを解釈しすぎないほうがいいってことですか。

松岡：そうではなくて、表現の問題です。私は本当に今になって蜷川さんって偉大だったなって、折に触れて（彼を）missしてしまうんだけれども、蜷川さんは、役者さんがこうすると（手を振り回す）、「その手やめろ」って、とにかく手を使うことは禁じていたし、顔で芝居することも禁じていたし、それから、間を取りすぎることも禁じていた。言葉にエネルギーを込め、うねりを生み出すためです。

だから私は蜷川さんの現場にいて学んだのは、よほどのことが生じない限り句読点は打たないということ。

鈴木：先生の翻訳の中でもあまり点は使ってらっしゃらない？

松岡：そうです。初期には使っています。蜷川さんの現場は、私は初心者だったから。蜷川さんは役者さんに、「そんなところで息つくな」「顔使うな」「手を使うな」という注文をするわけですね。そうすると、役者さんは明らかにその台本を読んで、句読点の場所が息継ぎの場所だと勘違いしちゃう。あ、これはいけないと思って、なるべく省くようにしました。

で、今、助詞を強調する話し方がすごく流行っているじゃない。

鈴木：「助詞」ですか。

松岡：（作中で）「殿下にここで見たことをお話ししよう」っていうと、部下たちも「そうしようって」いうのだけれど。（役者たちが）「今日どこでお目にかかれるか『は』分かっている。」っていうの。「そうじゃないだろう」って蜷川さんなら言う。強調するとすれば、「今日『どこでお目にかかれるか』は分かっている」、そっちでしょう。それを、「今日どこでお目にかかれるか『は』分かっている」と、言いがちなのです。

そういうのを蜷川さんは嫌がってね。「違うだろ！」って。もう「蜷川さんじゃないと、言葉を正しくきちっとね、正せる人がいなくなっちゃうよー」って思って。まあ蜷川さんの薫陶を受けたゴールドシアターもネクストも、それから鋼太郎さんたちの、そういう人たちは体に染みこんでいるからね。

だから、ぜひぜひ彼らが、「蜷川イズム」を次の世代に伝えていってほしいなって思いますね。それは個々の作品の解釈の大きなものもそうだし、役者としての在り方もそうだけど、そういう「シェイクスピアの言葉を一言一言発するとき一番大事なのは、こういうことなんだよ」っていうのを、折に触れて、常に常に言ってらしたから、そういうことはみんなが引き継いでいってほしいと思いますね。

◆舞台稽古の現場で翻訳が変わる

松岡：『オセロー』で忘れられないのは“my lord”というセリフのところですね。三幕四場の。あそこでは、もうオセローが（デズデモーナを）疑っちゃっているわけですよ。でも、デズデモーナはなんにも知らない、そんなこと。ただ「夫が不機嫌になっちゃったなあって」心配してる。

その三幕四場を稽古してたとき、蒼井優ちゃんが、「あなた」って訳の原文は全部同じですかって聞いてきたの。それで、「my lord」って夫への呼びかけが出てきたら、全部『あなた』って訳すようにしているから同じはずだけど、どこのこと?」って聞いたら、「ここです」っていうの。
そしたら、違ってたの。"My good lord"って、そこだけ"good"がついてたの！ それで驚いてそこの前後を見てみると、最初は、「ご気分はいかが」、ってところはmy lordなのね。そうするとオセローが、well. My good lady って答える。それでそれを私は「元気ですよ、奥様」って訳したの。
で、「お前はどうだ」と聞かれるとデズデモーナはその答えとして、Well ,my good lord と同じ答え方をするんですよ。オセローとしては、他人行儀にならざるを得ないわけですよ。つまり、goodをつけて、嫌味にしているわけ。
それで、彼女（蒼井優）は、ここは「あなた」でいいのかと言ってきたわけ。ていうのは、それまで、「奥様って呼ばれたことがないから」っていうのよ、オセローに。つまり、my good ladyっていうのが他人行儀だから私は、「奥様」って訳したわけ。で、他人行儀に言ってきたのにいつもの通りに返すことが出来なかったわけ、優ちゃんは。

鈴木：「あなた」、はそれまで言っているわけですよね?

松岡：ずっと言ってます。"Good"が付かないものはずっと。だからここも「あなた」でいいのかって言ってきたわけ。よくなかったんですよ、見てみたら。それで、私、ここのところはすごい場面になりました。実際にやってみると――、

鈴木：次からセリフが変わったというわけですね。

松岡：そう。だからちくま文庫の『オセロー』でも、このくだりは二刷から変わりました。いまの説明じゃ分かりにくいかもしれませんが、このいきさつはちゃんと、『深読みシェイクスピア』（二〇一一・新潮社）に書きましたから詳しくはそちらで。

鈴木：読み直しておきます。

◆新作能《オセロ》と新作能《リア》の可能性

鈴木：新作能《オセロ》に話を戻させてください。
お能としてのシェイクスピア作品をご覧になったのはこれが初めてでいらしたのですよね。

松岡：初めてです。

鈴木：で、先生に早めに来ていただいて、お能の申し合わせの段階から見ていただいたのですが、そういうのをご覧になったのも、初めてですか。

松岡：初めてです。能役者さんたちの場合は、いわゆるリハーサルとかはないわけで。それはもともと神事だからしょうがないですが、でも全然その違和感はなかったですね。皆さん慣れてらっしゃるから。

鈴木：能舞台で新作能《オセロ》をやったのは、初めてだったのですけれども、その前に大阪府立大学のホールと、泉先生の羽衣国際大学のホールとでやっているのですよね。
それで、羽衣学園のホールでやったときは主催者のリクエストがあって、野村萬斎さんがアイとしてイアゴーをやっていらしたのです。

松岡：え〜！

鈴木：今回のイアゴーは茂山逸平さんで、こちらも人気のある狂言師さんなのですが、ご覧になって、いかがでしたか。全体的にどこがよかったですか。

松岡：よかったですね。最初にアイが登場して、(観客を)ぐっとつかむっていうのと、その後に吟遊詩人を持ってくるというところも。つまり、普通なら、旅の僧侶が一番多いと思うのですが、いいですね、その設定。

ただ、ヴェネチアではなくて、キプロスを旅している、というのがちょっと意外でしたね。死後の世界から振り返るわけじゃない。そうすると、ヴェネチアでもよかったのかもしれないと思うし。

鈴木：でもキプロス島で亡くなっているわけだし、霊がいるなら〜。

松岡：そう、でも、花のイメージは、なんか、ヴェネチアなのよね。あとやっぱり、最後の落とし方は素敵だなと思いました。愛し合っていたけれどもすれ違うっていう、年に一回は至近距離まで来るっていう。それこそ、そのあたりの読み取り方っていうのは、お能にするって時の肝じゃないかと思いますけどね。

鈴木：この次にシェイクスピアが新作能になるとしたら、どの作品をご覧になりたいですか。『リア王』がよいのではないかという意見もあるのですが。

松岡：私も『リア』がいいと思います。頭に浮かんだのが『リア』ですね。面まで思い浮かびますね。

鈴木：どんな面ですか(笑)。

松岡：やっぱりゲソッとして白髪です。面が怒っていて、悲しくもなるような。

鈴木：なんか、『マクベス』『オセロ』までいったら、次は『リア』っていう順番かもしれませんね。

松岡：まあ、グロスターの方は無しにして、それこそ、アイは道化。彼が、全部を見てるわけだから。

鈴木：道化は死んだのだと思います？

松岡：死んでいますね、恐らく。

鈴木：リアよりも前に道化は死んでいるということですか。

松岡：そうじゃないかなあ。

鈴木：もともと、道化とコーディリアを同じ役者さんがやっていたのではないかという説がありますね。

松岡：そうですね。だってコーディリアと道化が一緒に出てくる場面がないわけじゃない。誰のリアか忘れたんだけど、リアが道化を殺しちゃうっていうすごい解釈の『リア王』を見たっていう人もいたんだけど、

鈴木：殺しちゃうっていうのは、舞台上で、ですか。

松岡：そう。狂って殺しちゃう。それもないわけじゃないですよね。

鈴木：ないわけではないですね。それは海外の公演で？

松岡：そうそう。

鈴木：そうしたお話も参考に、今度は松岡和子訳を元にした新作能《リア王》ができるとよいですね。

(二〇一七年四月一五日、彩の国さいたま芸術劇場の会議室でおこなったインタビューをもとに、鈴木雅恵が再編集した)

「日本」の『オセロ』の受容と上演

鈴木 雅恵

一 ❖ はじめに

新作能《オセロ》の本説《ほんぜつ》となった、シェイクスピアの『オセロー』(*Othello, the Moor of Venice*)は、材源としてヴェネチアで出版されたジラルディ・チンツィオの(Giraldi Cinthio)の『百物語』(The Hecatommithi, 1565)「三十七話(第三巻七話)」に多くを負っている。そこでは、登場人物のうち「デズデモーナ」だけが固有名詞を与えられ、他の人物、オセロー、イアゴー、キャシオーなどはそれぞれ「ムーア(a Moor)」「旗手(the Ensign)」「隊長(Corporal)」と、役職や属性で呼ばれ、「ムーア」が才色兼備の「デズデモーナ」と、彼女の親の反対を押し切って結婚し、徳の高さが認められてキプロス島に総督として派遣されるが、「旗手」にだまされて、嫉妬から妻を殺害し、その親族に粛清される、という物語になっている。(1) シェイクスピアは登場人物や物語の筋をほぼそのまま使いながら、詩行の力によって、「あまりにも深く愛しすぎた男(one that loved not wisely, but too well)」(五幕二場三四二行)の悲劇として昇華している。そして、『オセロー』は、シェイクスピアの四大悲劇の中でも、近年、とりわけ、注目されてきている演目だと言える。

『オセロー』は、シェイクスピアの時代には、グローブ座やブラックフライアーズで上演された上で、一六〇四年にはジェームス一世のロンドンの別邸のホワイトホールで上演され、また、一六一二年には、エリザベス王女の結婚祝いとして上演されるなど、早くから、支配者階級にも受け入れられてきた作品の一つだと言いえるだろう。「ベニスのムーア人」という副題が示すように、シェイクスピアの作品としてはめずらしく、白人社会の中の有色人種を主人公としているが、シェイクスピアの時代は、当然ながら白人のスター俳優(おそらくはリチャード・バーベッジ)がオセローを、白人の少年俳優がデズデモーナを演じていた。一七世紀後半の王政復古後になって、女優がデズデモーナを演じはじめたが、オセローの役に関しては、白人の名優が顔を黒塗りにしてこの役を演じる、という様式が、二〇世紀まで主流であり続けた。上演の成功が、敵役のイアゴーがいかにオセローを巧みに陥れるか、という点にもあるため、この二つの役の俳優の技量のバランスが重要視されてきた、という事情もあるだろうが、ベルディのオペラ『オテロ』に代表されるように、劇世界を現実から遠ざけて距離を置き、様式化する、芸術的(aesthetic)な面を重視した、一種のハイカルチャーともいえる上演が定着していたから、とも言えるだろう。

しかし、近年、そうした「様式化」された上演に対して、「ムーア人」オセロの、ベニス社会における異邦人としての他者性(Otherness)を強調し、劇世界を現実に近づけて、現代性や時事性を読み込もうとする、社会文化的(sociocultural)な面を重視した上演(上映)傾向が、特に欧米で顕著になってきた。それと同時に、欧米での『オセロー』の上演頻度が増し、フェミニズム、ポスト・コロニアリズムといった文学批評による読み直しが舞台に波及してきた。

プロフェショナルな舞台に、非白人がオセローの役を演じた例としては、古くはイギリスに移民してきたニューヨーク生まれの黒人俳優イラ・アルドリッジ（一八〇七―一八六七）が一八二六年に、エドマンド・キーンに代わって『オセロー』の主役を演じて物議を呼んだ例があるが、[2]次に黒人俳優がイギリスの舞台でオセローを演じるには、もう百年かかった。アフリカ系アメリカ人のポール・ロブソン（一八九八―一九七六）がロンドン（一九三〇年）とニューヨーク（一九四三―四五年）で「人種の衝突による悲劇」としてオセローの役を演じたのがそれである。その後、アフリカ系アメリカ人の公民権運動によって、白人が顔を黒く塗って人種的ステレオタイプを強調したミンストレル・ショー[3]は廃止されたが、オーソン・ウェルズ、ローレンス・オリヴィエ、アンソニー・ホプキンズといった、名だたる白人俳優がオセローの役を舞台や映像で演じる、という現象はしばらく続いた。しかし、アメリカに続いてイギリスに結成された俳優労働者組合が非白人俳優の平等な機会を訴えたことが、『オセロー』の配役に影響を与え始め、一九九〇年代以降は、黒塗りした白人のオセローが登場することはほぼなくなり、ロイヤル・シェイクスピア劇団や、再建されたロンドン・グローブ座でも、『オセロー』の主役には黒人俳優を起用するのが慣例となったようである。

また、一九八七年にはロイヤル・シェイクスピア劇団出身のジャネット・スズマン氏（一九三九―）が、アパルトヘイト下の南アフリカで黒人俳優ジョン・カニ氏（一九四二―）を『オセロー』の主役に起用し、カニが白人俳優たちと稽古に合流するための物理的・精神的障壁を含めた数々の困難に直面しながら、ヨハネスブルグのマーケット・シアターで公演を演出した。その体験談をスズマン氏が国際シェイクスピア学会で報告した時には、まさに「時代を映す鏡」として賞賛され、会場からスタンディング・オベーションを受けた。[4]尚、筆者は二〇〇一年八月に、ヨハネスブルグのマーケット・シアターでジョン・カニにインタビューをおこなったが、その時、彼は劇場の芸術監督に収まっていた。さらに、二〇一六年からは、マーケット・シアターの主たる劇場が「ジョン・カニ劇場」と命名されるなど、南アフリカはオセローが主役の時代に入ったと言えるだろう。

アメリカでは、白人の元妻とその恋人を殺した容疑で裁判にかけられた「O.J.シンプソン事件」（一九九四年）が『オセロー』に例えられるなど、現実が演劇に近づく、という現象があり、『オセロー』の舞台をアメリカのエリート高校に置き換えて、バスケットボールの花形黒人選手に嫉妬した白人少年が仕掛けた巧妙な罠が銃撃事件を引き起こす、という翻案映画『O』（二〇〇一年）など、時代を反映したポピュラー・カルチャーの中に、人種問題を絡めた「嫉妬」というテーマが確実に入り込んできているといえる。

こうした流れを大まかに捉えると、『オセロー』の上演は、英語圏でも、様式美や台詞術を含む、芸術的（aesthetic）な面を重視した公演と、世相を反映し、社会文化的（sociocultural）な面を重視した上演（上映）とに大別できるといえるが、日本の新作能《オセロ》はその前者であろう。

本論では、まず、広義の意味での「日本」の『オセロー』の上演を、その受容の歴史から捉え直した上で、ジェームス・ブランドンの「アジアのシェイクスピア」についての分類を利用し、東西交流演劇としての新作能《オセロ》の創作・上演の意義を確認したいと思う。

二❖近代「日本」の『オセロー』の受容[5]

では、日本の場合は、『オセロー』はどのように受容・上演され、時代を写す鏡としての役割を果たしきたのであろうか。

『シェイクスピア研究資料集成27』によると、一八八九年九月二五日に発行された『英語青年』第二巻六号に、“A Japanese Othello”という記事があり、東京の千住在住の公務員が、嫉妬の上で妻を絞殺した、という事件が紹介されている。当時、『英語青年』を読むような層の日本人の間では、『オセロー』が、嫉妬から妻を殺してしまう男の悲劇である、という認識があった、ということであろうか。明治維新により近代民族国家になった日本における最初の『オセロー』の上演は、一八九一年にイギリスのミルン一座が横浜居留区のゲーテ座で、日本在住の西洋人向けに行った旅公演が最初だとされていることから思うと、明治期に「嫉妬」の表象としての『オセロー』のイメージが日本の社会の中にも入ってきたのは、意外と早かったといえる。

では、『オセロー』に描かれた「他者性」(Otherness)、すなわち、白人社会の中の異邦人としての『オセロー』の表象の方はどうであろうか。「日本人」による初期の『オセロー』の上演からまず見てみよう。

(1) 川上版『オセロー』の影響

周知のとおり、日本人によって最初に上演された『オセロー』は、欧米での巡業から帰国した川上音二郎一座が「正劇」シリーズの第一弾として上演した『オセロー』が該当する、と考えられている。明治維新後、かつては河原乞食と呼ばれ、庶民の娯楽のために興行していた歌舞伎役者たちが、展覧芝居(一八八九年)などを経て格式の高い身分と認められるようになってきていたが、明治政府が進めようとした歌舞伎の改良(西欧化)は、あまり進まず、歌舞伎の家柄とは無関係な川上音二郎らが、写実的な手法を用いて実験的な試みを行うようになっていた。[6]「旧派(歌舞伎)」に対する「新演劇」の担い手をめざす音二郎は、日清戦争(一八九四－一八九五年)を扱った「ルポタージュドラマ」で当たりを取った後、一座と妻貞奴を連れて一八九九年から一九〇二年にかけてアメリカ、ヨーロッパで巡業した。そして帰国後最初に、旅先で仕入れた「シェークスピア」の知識を披露したのが、一九〇三年(明治三六年)の『オセロー』だったのである。

この『オセロー』は、核となるストーリーの運びにシェイクスピアの戯曲を用いながら、台湾の澎湖《ほうこ》島に川上自身が赴いて取材し、当時まだ若い文士だった江見水蔭《えみすいいん》に台本を依頼し、「ベニス」を「東京」に、「キプロス」を、日清戦争に勝利した「近代」日本が植民地とした「台湾」に置き換えた翻案作品であり、登場人物の名前も「オセロー」は「室鷲郎《むろわしろう》」、「デズデモーナ」は「鞆音《ともね》」、「イアゴー」は「伊屋剛蔵《いやごうぞう》」と、当時の観客にとって違和感のない名前に変えられている。そして、明治中期の日本の帝国主義的海外進出と、産業資本主義の急激な発展期に、「西洋」と「遅れていて野蛮な台湾」の二つの視線によって成立する明治日本のアイデンティティが、主人公「オセロー＝室鷲郎」に仮託されている、ともとれる。

しかし、同時に、「室鷲郎」は、「色が浅黒く、出自がはっきりしない成り上がりもの」と設定され、「イアゴー」に該当する「伊屋剛蔵」

からは「新平民の疑いがある」という陰口をたたかれる存在である。彼は、色白く、洋装の似合う東京の令嬢「鞆音」（デズデモーナ）と、秘密結婚をして父親の怒りを買い、日本帝国の総理大臣から台湾総督になって現地の人心を鎮めるように命令されるが、海賊と戦った挙句、台湾住民を虐殺した嫌疑をかけられる、というように台本は書かれている。（江見水蔭「悲劇オセロ」『文芸倶楽部』第三巻第三号・一九〇三年二月）。

東京、大阪、京都、神戸、博多で上演された川上一座の舞台では、「室鷲郎＝オセロー」は川上音二郎自身が演じ、彼の出身地のお国言葉である博多弁を交えて演じているが、台本では「南国出身」とあるだけで、主人公が九州出身者と特定されているわけではない。また、劇中では、原作のベニス大公にあたる東京の総理大臣に、「室鷲郎＝オセロー」を「海賊」や「台湾の原住民」と近しい種族であるからこそ、彼らを平定するために台湾総督に任じる、という発言をさせるなど、東京を中心とする「日本政府」の中での、「色の浅黒い」主人公の「他者性（Otherness）」が、屈折した形で描かれている、といえる。(7)

川上一座の上演では、妻の貞奴が「鞆音＝デズデモーナ」を演じている他、伊屋剛蔵（イヤーゴ）を高田実、その妻お宮を、すでに女歌舞伎役者として活躍していた市川九女八（ただし、この公演では、「守住月華」と名乗っていた）他、「藤間静枝」と名乗る女優も登場し、彼女たちが台湾総督としての室鷲郎の凱旋を祝う夜会で、おかめの仮面をつけて踊る場面も設けられている。彼女たちの踊りの前には、「黒奴の踊り」(8)も披露されていたことから、この場面には、支配者層としての明治日本の男性たちからの視線が込められていたと考えられる。(9)その中で、漠然と「南出身」とされ、「新平民」とも噂された主人公の立ち位置をどう見せるかは演出次第であろう。

東京明治座での初演では、坪内逍遙、森鷗外、尾崎紅葉、依田学海といった、名だたる文学者たちが観劇し、一九〇三年（明治三六年）三月の『歌舞伎』第34号では『オセロー』の特集が組まれた。この中で、坪内逍遙は、川上の舞台を「極端な世話物になってしまって、原作の雄大な質は消えてしまった」、と評している。逍遙の視点からは、川上が「新演劇」、「正劇」と宣伝しながら、当時の観客の好みに近づけて、歌舞や俗謡までいれたのが、ポピュラー・カルチャー寄りに見えたのであろう。(10)しかし、坪内逍遙らからの批判はあったものの、川上一座の『オセロー』は興行的には成功して評判を呼び、一九〇五年二月には別の一座が台湾の栄座で江見水蔭台本を元に上演している（村田正雄、福井茂兵衛主演）。また、一九〇六年には那覇で沖縄芝居として上演されているが、それは、川上一座の舞台を大阪で見た上での模倣だと思われる。川上版の『オセロー』については、すでに多くの研究者が論じているので、次には、その影響下に上演された、沖縄版について少し説明を加える。

(2) 沖縄と「オセロ」

一九〇六年（明治三九年）一月二三日付の『琉球新報』に次のような広告が見られる。「シェークスピアの傑作悲劇オセロ Osero 江見水蔭脚本五幕一一場、川上音次《ママ》郎、高田実等により、はじめて明治座にて上演されたものなり…上之芝居球場座…」これが沖縄ではじめて上演されたシェイクスピア劇であるが、広告文に明記されているように、川上音二郎一座が三年前に東京の明治座をはじめ、大阪、神戸、京都と興行してまわった舞台を、那覇球陽座の渡嘉敷兄弟が真似したものであった。

そもそも、那覇に芝居小屋がたち始めたのは一八七九年（明治一三年）の琉球処分から三年後の、一八八二年（明治一五年）頃のこと。琉球王朝に仕える歌舞音曲担当の武士たちが琉球処分で職を失ったあげく、庶民に踊りを教えたり、小屋を建てて興行したりしたのが事の起こりである。琉球政府お抱えの武士から「芝居シー」へと身を落とした役者たちの興行は、最初はめずらしがられ、ありがたがられても、宮廷むけの作品だけでは一般庶民の興味を長く引くことはできず、生計のため、新しい作品を上演する必要に迫られたのであろう。

芝居といえば組踊のことであった沖縄の興行主にとって、本土から伝わる歌舞伎も新演劇も新派も目新しく、共に自分たちの芝居の題材として取り上げていくのであるが、特に川上一座のものは那覇の沖縄座、球陽座など主要劇団が、競って真似たようである。「正劇」と銘打たれた、川上一座のシェイクスピアものを最初に取り上げた球陽座の『オセロ』は、三週間毎日興行を続けている。客入りが悪ければ、次の日にでも演目が変えられた当時のシステムを考えると、ヒット作の一つだったといえよう。

では、シェイクスピア劇『オセロ』は、沖縄でどのように上演されたのであろうか。「口立て」方式を取っていたので、球陽座の上演台本なるものは存在せず、演出家も存在しなかったので、演出ノートも存在しない。新聞の記録（『琉球新報』）に頼ることになるが、「室鷲郎」（オセロ）が「清国人式のローブを着ていた」という劇評が残っている。江見台本を使った川上一座の公演を真似ながらも、セリフは琉球語、衣装には、まだ琉球王国時代の中国への憧憬の影響が残っていた可能性はある。

一九〇七年一〇月の『琉球新報』には球陽座のライバルであった沖縄座が「松尾静」[11]による『新オセロ』を上演したという広告があり、「第二幕は喜劇」とある。一九〇六年一一月には川上音二郎一座が、太郎冠者[12]が書いた『オセロ』のパロディである笑劇『新・オセロ』を、川上の主演で神戸、大阪、京都などで上演している。『オセロ』は「ハンカチの喜劇」にも成り得る、という可能性を川上は察知していたと思われるが、それを「松尾静」が、すばやく沖縄に紹介したのであろう。

その後、大和座という第三の沖縄芝居の小屋が『オセロ』を上演したのが、第二次大戦前の沖縄のシェイクスピア上演の最後であり、日本のシェイクスピア上演がいわゆる「新劇時代」に入ると、沖縄芝居からシェイクスピアのタイトルは消えるのである。

いずれにしろ、沖縄の演劇が日本の芝居を通じて近代化しようと模索していた段階での、最初で最後のシェイクスピア作品が『オセロー』であったことは興味深い。「日本人」になりきる前に「沖縄人」であるという、「日本」にあっての、「他者」としての意識の表れなのかもしれない。

三❖「アジアのシェイクスピア」としての新劇時代以後の『オセロー』

川上が『オセロ』を上演した、一九〇三年という年には、イギリス留学から帰国した夏目漱石が東京帝国大学でシェイクスピアを講釈し始めていたが、彼は川上版の『オセロー』の観劇記録は残してはいない。ただし、一九〇七年に小松武治がラム姉弟の*Tales of Shakespeare*を『沙翁物語集』として翻訳し、出版すると、漱石はその序文に、「子羊物語に題す十句」として、『リア王』『テンペスト』『ハムレット』『ロミオとジュリエット』『マクベス』『十二夜』『オセロ』『ヴェニスの商人』『冬物語』『お気に召すまま』の一〇作品から数行ずつ抜粋し、彼自身の解釈を俳句として表している。

『オセロ』に関しては、デズデモーナ殺害を決意したオセロが、彼女の寝姿を見て、その雪のような白い肌に傷跡はつけたくない、とためらう場面を選び、その心情を句にしている。

Yet I will not shed her blood;
Nor sear that whiter skin of hers than snow
And smooth as monumental alabaster.

Othello Act V, Scene II.

白菊にしばしためらう鋏かな

夏目漱石自身、『オセロ』を含めたシェイクスピア作品に想像力を巡らせていたことがわかるが、彼は、その後の新劇時代のシェイクスピア上演のセリフのリズムには納得せず、一九一一年に、『東京朝日新聞』に謡曲の形式によるシェイクスピア上演を提唱している。[13]

以前、拙論の中で、歌舞伎研究者ジェームス・ブランドンの提唱した「アジアのシェイクスピア」の分類方法を次のように紹介した。

①上位文化としてシェイクスピアのテクストに権威を求める、「カノン〈正典〉的な」シェイクスピア劇（例　日本の新劇や中国の話劇にみられる「原作に忠実な」シェイクスピア上演）

②権威をその国固有の演劇の様式に求める、「ローカライズされた」シェイクスピア劇

③西欧文化と地域文化、上位文化と大衆文化が混じる、「ポスト・コロニアル、ポスト・モダンな」シェイクスピア劇（鈴木忠志、オン・ケン・セン等[14]）

この中で「ローカライズされた」シェイクスピア劇に関しては、さらに、

a 地域の大衆文化の中に翻案されたシェイクスピア劇
b 地域の中の、伝統的な上位文化に取り入れられたシェイクスピア劇

の二つに分けるべきだと私は考える。「伝統的な上位文化」は、日本の場合、能楽であるが、江戸時代までは大衆文化であった歌舞伎も、天覧芝居（一八八九年）などを経て格式を上げ、上位文化の仲間入りをしつつあったと言えるが、当時の漱石の意識ではそうではなかったのかもしれない。

謡曲によるシェイクスピア劇は、漱石の提唱から七十年実現することはなく、日本のシェイクスピア上演は、新劇の時代に入り、ブランドンの分類方法に従うと、①上位文化としてシェイクスピアのテクストに権威を求める、「カノン〈正典〉的な」シェイクスピア劇が到来したことになる。

しかし、興味深いことに、「オセロー」の役は、しばしば、歌舞伎役者が新劇俳優に交じって演じることになる。一九一七年には七代目松本幸四郎が坪内訳で、一九六〇年には八代目松本幸四郎が福田訳で、一九七七年には二代目尾上松緑が小田島雄志訳で（この時のデスデモーナ役は五代目坂東玉三郎）、一九九四年には九代目松本幸四郎氏が小田島雄志訳、蜷川幸雄演出で、それぞれオセローを演じている。歌舞伎役者のオセロー役への起用は、オセロー役の演技を他の俳優と異質のものにするためであったとも、劇世界を現実から遠ざけ距離を置く上演の手段であった、とも考えられる。

一九七〇年代以後は、ピーター・ブルックの来日公演を経て、出口典雄演出による、スピーディーなジーパン『オセロ』（一九七八年）、『子供のためのオセロ』（一九九九年初演）など、ブランドンの分類では、③西欧文化と地域文化、上位文化と大衆文化が混じる、「ポスト・コロニアル、ポスト・モダンな」シェイクスピアと思われる上演から、東京パナソニックグローブ座の試みの一つとして行われた、青年座による川上一座の『オセロー』の復刻上演（一九九一年）や、川上一座の『オセロー』を劇中劇として扱った堤春恵氏による『正劇室鷲郎』（一九九五年）など、明治時代の最初のシェイクスピア・ブームを検証するかのような上演まで、多様な上演が行われるようになった。

二一世紀に入り、蜷川幸雄が二度目の『オセロー』の演出を彩の国さいたま芸術劇場大ホールで行ったが（二〇〇七年一〇月、オセロー：吉田鋼太郎、デズデモーナ：蒼井優）、これは松岡和子訳のテキストを基に、トレヴァー・ナンの解釈を参考にした[15]、①上位文化としてシェイクスピアのテクストに権威を求める、「カノン〈正典〉的な」シェイクスピア劇であり、特にオセローの「他者性（Otherness）」を強調した点も、日本の文化への置き換えもなかったが、人間の嫉妬心を描いた、正当な悲劇として、観客の心に足跡を残し、劇評でもおおむね好評だったようである。

一方、同じく松岡和子訳を基に、青木豪氏が、舞台を現代のヤクザの世界に置き換えた『港町純情オセロ』（二〇一一年）、『オセロー』を江戸末期のアイヌと仙台藩士の娘の愛の悲劇とした、東北学院大学の下館和己氏による、『アトゥイ　オセロ』（二〇一五年）等の、オセローの「他者性（Otherness）」を日本の社会文化的（sociocultural）な環境に置き換えた、意欲的な舞台も生まれている。

一般的に、「単一民族国家」を建前とする日本の観客向けには、『オセロー』を民族問題としてはストレートには表現しにくい、という点はあるものの、多様な上演形態が可能になってきた、といえるだろう。その中でようやく登場してきた、謡曲または能舞台を使った、多様な『オセロー』について、次に簡単にとりあげ、ブランドンの「アジアのシェイクスピア」の分類の中で、どの位置にあるのかを確認したい。

四❖能狂言と『オセロ』

(1) 上田〈宗方〉『能・オセロ』

夏目漱石が提唱した謡曲の形式によるシェイクスピア劇を最初に実践したのは、上田〈宗片〉邦義氏（一九三四－）である。邦義氏は、学生時代に英語によるシェイクスピア上演の主役を経験した上で、シェイクスピアの韻文を謡曲に乗せた、英語能で知られているが、氏の

『能・オセロ』には日本語の謡曲版が存在する（英語能は一九八六年、日本語能は一九九二年に初演）。これはシェイクスピアの『オセロー』と謡曲の融合の最初の試みとして、画期的な出来事だった。

邦義氏の『能・オセロ』の舞台そのものは、再演ごとに演出も異なるのであるが、基本的には、原作の五幕二場を中心に、オセロのデズデモーナ殺し、オセロの後悔、そして、霊となったデズデモーナとの再会が描かれる。シテが「オセロ」、ツレが「デズデモーナ」で、そこにワキとしての「旅の僧」や、アイとしての「エミーリア」が加えられたりするのであるが、「オセロ」の「他者性」は特に表されず、純粋な夫婦のすれ違いの悲恋が能の様式で展開する。最新の演出では、オセロとデズデモーナの霊が融合したことを思わせるような連れ舞いで締めくくられていて、平和主義者である邦義氏の美意識に貫かれていた。殺人を犯した主人公が改悛することによって被害者が蘇る、という、中世の奇蹟劇をも彷彿とさせる、東西文化融合の世界が描かれていたといえよう。

(2) ミヤギ能『オセロー』

その後に登場したのが、劇団ク・ナウカ『ク・ナウカ』での『オセロー』（二〇〇五年）であるが、これは、劇団代表で、演出家でもある宮城聡氏が、比較文学者の平川祐弘氏に詩章を依頼し、東京国立博物館の裏手にある日本庭園に特設能舞台を設けることによって実現した。ただし、ク・ナウカは「語り手」と「演者」を分けて、役者が人形ぶりのような演技で古典作品を上演する、という前衛劇団であり、能役者が演者になるわけではない。平田祐弘氏の詞章は、前述の夏目漱石の俳句も取り入れながら、デズデモーナをシテと設定して、キプロス島がトルコの手に落ちた後のベネチア人の女奴隷を登場させるなど、歴史的、ポスト・コロニアリズム的な視点はあるものの、能の様式に乗っ取ってはいた。しかし、演者たちの多国籍風の不揃いな面や、ぼろ布のような衣装が、かつては、徳川ゆかりの寛永寺の庭であったという伝統ある日本庭園の空間の前に霞んでしまい、野外の客席の夜風の寒さや、能舞台と庭園の霊的な雰囲気のみが印象に残ってしまったことを記憶している。

しかし、その後、ク・ナウカの『オセロー』は、韓国の劇団とのコラボレーション、ニューヨーク公演などを経て、衣装も一新し、二〇一八年二月に静岡のSPACで凱旋公演を行ったときは、初演よりずっとわかりやすい舞台になっていた。デズデモーナ（美加理）が片手に黒い手袋（オセロの甲冑の一部）をして自分の白い喉を絞める場面がハイライトなのであるが、デズデモーナにオセロの霊が憑依し、その手で自分の首を絞めることによって、オセローとの一体感を感じる、というラストの意味もようやく理解できた[16]。ただし、ミヤギ能はあくまで、能の形を一部利用した前衛劇であり、ブランドンの分類に従うと、オン・ケン・セン同様、明らかに、③西欧文化と地域文化、上位文化と大衆文化が混じる、「ポスト・コロニアル、ポスト・モダンな」シェイクスピア劇であるといえるだろう。

(3) 劇団S・i関根狂言版『オセロ』

早稲田大学国際教養学術院の元教授で、能楽の素養もある関根勝氏が主宰する劇団S・iも、二〇〇九年六月に全国の能楽堂で『オセロ』

を上演している。関根氏は、元々国際的なイエィツ研究者であり、アイルランドでイエィツの舞踊劇を能風に演出をした経歴もあったが、イタリア人の学生に狂言の指導をしたことをきっかけに、オペラ歌手と狂言師のコラボという形で、能楽堂のシェイクスピア劇を六本手掛けている。Ｓｉの『オセロ』は日本の戦国時代を舞台として翻案され、シェイクスピアの原作のプロットが、ほぼそのまま現在形で展開する。オセロはその時代に異国から日本に来て帰化した黒人の武将という設定であり、彼が赴任するのがキプロス島ならぬ、琉球王国である、という点に特徴があった。

しかし、オペラと狂言の東西交流を意図した上演形態そのものは、ブランドンの分類の②よりも③に近い、といえるだろう。

（4）りゅうとぴあ能楽堂シェイクスピアシリーズ　オセロー

能の形式、というよりは、能楽堂そのものを生かしたシェイクスピア劇として、新潟の栗田芳宏の率いるりゅうとぴあカンパニーによる、能楽堂シェイクスピア・シリーズがある。その第四弾として、二〇〇七年に歌舞伎女形の市川笑也氏を迎え、「オセロー」を新潟と東京の能楽堂で上演している。Ｓｉの場合と同様、ブランドン分類にあてはめるには少しむつかしいが、②のａと、③の中間、といったところであろうか。

（5）泉プロジェクト・新作能《オセロ》

こうした動きを経て、泉紀子氏の新作能《オセロ》が二〇一五年に誕生したのであるが、上田〈宗方〉邦義氏の能、ミヤギ能と同じく、シェイクスピアの『オセロー』の後日談という形をとりながら、詞章も上演形態も最も伝統的な能の様式に忠実であり、また、『オセロー』の世界観にも忠実であるといえる。

作品そのものの分析はすでに作者の泉氏や中尾氏が詳細にしているのでここでは省くが、作劇上の成功の要因の一つは、「オセロ」をシテとし、「イアーゴ」を間狂言としたことであろう。そして、前シテを「オセロ」の化身である「花守」とし、その物語を継ぐものとして「吟遊詩人」（ワキ）が花の庭園にたどり着く設定にしたのにも新作能としての工夫がある。

また、デスデモーナが「中有《ちゅうう》」に留まり、二人の霊が触れ合おうとして触れ合えないなど、Ｗ・Ｂ・イェイツの『骨の夢』を彷彿とさせる場面がある。

今までの三公演で、デズデモーナの純白の衣装、オセロの浅黒い面など、原作の黒と白の対比のイメージも、うまく表していた。ブランドンの「アジアのシェイクスピア」の分類の中の、②のｂとして位置づけられるが、伝統的な能の制約によって、かえって観客に自由な想像の余地を残しているといえるだろう。

五 ❖ おわりに

多様なシェイクスピア上演の中で現れた新作能《オセロ》は、劇世界を現実から遠ざけて距離を置き、様式化する、上位文化としての『オセロ』の上演の一つの答えだといえるが、観客の想像力に働きかけ、普遍的な感情を呼び起こす力を持っている。

今後も新しい工夫を経て、内外での上演が続くことを願っている。

【注】

（1）*virgil.org/dswo/courses/shakespeare-survey/cinthio.pdf* を参照した。

（2）マクベスとアルドリッジは、オセローの他に、イギリスの地方都市の公演で、顔を白塗りにしてマクベスとリチャード三世の役を演じた。

（3）一八三〇年ごろからアメリカ流行していたといわれる、ミンストレル・ショーについては、斎藤偕子著『一九世紀アメリカのポピュラー・シアター国民的アイデンティティの形成（叢書演劇論の現在）』（二〇一〇・論創社）を参照のこと。

（4）一九九六年四月にロス・アンジェルスで行われた国際シェイクスピア大会での出来事である。

（5）このセクションの一部は、筆者が二〇〇二年三月に米国ブラウン大学東洋学部に招かれて講演を行った“Japanese Othellos”及び、同年、Tam, Wok-Kwok Kan, Parkin, Andrew and Yip, Terry Siu-han.,eds. *Shakespeare Global/ Local, The Hong Kong Imaginary in Transcultural Production* Anglo-American Studies 17. Frankfurt am Main: Peter Lang. 2002 (pp.131-142) に収められた拙論“The Three Japanese Othellos”に基づいている。

（6）堤春恵氏は、『正劇室鷲郎』の中で、音二郎の演劇活動の陰で、彼の妻貞奴のかつてのパトロンであった、伊藤博文が糸を引いていた、という解釈を示している。

（7）詳細は、拙論「日本のオセロは何人か」『京都産業大学論集31号』（二〇〇六・三月）pp.215-228を参照のこと。

（8）台湾の先住民のことをさしていたと思われる。

（9）一九九一年四月九日～一六日に、東京パナソニック・グローブ座で青年座によって川上／江見版の『オセロ』が復刻上演された時（石沢秀二演出）、この場面も忠実に再現されていた。

（10）前述の『正劇室鷲郎』の中で、堤春恵氏は、川上の『オセロ』を観劇したことが、坪内逍遥がシェイクスピアを全訳するきっかけとなった、という描き方をしている。

（11）「松尾静」が何者であるか、まだ突き詰められていないが、当時、九州から沖縄に移ってきた新派劇関係者だと推測される。

（12）三井物産の創設者・益田孝の次男で、自らも実業家であった益田太郎（一八七五－一九五三）の劇作家としてのペンネームである。

（13）夏目漱石「坪内博士とハムレット」（『夏目漱石全集11巻』一九六六・岩波書店）pp.286-291　参照。

（14）鈴木雅恵「「日本」における『マクベス』の受容と上演」（泉紀子編『新作能マクベス』二〇一五・和泉書院）pp.68-69

（15）本書の松岡和子へのインタビュー、「シェイクスピア戯曲の翻訳に関わって」参照。

（16）この解釈は、二〇一八年二月一一日の静岡公演後のアフタートークで示唆されていた。

■参考文献■

・川戸道昭・榊原貴教編『シェイクスピア翻訳文学書全集』一九九九
・斎藤偕子『一九世紀アメリカのポピュラー・シアター国民的アイデンティティの形成（叢書演劇論の現在）』（二〇一〇・論創社）
・鈴木雅恵「日本のオセロは何人か」『京都産業大学論集31号』pp.215-228
・鈴木雅恵「近代沖縄とシェイクスピア受容」西成彦・原毅彦編『複数の沖縄―ディアスポラから希望へ―』（二〇〇三・人文書院）pp.107-116

- 高橋康成監修　佐々木隆編『シェイクスピア研究資料集成27』（二〇〇八・日本図書センター）
- 高橋康成監修、佐々木隆編『シェイクスピア研究資料集成別巻2』（二〇〇八・日本図書センター）
- 田村志津枝『初めに映画があった　植民地台湾と日本』（二〇〇〇・中央公論社）
- 日本シェイクスピア協会編『シェイクスピア 世紀を超えて』（二〇〇二・研究社）
- 平川祐弘『謡曲の詩と西洋の詩』（二〇一七・勉誠出版）
- 平川祐弘『アーサー・ウェイリー「源氏物語」の翻訳者』（二〇〇八・白水社）
- 夏目漱石「坪内博士とハムレット」（一九一一・六月五日–六日・東京朝日新聞）
- Shakespeare, William, *Othello The New Cambridge Shakespeare* (Sanders, Norman ed), Cambridge University Press, 2003.
- Shwartz, Pat, *The Best Company: The Story of Jahannesburg's Market Theatre*, Craighall, South Africa:Ad Donker(PTY) LTD, 1988.
- Suzuki, Masae "Japanese Othellos: Reception and Adaptation of Shakespeare in Mainland Japan and Okinawa"（米国ブラウン大学東洋学部サロモン003教室で行った招待講演の原稿。二〇〇二年三月二〇日発表）。
- Suzuki, Masae "Shakespeare Recreated by Tsutumi Harue"『大阪商業大学論集109巻』（一九九七）。pp.117-38.
- Pechter, Edward, *Othello and Interpretive Traditions*, University of Iowa Press, 1999.
- Potter, Lois, *Shakespeare in Performance: Othello*, Manchester University Press, 2002.
- Ueda, Kuniyoshi, Noh Adaptation of Shakespeare, Encounter and Union, Hokuseido
- Vaughan, Virginia, *Othello: A Contextual History*, Cambridge University Press, 1994.
- Knolles, Richard, *The Generall Historie of the Turks*,1603

付・「日本」での『オセロ』上演年表

＊東京周辺、関西、沖縄を中心に、本論と関係のある上演と関連事項を挙げた。上演期間と劇場は調べられる範囲内のものを、出演者は本論と関係がある場合のみ記入した。

一八八六年二月

横浜の外国人居留区で、ベンジャミン・シアーによるHamlet's Instruction to the Playersと*A Midsummer Night's Dream*が朗読劇として上演される。日本で最初のシェイクスピア劇の上演だとみられる。

一八九一年

ミルン一座、『オセロー』を含む六つのシェイクスピア劇を横浜ゲーテ座で上演。

一八九二年

宇田川文海が『オセロ』の翻案「阪東武者」を新聞連載

一九〇三年

欧米での巡業から帰国した川上音二郎一座、古澤姑射訳を基にした江見水蔭の台本『オセロー』を「正劇」として、東京・明治座、京都、大阪などで上演。川上音二郎が室鷲郎（オセロー）、川上貞奴が鞆音（デズデモーナ）を演じた。

一九〇四年五月・七月

村田正雄一座、『オセロ』（函館・池田座、長崎・八幡座）

一九〇五年二月六日〜九日
江見水蔭台本、『オセロー』（台北・栄座）、主演　村田正雄、福井茂兵衛
同年九月・一〇月
武田元良・望月正義一座、江見水蔭台本、『オセロ』（静岡・千鳥座）。
一九〇六年一月二三日〜二月一三日
渡嘉敷一座、川上・江見版『オセロ』を沖縄芝居として上演（那覇・球陽座）
一九〇六年三月〜一一月？
川上音二郎一座、江見水蔭の『オセロ』の笑劇版である太郎冠者（本名：益田太郎）作『新・オセロ』（東京・明治座、京都・歌舞伎座、神戸・大国座）。
一九〇六年七月一二日
伊藤文夫一座、『オセロ』（大阪・中座）
一九〇七年五月
巻野・山崎、太郎冠者作『新オセロ』（東京・柳盛座）
一九〇七年一〇月
松尾静による再改作『新・オセロ』（那覇・沖縄座）
一九〇八年三月
白川・和田・岡島等、太郎冠者作『新オセロ』（大阪・老松座）
同年四月
巻野・山崎等、太郎冠者作『新オセロ』（柳盛座）
一九一〇年一月
川上音二郎一座、古澤姑射訳、江見水蔭台本、『オセロー』（本郷座）

一九一二年一月一四日
アラン・ウィルキー一座、『オセロー』を原語上演（大阪・帝国劇場）
一九一四年一月二六日〜三一日
無名会、池田大伍訳・演出、『オセロー』（帝国劇場）
一九一七年三月一一日
「帝国女優劇」、坪内逍遥訳、『オセロー』（神戸・聚楽館）
主演　七代目松本幸四郎・川田芳子
一九一九年三月二〇〜三一日
『オセロ』（東京・本郷座）
一九二一年一一月
アラン・ウィルキー一座、『オセロー』を原語上演（大阪・中座）
一九二五年九月
市川左団次一座、小山内薫訳・演出、『オセロオ』（東京・歌舞伎座）
主演　七代目松本幸四郎・二代目市川松蔦
一九二九年四月
宝塚国民座、坪内逍遥訳、『オセロー』（宝塚中劇場）
一九三一年四月
地球座、坪内逍遥訳、加藤長治演出、『オセロー』（東京・大隈講堂）、
主演　雨宮定夫・小杉日出子
地球座、坪内逍遥訳、加藤長治演出、『オセロー』（東京・大隈講堂）、
主演　薄田研二
一九三四年四月二八日
坪内逍遥訳、加藤長治演出、『オセロー』（東京・大隈講堂）、主演　薄田研二・丸山定夫

一九五一年一一月一五日〜一二月六日
俳優座青年劇場制作、木下順二訳、青山杉作・演出、『オセロウ』（東京・家政大学講堂、名古屋、大阪、京都他）

一九五二年四月一三日〜一五日
俳優座青年劇場制作、木下順二訳、青山杉作・演出、『オセロウ』（東京・共立講堂）

一九五六年五月二七日・二八日
文芸座、坪内逍遙訳『オセロ』（大隈講堂）

一九五七年七月
文芸座、坪内逍遙訳、田中時英演出、『オセロー』（東京・小原会館）

一九六〇年六月一日〜一九日
吉田史子プロデュース、歌舞伎、映画、新劇合同公演、福田恆存訳・演出、『オセロ』（東京・サンケイホール）、主演　八代目松本幸四郎・森雅之・新珠三千代

一九六九年三月二九日〜四月二四日
日生劇場制作、福田恆存訳、浅利慶太演出、『オセロ』（東京・日生劇場）、主演　二代目尾上松緑・岩下志麻・日下武史・初代尾上辰之助

一九七〇年一一月〜一九七一年三月
俳優座、三神勲訳、千田是也演出、『オセロ』（名古屋、神戸、大阪、京都、福岡、長崎、北九州、岡山、広島、和歌山、浜松、静岡、長野、横浜）、主演　仲代達也・河内桃子

一九七二年二月〜三月
ロイヤル・シェイクスピア劇団来日公演、ジョン・バートン演出、『オセロー』（東京・日生劇場）

一九七三年三月四日〜二八日
東宝制作、福田恆存訳、ジョン・デイビッド演出、『オセロー』（東京・日生劇場）、主演　平幹二郎・江守徹・栗原小巻

一九七七年四月七日〜二八日
松竹制作、小田島雄志訳、増見利清演出、『オセロ』（東京・新橋演舞場）、主演　二代目尾上松緑・五代目坂東玉三郎・初代尾上辰之助

一九七七年一一月一八日〜二四日
劇団シェイクスピア・シアター、小田島雄志訳、出口典雄演出、『オセロ』（東京・渋谷ジャンジャン）

一九七八年三月一一日〜一五日
劇団シェイクスピア・シアター小田島雄志訳、出口典雄演出、『オセロ』、（東京・渋谷ジャンジャン）

一九七八年一二月一九日
マイナー・シアター、河野武彦演出、『オセロ』（京都・教育文化センター）

一九七九年六日〜七日
戸田郁夫演出、『オセロ』（東京・新宿文化センター）

一九八三年一一月一五日〜二三日
文学座、小田島雄志訳、江守徹演出『オセロ』（東京国立劇場・小劇場）

一九八六年二月一五日
シェイクスピア・ソサエティ、小菅隼人演出、『オセロー』（東京・芝青年会館）

一九八六年一一月二日
能シェイクスピア研究会（宗片邦義主宰）、宗片邦義作・演出、英語能『能・オセロ』初演（静岡・醍醐荘能舞台）

同年
沖縄芝居の「ときわ座」、真喜志康忠作『按司と美女』（オセロの翻案）。
一九八七年四月二七日
能シェイクスピア研究会（宗片邦義主宰）、宗片邦義作・演出、英語能
『能・オセロ』（東京・国立能楽堂研修舞台）
同年九月一三日
能シェイクスピア研究会（宗片邦義主宰）、宗片邦義作・演出、英語能、
『能・オセロ』（静岡・青嶋ホール）
同年一一月一二日〜一七日
劇団昴、福田恆存訳『オセロ』（東京・三百人劇場）
現代演劇協会、福田恆存訳、『オセロ』
一九八八年八月〜九月
能シェイクスピア研究会（宗片邦義主宰）、宗片邦義作・演出、英語能
『能・オセロー』アメリカ・ツアー（ハーヴァード大学等）
同年九月四日〜二八日
松竹制作、小田島雄志訳、栗山昌好良演出、『オセロー』（東京・新橋演舞場）
同年九月二二日〜二五日
小田島雄志訳、遠藤栄蔵演出、『オセロー』（東京・板橋演劇センター）
一九八九年二月三日
能シェイクスピア研究会（宗片邦義主宰）、宗片邦義作・演出、英語能
『能・オセロ』（東京・大東文化大学板橋校舎）
同年五月二六日
朗読シェイクスピア全集、木下順二訳、荒井良雄朗読、『オセロー』（東京・岩波シネサロン）
一九九〇年一一月一五日〜一六日
ロンドン・ステージ・カンパニー、チャップマン演出、『オセロ』
（東京・パルテノン多摩）
一九九一年四月九日〜一六日
青年座、石沢秀二演出、川上・江見版『オセロ』の復刻上演（東京グローブ座）
一九九二年一月
結城座（糸操り人形芝居）、木下順二訳、福田善之演出、『オセロ』（東京・シアター・サンモール）
同年九月
パナソニックグローブ座東京オペラプロデュース、ロッシーニ作曲、
松尾洋演出（イタリア語）、『オテロ』（東京グローブ座）
同年一〇月六日
宗方邦義作・演出、日本語能『能・オセロー』（東京・宝生能楽堂）
主演　津村禮次郎（シテ方観世流）
一九九四年六月二三日〜二六日
新橋演劇センター、小田島雄志訳、遠藤栄蔵演出、『オセロー』（東京・板橋区立文化会館）
同年九月二日〜二五日
松竹＝蜷川幸雄演出、小田島雄志訳、『オセロ』（東京・日生劇場）、主演　九代目松本幸四郎・黒木瞳
一九九五年一月〜三月
幹の会＋安澤事務所、小田島雄志訳、栗山民也演出、『オセロー』

（東京・紀伊國屋ホール、神戸、函館、札幌、旭川、川崎、横浜、相模原等）
同年五月一一日～一四日
黒船プロダクション、ジュリー・ラッド演出『オセロー』（東京・シアター・サンモール）
同年一〇月
堤春恵作、俳優座、『正劇宝鷲郎』（東京グローブ座）
同年一二月二日
佐藤圭子・山崎泰久スペイン舞踊団「オセロ　ダンス」（東京・メルパルクホール）
同年一二月六日～九日
ウォーターミル・シアター・カンパニー、エドワード・ホール演出『オセロ』（東京グローブ座）
一九九八年一月～二月
ロイヤル・ナショナル・シアター、サム・メンデス演出『オセロ』（東京・銀座セゾン劇場）
同年八月
劇団アンゲルス、岡井直道脚本・演出、『オセロー・マテエリアル』（金沢市民芸術村オープンスペース）
一九九九年一月
劇団アンゲルス、岡井直道脚本・演出、『オセロー・マテエリアル』
岡井再演（金沢市民芸術村ドラマ工房）
同年七月～八月
グローブ座カンパニー（子供のためのシェイクスピアシリーズ）、山崎清介演出、『子供のためのオセロ』（東京グローブ座）

二〇〇一年
岸田理生脚本、オン・ケン・セン演出、多言語演劇『デスデモーナ』、（福岡）
二〇〇二年
アカデミック・シェイクスピア・カンパニー、小田島雄志訳、彩乃木崇之演出、『オセロ』（東京・銀座みゆき座劇場）
二〇〇四年
劇団AUN、小田島雄志訳、吉田鋼太郎演出、『オセロ』（東京サンシャイン劇場）
二〇〇五年
ク・ナウカ、平川祐弘謡曲台本、宮城聡演出、『夢幻能オセロ』（東京国立博物館日本庭園特設能舞台）
二〇〇七年
栗田芳宏演出、「りゅうとぴあ能楽堂シェイクスピア・シリーズ」第四弾『オセロー』（りゅうとぴあ新潟市民芸術文化会館、東京・梅若能楽院会館）、デスデモーナ役に歌舞伎女形の市川笑也。
二〇〇七年一〇月
彩の国シェイクスピア・シリーズ第十八弾、松岡和子訳、蜷川幸雄演出、『オセロー』（彩の国さいたま芸術劇場大ホール、富山オーバード・ホール、北九州芸術劇場大ホール、愛知県勤労会館・つるまいプラザ、梅田芸術劇場シアタードラマシティ）
二〇〇九年六月
Project Si（関根勝主宰）、「狂言とオペラシリーズ・オセロ」（東京・国立能楽堂、大阪能楽会館、名古屋能楽堂）

二〇一〇年六月
Paul Stebbings脚色・演出、インターナショナル・シアター・カンパニー・ロンドン、『オセロ』（早稲田大学、東京女子大学、京都産業大学他）

二〇一〇年九月
大城立裕作、幸喜良秀演出、「新作組踊・今帰仁落城」（『オセロー』の登場人物の人間関係にヒントを得た新作組踊）、（国立劇場おきなわ）

二〇一〇年一二月
下館和巳作・演出、『アトウイ・オセロ』（エルパーク仙台）

二〇一一年
劇団☆新幹線プロデュース、いのうえひでのり演出、青木豪脚色、『港町純情オセロ』（東京・シアターBRAVO!赤坂ACTシアター）

二〇一三年
白井晃演出、『オセロ』（東京・世田谷パブリックホール、名古屋青少年文化センターアートピアホール、兵庫県立芸術文化センター阪急中ホール）、主演
中村トオル

二〇一三年一一月三日
泉紀子脚本・詞章、辰巳満次郎（シテ方宝生流）演出・節付・主演、新作能《オセロ》初演（大阪府立大学　Uホール白鷺）

二〇一五年四月二六日
泉紀子脚本・詞章、辰巳満次郎演出・節付・主演、新作能《オセロ》再演（大阪・羽衣学園　講堂）

二〇一六年一二月三日
泉紀子脚本・詞章、辰巳満次郎演出・節付・主演、シェイクスピア没後400年記念公演・新作能《オセロ》三演（京都・大江能楽堂）

二〇一八年二月
宮城聡演出、ミヤギ能『オセロー～夢幻の愛～』、ニューヨーク・アンダーザレーダーフェスティバル参加（一月一一日－一四日）の後、静岡芸術劇場にて再演

同年一一月二五日
泉紀子脚本・詞章、辰巳満次郎演出・節付・主演、第一〇回記念東京満次郎の会、新作能《オセロ》四演（東京・宝生能楽堂）

■参考資料■

・高橋康成監修、佐々木隆編『シェイクスピア研究資料集成別巻2』（一九九八・日本図書センター）
・ウィリアム・シェイクスピア著、松岡和子訳『シェイクスピア全集13・オセロ』（二〇〇六・ちくま文庫・筑摩書房）
・『琉球新報』、『台湾日日新聞』、各公演パンフレット、その他。

中国の『オセロ』受容

瀬戸　宏

中国での『オセロ』は、『ヴェニスの商人』『ハムレット』『ロミオとジュリエット』ほどではないが、一定の量の翻訳と上演がなされている。ここではまず中国での『オセロ』翻訳と上演を概観した後、重要な公演についてその特徴を探っていきたい。

一 ❖ 中国での『オセロ』翻訳

まず、戯曲の翻訳状況を整理しておこう。

中国の書物に最初にシェイクスピアの名が現れるのは、現在わかっている限りでは一八四四年のことである。その後も、外国人キリスト教伝道師などの書籍に、シェイクスピアの名が断片的に現れる。しかしこれらは、単にシェイクスピアの名前などを簡単に伝えたに過ぎなかった。シェイクスピア作品の具体的内容が中国に伝わったのは、二〇世紀に入ってからである。

中国で最初に『オセロ』の内容が伝わったのは、一九〇四年刊行の林紓《りんじょ》（LIN Shu）・魏易《ぎえき》（WEI Yi）訳『吟辺燕語《ぎんぺんえんご》』（商務印書館）である。これはラム『シェイクスピア物語』の文語による全訳で、『オセロ』の物語は「黒瞀《こくぼう》」の題で収録されている。〝瞀〟とは精神錯乱の意味である。『吟辺燕語』は中国で広く読まれ、何度も版を重ね、中国でのシェイクスピア受容に大きな役割を果たした。『吟辺燕語』収録の二〇編はすべて文明戯で脚色上演されている。文明戯とは、辛亥革命直後の上海を中心に栄えた、伝統演劇と現代演劇（話劇）の中間形態で早期話劇とも呼ばれ、演劇史的には日本の新派に相当する。

このあと、完全な中国語訳の出現はかなり遅れる。一九三六年梁実《りょうじつ》秋《しゅう》（LIANG Shiqiu）訳『奥賽羅』（商務印書館）がその最初である。続いて一九四六年に曹未風《そうびふう》（CAO Weifeng）訳『奥賽羅』（上海文化合作公司）、一九四七年に朱生豪《しゅせいごう》（ZHU Shenghao）訳『奥瑟羅』（世界書局、『莎士比亜戯劇全集』の一部）が刊行されている。朱生豪訳は今日でも中国で広く読まれている訳である。

中国では長い間『オセロ』の訳はこの三種類であったが、文化大革命終結後は、一九八〇年に方平《ほうへい》（FANG Ping）訳『奥瑟羅』（上海訳文出版社）が出版された。その後の『オセロ』訳には以下のものがある。

一九八八年　卞之琳《べんしりん》（BIAN Zhilin）訳『威尼斯摩尔人奥瑟羅悲劇』人民文学出版社

二〇一二年　孫大雨《そんだいう》（SUN Dayu）訳『奥瑟羅』　上海訳文出版社

二〇一五年　辜正坤《こせいこん》（GU Zhengkun）・許淵沖《きょえんちゅう》（XU Yuanchong）訳『奥瑟羅』　外語教学与研究出版社

二〇一七年　彭鈺翎《ほうぎょくれい》（PENG Yuling）訳『奥瑟羅』中国宇航出版社

『オセロ』の中国語訳は八種ということになる。私の調査では、『ハムレット』の中国語訳は一三種、『ロミオとジュリエット』は一一種である。中国では、『オセロ』中国語訳のタイトルは『奥賽羅』と『奥瑟羅』が並列しており、まだ統一されていない。

二❖春柳社『春夢』と『黒将軍』

次に、中国での『オセロ』上演をみていきたい。

シェイクスピア作品は中国で、まず学校演劇として上演された。その最初は、現在わかっている限りでは、一八九六年七月一八日、セント・ジョーンズ書院（約翰書院）夏学期修了式で『ヴェニスの商人』法廷の場を英語で上演したものである。[1] このあと、学校演劇や文明戯と呼ばれる演劇で、『ヴェニスの商人』が『女律師』『肉券』などの題名で上演された。これらは、シェイクスピア『ヴェニスの商人』に基づいたのではなく、『吟辺燕語』の脚色であった。清末から中華民国期にかけての中国では、『ヴェニスの商人』が最も人気のある演目だった。

記録に残っている中国で最初の『オセロ』上演は、一九一五年四月三日の（後期）春柳社による上演である。この春柳社は、一九〇六年秋に東京在住の中国人留学生が創立した演劇を主とした芸術団体である（前期）春柳社の系譜を引く劇団である。前期春柳社は一九〇七年に林訳小説の『茶花女』『黒奴籲天録《こくどゆてんろく》』を上演し、中国話劇を誕生させた劇団として知られている。前期春柳社が誕生した当時の日本は、新派の全盛期であると同時に、日本新劇の祖である文芸協会も積極的に活動していた。前期春柳社は日本新派と文芸協会の双方から影響を受けている。前期春柳社公演の影響が中国に伝わって、文明戯（早期話劇）と呼ばれる伝統演劇と話劇の中間的な演劇形態が成立した。話劇は会話とそれに基づく身体動作で構成される演劇で、中国にはそれまで存在していなかった。[2]

辛亥革命後、前期春柳社メンバーは相次いで帰国し、一九一二年には新劇同志会を結成し、地方での活動を経て一九一四年四月からは上海で活動した。新劇同志会は形式上は前期春柳社とは別団体だが、中心メンバーは前期春柳社の後継者をもって任じ劇場名も春柳劇場としたので、新劇同志会は一般には後期春柳社とされ、今日では前期と一体のものとして扱われている。

春柳社『オセロ』上演は、『春夢』という題目であった。『申報』（一九一五年四月三日付）掲載の『春夢』上演広告にはこうある。（本論文での引用文訳文は特に断ったものを除いて瀬戸宏訳である）

> 世界名劇の一、春夢
>
> 春夢はイギリス・シェイクスピアの名著で、原名はオセロ（倭塞羅―訳者）である。劇中の哀感はたいへんに色鮮やかで、その優れているさまは他と同じでは無い。有名人の名作であり、その名に偽りは無い。ここに陸君鏡若の翻訳脚色を経て、その名を春夢とする。その中の叙述はぼんやりとし、春の花が絢爛と咲き、夢幻のようで、劇を観ると身をもって体験したかのようである。そして描写の巧みさ、筋の曲折の面白さは、さらに人を不思議な気持ちにさせるのである。

この劇のあらすじは、鄭正秋《ていせいしゅう》（ZHENG Zhengqiu）が一九一九年に出版した『新劇考証』（中華図書集成公司）に収録されている。『新劇考証』では「シェイクスピアが編んだ名劇、五幕に分け、鏡若の訳編である」

との但し書きを添えて、題名を『オセロ』(倭塞羅)としている。鏡若とは、春柳社のリーダー陸鏡若《りくきょうじゃく》(LU Jingruo)である。陸鏡若は一九一五年に病没し、春柳社もそれに伴って解散していた。

『新劇考証』の記述のため、中国の代表的なシェイクスピア受容史研究である孟憲強《もうけんきょう》(MENG Xianqiang)『中国莎学簡史』(一九九四・東北師範大学出版社)などはこの公演名を『倭塞羅』としている。しかし新聞広告では公演名は『春夢』である。

『新劇考証』のあらすじによれば、この劇は物語を民国初年の中国に置き換え、人物名もオセロを鄔士南、デズデモーナを林恵華、イアゴーを尹亜民としている。鄔士南は母親が外国人で(母がどこの外国人かは明記されていない)、誤解から妻を殺してしまい、そのあと真相を知って後悔して自殺するなど、『オセロ』の基本的な内容は保たれている。この劇を脚色した陸鏡若は、やはり日本留学生であった。陸鏡若は坪内逍遙の文芸協会にも参加しており、『ハムレット』公演に参加するなど、シェイクスピアにも一定の素養があった。

残念ながら、この『春夢』は一回だけの上演に終わっており、成功とは言えなかったようである。数あるシェイクスピア作品の中からなぜ『オセロ』を選んだのかも語られておらず、劇評もなく、『春夢』についてのこれ以上の詳細な内容は、不明になっているのである。

このほか『中国莎学簡史』では、文明戯で『オセロ』が『黒将軍』の題名で上演されたと記している。笑舞台という一九一〇年代後半から一九二〇年代に活動していた劇場で上演されたというのであるが、その詳細は不明で後日を期したい。ただ、『ヴェニスの商人』の内容を上演した『肉券』をみても、文明戯のシェイクスピア劇上演は春柳社のような例外を除いて、シェイクスピアの原作に直接基づくのではなく、『吟辺燕語』各部分の脚色であることは、ほぼ間違いないであろう。

三 ❖ 国立劇専『黒将軍(奥賽羅)』

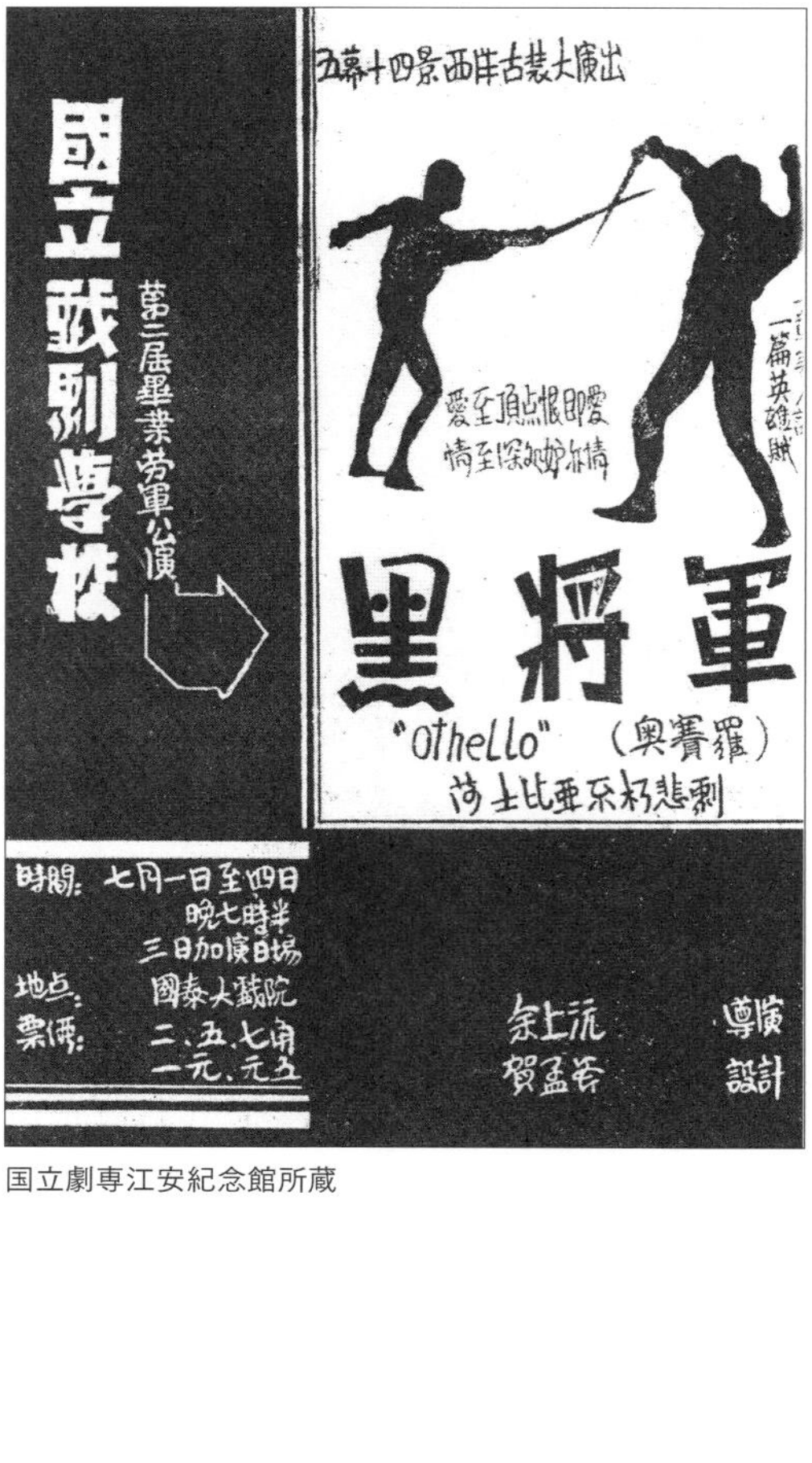

国立劇専江安紀念館所蔵

本稿の後に付した上演年表にあるように、中国での次の『オセロ』上演は一九三八年上演の国立劇専『黒将軍(奥賽羅)』である。この公演は、中国最初の本格的『オセロ』上演であった。

この国立劇専『黒将軍(奥賽羅)』について語る前に、まず上演主体の国立劇専(国立戯劇学校)についてその活動を確認しておこう。

国立劇専は、一九三五年から一九四九年まで中国に存在した実質的に中国初の国立演劇教育機関である。設立当初は後期中等教育機関の国立戯劇学校で、一九四〇年から高等教育機関（大専）の国立戯劇専科学校となった。今日では、国立劇専の名で記憶されており、本稿でも国立戯劇学校時代も含めて国立劇専と呼称することにする。国立劇専には一四年の歴史の中で千人あまりの学生が在籍し、その中からは後の中国演劇界、映画界の中心を担う人物も数多く育ち、その名を中国演劇、映画史に残している。

この学校は、もう一つ特徴があった。第一回、第二回卒業公演がシエイクスピア作品であったことに示されるように、演劇教育の中でシエイクスピアが重要な位置を占めていたのである。特に初期がそうである。抗日戦争全面勃発という開校時予期不能の状況のため、国立劇専のシェイクスピア上演は一四年で四回に留まったが、それでもシェイクスピアが散発的に上演されるに過ぎなかった民国期中国演劇界で四回という上演回数は群を抜いている。（数え方によっては五回になる。）

国立劇専の研究は、劇専が国民党と密接な関係にあったため、中華人民共和国建国後長期にわたって不可能であったが、文革終結後、閻《えん》折梧《せきご》（YAN Zhewu）編『中国現代話劇教育史稿』（一九八六・華東師範大学出版社）、《劇専十四年》編集小組編『劇専十四年』（一九九五・中国戯劇出版社）、李乃忱《りだいしん》（LI Naichen）『国立劇専史料集成』（二〇一三・中国戯劇出版社）などの資料集、回想録が刊行され、その全体像を知ることが可能になった。そのほか国立劇専自身が編んだ『国立戯劇学校一覧』もあり、『民国時期話劇雑誌彙編』（二〇一七・国家図書館出版社）に収録されている。

国立劇専は、一九三七年六月にその最初の卒業公演を『ヴェニスの商人』でおこなった。この公演については、私は別の場で詳しく述べたので、[3] ここでは繰り返さない。

『黒将軍（奥賽羅）』は国立劇専第二回卒業公演として行われた。一九三八年七月一日～四日の上演である。夜七時半開演で、三日は日場《マチネー》が付け加えられた。計五回の上演である。上演台本は梁実秋訳、演出は校長である余上沅《よじょうげん》（YU Shangyuan）である。この公演は、これまで『中国莎学簡史』などでは上演タイトルが『オセロ』（『奥賽羅』）とされていたが、『国立劇専史料集成』収録の上演プログラムによれば、題目は『黒将軍』で（奥賽羅）と副題が付けられていた。

この『オセロ』公演については、出演した学生が二編の回想録を残している。いずれも李乃忱編著『国立劇専史料集成』（二〇一三・中国戯劇出版社）に収録されている。貴重な資料であるので、その主要部分を紹介しよう。まず、後に著名な俳優となり中国青年芸術劇院副院長を務めた石羽《せきう》（SHI Yu）のものである。

――石羽「『オセロ』初演の回想」

その時は、抗日戦争の二年目である。国難のただ中で、生死存亡も定かではなかった。このような抗戦と関係ない劇を上演するのは適切だろうか、という議論をする人がいた。このため、私も少しためらった。しかし、私はプログラムに、余上沅先生が「『オセロ』の上演について」を自ら書き、校長と演出家として、率直に今回の上演の現実的役割と長期的意義を語っているのを読んで急に自分の愚かさを納得し、上演の確信が増し、終生忘れがたいものになったのである。

この短文の中で、彼はこう書いている。「抗戦が始まって以来、私たちの学校の演技課で用いる教材は、完全に抗戦の劇であった。一面からみると、もとより〝学ぶこと〟と〝用いること〟を一つにし、教育の本旨に合致している。しかし、教材が一方の面に偏りすぎているのを見ると、国の貴重な才能の一種の損失であるともいえる。従って、私たちは台児荘大勝利の時にあたって、シェイクスピア四大悲劇の一つ『オセロ』を上演し、それによって得られる収入を前線の兵士への慰問とすることを決定した。俳優は今期の卒業生が担当し、これによって彼らが学ぶべき授業の補いとするのである」（中略）

私は『オセロ』のなかで、主役のイアゴーを演じた。これは相当に深く複雑な、社会経験がたいへん豊かな陰謀家であり、シェイクスピア劇のなかで、典型人物の一人に属する。私の記憶では、『オセロ』をけいこする時、私たちはずっと静かで穏やかな研究と探索の雰囲気のなかにいた。演出家として、余上沅先生はシェイクスピア劇の特徴、風格をまず概括的に説明し、それから俳優ができるだけ自発的に演技するよう求め、そのあと一つ一つ直していった。彼は当時私を重要な位置に置いた。はじめ私はわからず、演出と対立した。しかし、劇全体がまとまると、突然明らかになり、人物の創造に成功した喜びを体験した。これは私を、演技だけではなく、人として、社会を理解するうえで大きく向上させた。また余上沅先生の演出芸術の巨大な魅力を理解した。

次は、公演でデズデモーナを担当し、後にやはり著名な俳優となった凌琯如のものである。

――**凌琯如「卒業公演『オセロ』の前後」**

私は学校に明らかな変化があるのを感じた。『オセロ』上演のために、学術探索の空気はより濃くなり、雰囲気のリズムもより速くなった。早朝には、フェンシングのけいこ、発声や歌、ダンスの練習、台詞の練習。たとえ夜であっても、宿舎の中にはまだあかあかと電気がついている部屋があり、うまずたゆまず役作りをしている人がいた。…このすべてが、私を大きく急かせ、創造の欲求はより強くなった。私は正面から追いついていこうと決心した。余先生の繰り返しての導きによる啓発、金淑之やそのほかのクラスメートの熱心な関心、さらに作曲家張定和《ちょうていわ》（ZHANG Dinghe）先生の音楽上の援助により、私がデズデモーナを創造するために有利な条件が増え、劇の進展はかなり速かった。（中略）

私たちのこの上演では、クラスメートが足りず、多くの端役はほとんどが第三期の学生が担当し、舞台の仕事や制作・楽屋業務も彼らが担当し、私たちの若い教員も積極的にこの仕事に参加したのだった。正式な上演は七月初めで、酷暑はすでに到来しており、山城の気候はさらに堪えられないほど蒸し暑かった。しかしオセロに扮した謝重開《しゃちょうかい》（XIE Chongkai）は、身体が大きくなかったので、衣装の下にさらに厚い綿入れを着込んでいた。オセロの英俊な将軍の風格を示すため、外側の服装もきつく縛ってあり、身体にぴったりついている様子であった。その時は冷房や氷などの暑さを消す設備はなく、また舞台の柔らかい背景に影響が出るのを恐れて、扇風機も使えなかった。この状況のもとで、彼は舞台でいつも雨のように汗を流し、彼が退場してきた瞬間に彼のために汗を拭き、お茶を送り、扇であおぐクラスメートがいた。それから彼はまた旋風のように舞台に歩んでいった。劇が終わった後、彼の厚い綿入れからたくさんの汗を絞り出すことができた。私たちの上演は厳粛でまじめであった。余上沅先生の各部門への要求はみな厳格で、いかなるミスもできなかった。舞台装置の転換の時も少しの物音も決して許されず、みな柔らかい底の靴をはくよう求められた。

この国立劇専『オセロ』公演は、戦争中という困難の中で、大きな成功を収めた。その意義は、第一回卒業公演の『ヴェニスの商人』に劣らないものであるといっても過言ではない。

四 ❖ 中華人民共和国での『オセロ』評

国立劇専『オセロ』公演のあと、中国での『オセロ』公演は長く途絶える。中国話劇（現代演劇）の主流である共産党系演劇は、中国の現実を直接反映する〝リアリズム演劇〟（現実主義戯劇）を重視し、シェイクスピアにはあまり関心を寄せなかった。抗日戦争中に中国共産党中央委員会が置かれた延安では、一九四〇年代初めの一時期に中国、外国の大型作品を上演する名作劇ブームが起きたが、そこでもシェイクスピア作品は上演されていない。この傾向は、一九四九年の中華人民共和国建国後の演劇界にもそのまま持ち込まれた。

中華人民共和国建国直後の一九五〇年代は、一方ではソ連に学べ、という気風が圧倒的な時代でもあった。ソ連では、もともとマルクスやエンゲルスが著作の中でシェイクスピアを高く評価していたこともあり、シェイクスピアの研究、上演は非常に盛んであった。

しかし、ソ連のシェイクスピア評価は西欧諸国と異なった面もあった。ソ連共産党の世界観は、歴史を進歩と保守あるいは反動の対立あるいは階級闘争の現れと捉えていた。それに基づきソ連では、シェイクスピアを一六～一七世紀イギリスという封建社会と資本主義社会の境界線にある時代の進歩勢力の代表とし、シェイクスピアは自己の理想を作品の中で描いている、とみなしていたのである。

一九五〇年代の中国では、モローゾフやアーニクストのシェイクスピア研究が翻訳出版されるなど、ソ連のシェイクスピア観が大量に注ぎ込まれた。一九五〇年代末からは中ソ対立が始まり、文化大革命期間中には中国とソ連は国交断絶寸前にまで至り、ソ連の文芸理論も修正主義文芸理論として強く批判されたが、ソ連シェイクスピア観の影響は中国社会の中で根強く残った。一九七六年に文化大革命が終結すると、一九五〇年代のシェイクスピア観が復活したが、それはソ連の影響を強く受けたものであった。ソ連シェイクスピア観の影響は、だいたいにおいて一九八〇年代いっぱい続いた。一九九〇年代以降、欧米留学生の帰国などで欧米のシェイクスピア観が流入し、一九九一年ソ連崩壊の影響などもあって、欧米シェイクスピア観の影響が中国でも主流になっていくが、ソ連文芸理論の影響は、大学教育など一部では今日まで残っている。一九八〇年代には何回か『オセロ』が上演されたが、その詳細は別の機会に譲りたい。

一九九三年に上海で上海国際シェイクスピア演劇祭が開催されたが、その論文集に収められた万瑩華《ばんえいか》（WAN Yinghua）「白昼の星座を仰ぎ見る〝ひまわり〟―デズデモーナ」(4)という論文の末尾は、次のように締めくくられている。

『オセロ』は、シェイクスピア四大悲劇の中で最も時代色彩と生活の息吹に富んだ戯曲であり、それはデズデモーナとオセロの愛情結婚の悲劇を通してあの一六世紀末、一七世紀初めの西洋封建社会と資本主義社会が入れ替わる歴史時代の新旧思想と人間関係の闘争の複雑性と残酷性を提示している。エンゲルスの言葉を用いると、それは〝ブルジョア階級のロマンチックな騎士の時代〟であり、ブルジョア階級は自己の〝ロマンチックな事績と愛情の幻想〟を持っている。デズデモーナはこの時代のヒューマニストの理想と愛情の幻想者である。だから、デズデモーナの悲劇は個性の悲劇であり、さらには歴史の悲劇、ヒューマニストの悲劇なのである。彼女の生命の火は消えたが、彼女の美は長く世に残っている。それは世の人々に、ある真理を告げている。愛情は人類の最も美しく崇高な感情であり、それは負けることがないのである。最後の勝利は真・善・美に属するのである。

ここから、ソ連文芸理論の影響をみることは容易であろう。ソ連文芸理論の影響は、ソ連崩壊後に書かれた論文にも現れているのである。

五 ❖ 上海人民芸術劇院『オセロ』（奥賽羅）

しかし、欧米のシェイクスピア観は中国にも流入してきた。それを反映した『オセロ』上演が、一九九三年九月の上海人民芸術劇院による『オセロ』上演である。

演出の雷国華《らいこくか》（LEI Guohua）は中央戯劇学院導演系を卒業後、南京・前線話劇団を経て一九八六年に上海人民芸術劇院勤務となった。演出作品に『真の男性を求めて』（沙葉新《さようしん》（SHA Yexin）作）などがある。一九九一年にはアメリカ・カリフォルニア州立大学で研修する機会を得た。「改編者：李容《りよう》（LI Rong）」とあるので、既訳をもとに李容が独自の上演台本を作ったようである。

上海人民芸術劇院『オセロ』上演にあたって、雷国華は次のように述べている。

シェイクスピアの演劇は、欧米では一種の伝統的な文化項目になっている。それは極めて専門的な演劇文化意識を備えたものではなく、深く人々の心に入る世界文化事典の中の項目知識になっている。人々はシェイクスピアを流行の貴族の宮廷芸術とみなすのではなく、平民化された娯楽の鑑賞文化とみなすのである。

この意義に基づいてシェイクスピアを理解すると、彼の喜劇は人々を喜ばせる世俗喜劇で、彼の悲劇はより広い面での寓言的な悲劇とみなすことができる――これは、私の解釈かもしれない。

しかし、シェイクスピアの演劇は一つの不変の固定した型ではないからこそ、彼の演劇は永遠の生命力をもっているのである。

『オセロ』はちょうどこのような寓言的悲劇である。戯曲の読解を通して、私たちは人類のある種の積年の病――嫉妬が誇大化してもう戻れない地歩に達する――を見いだすのである。なぜなら、イアゴーの嫉妬がオセロの嫉妬をあおり立てのだが、嫉妬の原因は世の中の不公平なのである。これが、この〝オセロ〟に私たちの現在の風格様式――強烈、驚きと現代精神を持たせるよう確定させたのである。

（上演プログラム「演出家の話」）

この「演出家の話」には、すでに〝階級闘争〟あるいは進歩と保守の対立の観点から『オセロ』を分析しようとする立場はみられない。『オセロ』の劇を進める矛盾の本質は、登場人物の人間性に求められているのである。

私はこの公演を観ているが、残念ながら成功とは思えなかった。劇評もほとんどなく、一般的な評価も高かったとは言えない。しかし、数少ない中国での『オセロ』公演として、ここで記録しておくに値するだろう。

六 ❖ 中国伝統演劇での『オセロ』

中国では一九八三年に京劇で『オセロ』を演じたという記録が残っている。この上演は、文化大革命終結後に中国伝統演劇がシェイクスピア作品を演じた最初とされているのだが、あまり成功しなかったようで、詳しい記録が残っていない。英語による上演とされる。

その後、中国伝統演劇では何度かシェイクスピア作品が演じられていくが、『オセロ』が選ばれることはなかった。

次に中国伝統演劇で『オセロ』が演じられるのは、二〇一四年に瀋陽師範大学戯劇芸術学院学生が京劇で『オセロ』を演じたものである。これは、瀋陽師範大学戯劇芸術学院教授で著名な演出家の王延松《おうえんしょう》[5]（WANG Yansong）が同大学京劇コースの教員・学生に演じさせたものである。

この『オセロ』はシェイクスピアの原作内容を忠実に京劇化したのではなく、原作の五幕の中から特徴的な部分を選んで三幕の劇に書き直したものであったという。しかも京劇のほかに太極拳の動作も加え、英語で上演したのであった。

第一幕「役柄の演技」は京劇の基本技術訓練を借りて劇中人物の性格を伝達し、第二幕「狡猾な共謀」では、太極拳の身振り、太極拳の攻防など型化した演技で、シェイクスピア原作の抜粋を表現した。第三幕「魂の黒い洞窟」では、型化し形而上的な叙述形式で二人の悲劇の主人公であるデズデモーナ、オセロの悲劇の結末を展開したという[6]。

演劇教育機関による上演で瀋陽での初演がどの程度の規模かもよくわからないのだが、特記すべきは、この『オセロ』が二〇一五年三月にロンドン・グローブ座で抜粋上演されたことである。これは、イギリスの演劇学校学生にシェイクスピア作品抜粋を演じさせる企画に参加したもので、前年の上演がグローブ座関係者の目を引き招かれたようである。世界の二二の演劇学校学生が参加した企画で、オセロとデズデモーナの対話の部分が演じられた。この上演はイギリスのメディアの関心を引き、その反響が中国にも伝えられた。

京劇、昆劇、越劇など中国伝統演劇（戯曲）がシェイクスピア作品を演じるのは、新作を演じることによって演技の幅を広げ、新しい演目創作に挑戦することで劇団に緊張感を持たせることが狙いであった。一方で、「世界名作」を上演すれば客が集まるのでは、という安易な姿勢があったことも否定できない。一九八〇年代の上演は、伝統演劇上演チームではシェイクスピアを上演しきれず、話劇の演出家を招いていた。話劇の演出家はシェイクスピア作品を基本的に原作通りに上演しようとするが、それでは伝統演劇の味が薄くなると同時に、伝統演劇のテンポでは一日の公演で作品全部を上演しきれず新たに脚色しなければならず、シェイクスピア上演としても不十分なものになってしまう。そのため、しばしばシェイクスピアの味か劇種の味か、という論争が起きていた。瀋陽師範大学『オセロ』上演は、『オセロ』を忠実に演じることを放棄したため、この弊害を免れたようである。

これは、新作能『マクベス』『オセロ』にも通じる上演姿勢だといえる。新作能『マクベス』も新作能『オセロ』も、上演作品の筋を通すことを追求せず、伝統的な能の様式に合致した夢幻能の形式を取っている。そのため能の上演様式とシェイクスピアの作品内容が矛盾せずうまく結合し、シェイクスピアの味かその劇種の味か、という論争や議論が起きないのである。

このほか台湾でも『オセロ』上演がおこなわれているが、それは付録の上演一覧に譲り、その詳細は別の機会に検討したい。

【注】

（1）鍾欣志《清末上海聖約翰大学演劇活動及其対中国現代劇場的歴史意義》（袁国興《清末民初新潮演劇研究》二〇一一収録・広東人民出版社）。

（2）瀬戸宏『中国話劇成立史研究』（二〇〇五・東方書店）参照。

（3）瀬戸宏『中国のシェイクスピア』（二〇一六・松本工房）第五章「国立劇専とシェイクスピア上演」参照。

（4）《一朶仰向白昼星座的〝向日葵〟—苔絲狄蒙娜》。

（5）この公演の報告に、以下のものがある。王嘉嘉《〝問渠哪得清如許、為有源頭活水来〟——〝東方扮演〟〈奥賽羅〉的台前幕後》（《新世紀劇壇》、苗瑞珉・張荔・張威《亮相倫敦——〝東方扮演〟〈奥賽羅〉片断参加薩姆・沃納梅克戯劇節的対談》。

（6）《瀋師用英語演繹京劇版〈奥賽羅〉》（《遼寧日報》二〇一五年六月三日）。筆者が見たのは新華網転載のもの。http://www.xinhuanet.com/local/2015-06/03/c_127871373.htm 二〇一八年七月二五日閲覧。

付・中国での『オセロ』上演年表

＊外国劇団の英語上演やオペラ、バレエでの上演は除く

―中華民国

一九一五年
陸鏡若編訳、春柳社、『春夢』（新民舞台）

一九一六年〜一九二九年
笑舞台『黒将軍』＊孟憲強『中国莎学簡史』より、詳細不明

一九三八年
梁実秋訳、余上沅演出、国立戯劇学校（国立劇専）、『黒将軍（奥賽羅）』（国泰大戯院）

―中華人民共和国

一九八三年
北京実験京劇団『奥瑟羅』＊英語上演、（劇場不明）

一九八四年
朱生豪訳、張珍玲演出、営口市話劇団、『奥瑟羅』（劇場不明）

一九八四年
周贏・梁泳演出、広東省話劇院、『奥賽羅』（劇場不明）

一九八六年
朱生豪訳、陳坪（陳薪伊）演出、中国鉄路文工団、『奥瑟羅』（二七劇場）、中国シェイクスピア演劇祭（北京地区）参加
方平訳、劉建平演出、上海戯劇学院、『奥瑟羅』（上海児童芸術劇場）、中国シェイクスピア演劇祭（上海地区）参加

一九八七年
山東芸術学院、『奥賽羅』（劇場不明）

一九九四年
雷国華演出、上海人民芸術劇院、『奥賽羅』（上海人民芸術劇院小劇場）

二〇一四年
京劇、『奥賽羅』＊瀋陽師範大学教員学生による英語上演（劇場不明）

―台湾

一九七八年
梁実秋訳、洪善群・林君城演出、中国文化学院戯劇系、『奥塞羅』（国立台湾芸術教育館）

二〇〇二年
魏瑛娟演出、創作社劇団、『瘋狂場景』（別名：莎士比亞悲劇簡餐、新舞台）＊リア王、ハムレット、オセロ、マクベスに基づくオムニバスドラマ

二〇〇八年
梁志民演出、『針鋒對決』（ゴドー劇場〈果陀劇場〉、高雄市文化中心至徳堂）

新作能《オセロ》における間狂言
―愛と嫉妬に隠された業因―

中尾　薫

はじめに

シェイクスピアを、日本の伝統芸能である能の要素を用いて上演する試みはこれまでにも様々なされてきた[1]。たとえば、こうした活動を、いわゆる異文化交流の文脈でとらえ、その意義を説く論説もある[2]。

いっぽうで、泉紀子氏がおこなってきた新作能×シェイクスピアの二作は、他ジャンルとの交流に力点が置かれた活動というわけではない。また、異なる文化と異なる文化をぶつけあい、融合された、なにか近未来的な文化を予感させるような作品というよりも、日本文化や古典的な日本思想でシェイクスピアを解読し、能の類型に当てはめるという側面がより濃く表れた作品であるように思われる。

泉紀子作、新作能《オセロ》は、多種多様な能の作品形式のなかでも、本説《ほんぜつ》の翻案方法としては特殊な、いわゆる「夢幻能」形式を利用することで、原作の時間軸をまったく放棄している。これは、泉氏の前作、新作能《マクベス》も同様であった。

主役のオセロはすでに死んで幽霊となっている。原作の最後にオセロによって、観客の面前で殺されるデズデモーナも、当然幽霊である。そして、二人の悲劇をたくみに誘引したイアーゴですら、幽霊として登場する。物語の時は、原作の時代から遠く隔たる時代―原作からすれば未来―に設定される。あの時、生きてドラマを彩っていたエミリア、ロダリーゴー、キャシオー、情婦ビアンカなど、そのほかの登場人物はもはやあとかたもなく消えている。

つまり、新作能《オセロ》は、オセロ、デズデモーナ、イアーゴの三人のみに焦点をあてた後日譚であり、物語の大部分が創作であることを、留意しておかなければならない。

そして、原作とは縁もゆかりもない吟遊詩人は、偶然にもこの幽霊たちと出会い、原作『オセロ』の物語を知る。さらには原作に明確に描かれていなかったような登場人物たちの深層心理を掘り下げることになるのである。

これは能の古典作品にもみられる本説の翻案方法をそのまま模倣したものと言えるが、この常套的な、一般的な「夢幻能」形式にあてはめて、新作能《オセロ》を考えたとき、少しく異質な存在が間狂言《あいきょうげん》イアーゴであるように思われる。

そもそも、明治期以降に制作・上演された「新作能[3]」において、間狂言は、異質であることが多い。新作能という創作活動が、いまだ充分な市民権を得ていなかった明治期において、能を新作するという行為について好意的な意見を持ち、自身もメーテルリンク『タンタジールの死』の翻案物である、新作能《鉄門》等を著した高浜虚子は、新作能における間狂言の有効性を、いち早く指摘したひとりである。「謡曲と新作[4]」において、虚子は、間狂言は能に比べて「比較的自由」で、これを借りて「現在の世相」や「作者の意図を表白」させることもでき、新作能においては「その他能楽の形式を守りながらも、此の間狂言を活躍させて、或点の変化を呼び起すことも出来ること丶思ふ」と述べている[5]。

以下では、初演から四演を重ねた新作能《オセロ》であるが、[6]主に本書第一章に掲載された底本に基づき、間狂言が作品に及ぼした効果について分析していく。また、シェイクスピア作『オセロ』（以下では「原作」と称することがある）の引用テキストは、泉紀子氏が創作において参照された福田恆存訳（新潮文庫）を用いている。

一 ❖ 操るもの、操られるもの

泉紀子氏の前作、新作能《マクベス》では、シテ「マクベス」が一人主役中心主義を貫き、マクベスをそのかし悪業へと導く三人の魔女（を集約した異形の者）とマクベス夫人の両者を、ともに間狂言として配置していた点が特徴的であった。ここには、操るものを狂言役者が、操られるものを能役者が演じるという構図が見出だせる。そして、この操るもの、操られるものの構造は、新作能《オセロ》においても顕在だったといえる。

主役オセロ（シテ）を宝生流の能役者・辰巳満次郎氏が演じたのは当然の処置として、オセロの妻デズデモーナ（ツレ）はすでに幽霊となっているが、やはり能役者の和久荘太郎氏が演じた。デズデモーナは、マクベス夫人とは異なり、いまだ夫への愛に一途で、曇りのない純真な心の持ち主として造形され、マクベス夫人のように、夫を意図的に、我が思うままに操ろうという強欲な意志とは無縁の存在である。そして、その二人を計略にかけ、密かに操る人物としてのイアーゴが間狂言に配され、狂言役者が演じている。初演では大蔵流の茂山千三郎氏、再演では和泉流の野村萬斎氏、三演では大蔵流の茂山逸平氏、四演では大蔵流の善竹富太郎氏である。

新作能《オセロ》におけるイアーゴが、人の心を操ることを自覚的におこなっている人物であることは、二回目の登場シーンの台詞「人の心を操るは、いかにも面白き事ぢや」に象徴的に表れているが、いっぽう、こうしたイアーゴ像は、原作のイアーゴをそのまま踏襲したものと言える。[7]シェイクスピア『オセロ』に関する諸論考において、イアーゴの狂言廻し的性格が指摘され、あるいは真の主人公はイアーゴであると説かれることもあるほど、その劇中の役割の大きさは、しばしば言及されてきている。

原作のイアーゴが操るのは、オセロとデズデモーナだけではない。自分を差し置いて副官に成り上がったキャシオー、それを任命した大将オセロ、イアーゴの妻エミリア、オセロの妻デズデモーナ、デズデモーナの父ブラバンショー、ロダリーゴー、キャシオーの情婦ビアンカと、『オセロ』の登場人物のほとんどが、次々とイアーゴの策略の渦のなかで翻弄されていく。そのため、イアーゴが物語の展開を「操る」人物であることは明白であり、諸論考の論点は、さらにそこから進めて、イアーゴの動機とは何なのか、その巧妙な策略と、そこに作用する偶然の要素の分析、はたまたイアーゴは悪魔（的）なのか人間（的）なのか、といった点に置かれてきたようである。

まずは、イアーゴの策略と、その動機に注目しながら、原作の前半を確認しておこう。

物語の冒頭では、イアーゴより先に副官に出世した友人キャシオーに対する嫉妬がうまれたこと、あるいは男の（武将としての）プライドが破壊させられたことによって、キャシオーを副官に任命した大将オセロに、その憎みの矛先がむいていることが明かされる（一幕一場）。

イアーゴが、キャシオー昇進に対して不快感を持っていることを打ち明けられたロダリーゴーも、最終的には、オセロを貶《おとし》めるために、イアーゴが操るコマの一つとして利用される。そのロダリーゴーが恋していたデズデモーナは、偶然にも、オセロと密かに結婚の契約を交わしていた。それでデズデモーナも、もうひとつのコマとして選ばれ、そのためにデズデモーナの父ブラバンショーも振り回される。イアーゴの意図どおりに、ブラバンショーは、父親としての自然な反応として、娘の結婚をとめようと騒ぎを起こすのである。

さて、やがてヴェニス大使をも巻き込んだ結婚の騒動によって、逆にオセロの寛大な性格が強調されることとなる。結局、ブラバンショーは、娘の奪還に失敗し、デズデモーナとの訣別は決定的となり、逆に、デズデモーナのオセロに対する愛が強化することは成功するのである。デズデモーナのオセロへの愛が、強くなれば強くなるほど、イアーゴの計略は効果を増すことになる。もともと戦場や軍人に憧れがあったように描かれているデズデモーナを、[8]トルコ軍を制圧するために向かったキプロス島という男の戦場に誘引するのには充分であった。

キプロス島において、イアーゴの策略は本格的に実行に移される。デズデモーナは、大将の妻として、オセロの安否を心配するが（二幕一場）、優男で如才のないキャシオーが、イアーゴの前でイアーゴの妻エミリアに挨拶の接吻をしたのをきっかけに、イアーゴの女性に対する冗談まじりの悪口がはじまり、それに対してデズデモーナはイアーゴに対して嫌悪感を露わにする。これによってキャシオーの株は反比例してあがるのである。

その後、キャシオーとモンターノとの喧嘩騒ぎが仕組まれ、イアーゴは自身が誠実な男であるとオセロに印象づかせることに成功する。この事件以後、デズデモーナがたびたびオセロにキャシオーへの怒りを解くように勧める行動は、オセロの嫉妬心を生み出すために重要である。これも、デズデモーナの性格とオセロとの関係性を見透かしたイアーゴの操作と考えて良いことは、次のイアーゴの独白から明らかであろう。

> さてと、おれの役割はさしずめ悪党のそれだとおっしゃるなら、そういうお方はどこのどなたかね？……（中略）…しかも、ムーアは完全にその掌中にある、たとえ洗礼を取消し、罪の贖《あがな》いなどという信仰を一切合財捨ててしまえと言われようと、すっかりあの女の虜《とりこ》になっている奴のことだ、女にしてみれば、こうしろ、ああするなと思いのままに操《あやつ》れる、言ってみれば、神のごとく自分の意思を、あの呆《ほう》けた魂の上に乗り移らせることが出来る。それなら、どうしておれが悪党なのだ、キャシオーにすすめて、いずれは奴のためにもだめにもなる特効薬を一服持ってやっただけではないか？
>
> （二幕三場、七四頁）

その後、デズデモーナのオセロからの贈り物である「イチゴの刺繍のあるハンカチ」を利用し、偶然の幸運にも恵まれて「動かぬ証拠」はでっち上げられていく。

こうした、イアーゴの手管はその都度、観客に独白という形で明かされる。デズデモーナは、もともと誠実で「気のいい」「素直な」性格であり、また、オセロがデズデモーナの「虜になっている」ことをイアーゴは見抜いている。それぞれが、それぞれの性格が導くまま、自然な行動を起こし、それは結果的にイアーゴの期待すべき反応と、見事に一致していく。イアーゴは、少し背中を押しているだけである。それは「特効薬」とも「毒」とも表現されている。[9] その内実は、イアーゴのつむぐ言葉の効力であるかもしれないし、[10]「強烈な妄想」、あるいは「嫉妬」なのかもしれない。

いずれにせよ、デズデモーナがオセロを「操れる」と確信するイアーゴは、確かに、あらゆる人のこころは「意のままに操れる」ことが可能であると信じ、そのように行動する男として、原作に描かれている。

そうしたささやかながら、効果絶大な様々な仕掛けと、いくつかの偶然の力によって、人のこころを操るイアーゴの策略の巧妙さ、見事に操られる人物たちの有様が、舞台の進行とともに繰り広げられる。観客は、こうしたある種の「ケレン味」を楽しみ、それが原作『オセロ』の面白味のひとつと言ってよいだろう。

操る人物という要素は、新作能《オセロ》独自に作られた設定ではない。問題の焦点は、なぜこれを間狂言に配したのかということになるだろう。

二 ❖ イアーゴは「能」の世界に制約されているのか

新作能《オセロ》において、この操るものとしてのイアーゴは、冒頭から登場する。狂言の登場から始まる形式は、古典能においても例がある。そのセリフは以下のようになっている。

【一段】アイ「そもそもこれは比類なき誠実な男、イアーゴ様。あまたの戦に命を賭け、東奔西走して手柄を立て、オセロ将軍に忠義を尽くしてきた、しかるにあのオセロの奴め、ムーア人のくせに、ムーア人のくせに、この俺様を下つ端に追ひやつたまま、副官の地位を別の男に与へやつた、なんたる理不尽、されば、ひそかに復讐を企み、地獄と闇夜の力を借りて、この企みに日の目を見せてやつたわ、手前の心は手前のためにとつておく、猫かぶりの忠義面で、オセロと妻のデズデモーナに罠をしかけた、人の心を罠にかくるは何ともたやすい事ぢや、まことに嫉妬にまさる毒薬はなし、廻れ廻れ、毒よ廻れ、人の表しか見ぬ阿呆の心に、毒よ廻つて燃え上がれ、毒よ廻つて燃え上がれ。

古典能の慣例を知っているものならば、イアーゴの能面「俊寛」(初演)、「平太《へいだ》」(二演)「真角《しんかく》」(三演)・白頭という能役者のような出で立ちとは裏腹に、明らかに狂言役者による台詞まわしに、少し違和感を覚えるかもしれない。しかし、能をそれほど知らずシェイクスピア『オセロ』を熟知するものは「そもそもこれは」から「なんたる理不尽」までのセリフを聞いても、大きな違和感を覚えなかったかもしれない。まるで、原作通りの時間経過で、これからイアーゴの策略が繰り広げられると、一瞬思わせるからである。

しかし、その後の「ひそかに復讐を企み、地獄と闇夜の力を借りて、この企みに日の目を見せてやつたわ」という過去形となったセリフあたりから、新作能《オセロ》において、こうしたイアーゴのし掛けた罠は、すべて過去のものとなっていることに、徐々に気づいていくだろう。

その意味で、イアーゴの原作の魅力は、能の世界では充分に発揮できないかのようである。つまり、イアーゴ論を展開したブラッドリー[11]の表現を借りると、「イアーゴの人間性に対する洞察力、その人間性に働きかける巧妙さと手際、突然の難局や思いがけぬ機会を操る敏捷さと融通性」といった、原作におけるイアーゴの傑出した悪事の資質や、その手練の見事さは、現在進行形のシーンとして演じられないため、詳細に知ることができないからである。

「はじめに」でもふれたように、登場人物は極端に省略されている。デズデモーナ以外の、そのほかの登場人物は、オセロの口からもイアーゴの口からも、まったくと言ってよいほど、その存在が仄めかされることはない。

唯一、先に引用した冒頭のイアーゴの台詞に「副官の地位を別の男に与えやつた」と、キャシオーのことに触れられるが、「別の男」と名前は伏せられ、キャシオーに対するイアーゴの嫉妬や、それによって仕組まれる情婦ビアンカの一件について語られることはない。キャシオーの、原作のような存在感は、意図的に消されているといえる。これは、登場人物を極端に省略するという能にならったため、という見方もできる。

では、能の形式にすることがあだとなって、イアーゴが人を操っていく手練の見事さを見せるという、原作の醍醐味の一つが失われたか、というとそうとも言えないだろう。死者の成仏を妨げる執心の因果としての過去の物語が、シテによって現在の舞台に再現され、それなりの臨場感を生み出す構成法は、「夢幻能」でも可能である。

泉紀子氏の前作、新作能《マクベス》においても、前場で城守の老人が知る伝説として、マクベスの物語が簡潔に語られ、後場では修羅道におちたマクベスの霊によって、王ダンカンを暗殺し、猜疑心を抑えることができず、友をも殺すという一連の場面は、仕方語り風に再現され（「クリ・サシ・クセ」の段）、原作と遜色ない臨場感を出すことに成功していたように思われる。新作能《オセロ》にあっても、たとえば、オセロの幽霊の口から、信頼していた部下に騙された一部始終を、臨場感たっぷりに語らせることも可能ではあった。しかし、新作能《オセロ》は、意図的に、その手法を取ってはいないようである。

シテのオセロは、まるでイアーゴの存在を忘れたかのように、彼について、多くを語らない。オセロの霊は前場では、かつてオセロと、その美しい妻が、「邪なる企みにあひ」哀れな最後を遂げた古城で、一年に一夜だけ咲く花の花守として登場する。[12]「邪なる企み」とはイアーゴの策略のことであろう。しかし、その具体的な過去の事実については、それ以上のことは語らず、今現在咲いている、月に照らされた一夜限りの白い花に話題は逸れていく。

後場においても、イアーゴの仕掛けた罠を彷彿とさせる言葉は、将軍オセロの霊の登場後の地謡、

地へ我も昔は男山、さかゆく時も有りけるに、偽りを信じ誠を疑ひ、瞋恚《しんに》の炎に身を焦がし

の「偽りを信じ誠を疑ひ」のたった一言に、間接的にイアーゴの一連

の悪巧みを想像させるに過ぎない。

このように、原作では劇中の大部分を占める、イアーゴの策略の巧妙さ、見事に操られる人物たちの有様は、新作能《オセロ》の詞章のうえではそぎ落とされている。特に冒頭の登場シーンでは、イアーゴのおかした罪は、自分以外のものを昇進させたことへの復讐のため、「猫かぶりの忠義面で、オセロと妻のデズデモーナに罠をしかけ」、嫉妬という毒をもってやったと短くまとめられており、大きな存在を発揮することは難しそうにみえる。ところが、実際の舞台では、イアーゴは強烈な存在感を放っていた。それは、この世のものとは思えない、異様な扮装とともに、狂言役者の語りという演技に、原作の膨大なイアーゴの悪事の数々が濃厚に凝縮されていたためでもあるだろう。

三 ❖ 間狂言イアーゴの地獄堕ち

しかし、イアーゴの存在の異質さと存在感の大きさに観客が決定的に気付くのは、次なるイアーゴの出番からであろう。一年に一度だけデズデモーナの命日に咲く花の花守として登場したオセロの霊の中入り後である。間狂言の役者にとっては見せ場になろう。

【六段】アイ「はははは、毒がまだ効いていると見える、我が妻、いまだ我を許さずだと、花、いまだ我を許さずだと、また一年だと、花はそもそもうつろふものぞ、いづれの花か散らで残る、あのムーア人はいまだに物の表《うはべ》しか見ぬ、人の心を操るは、いかにも面白き事ぢや、オセロには、「デズデモーナ様の心は他の男にござる、それ、その証拠に、あなた様が与へた母御の形見の大事な扇を、その男が持つておりまする」と申して嫉妬に狂はせてやつた、実は身どもが盗ませておいた、デズデモーナには（扇を背中に隠しつつ）「大切な扇は必ず見つかりませうとも、誤解も解けて忽ちにオセロ将軍の御心もおさまりませうとも、さりながら、扇は秋には棄てられるもの、男の心はうつろふもの」と不安を煽つた。苦しみ抜いたオセロはつひに妻を殺し、自らも死んで果てた、はははは、良い気味、良い気味、イアーゴ様の罠のなんと見事なことよ、

ここでは、「人の心を操るは、いかにも面白き事ぢや」と、いまだ「操る人」であることを至福とする原作通りのイアーゴ像が継続している。そして、イアーゴの巧みな策略として著名なハンカチーフの場面が、能において違和感なく扱うことが可能で、和漢の古典において男女の心を確かめるために用いられる扇（再び「逢う」義と音通する）に置き換えられ、簡潔ながらもユーモアたっぷりに再現される。まさにハンカチーフの喜劇である。[13]

ここまでの間狂言は、原作とはある意味乖離した展開をみせる（特に前場の）能の世界と、原作のイメージを結ぶ役割を果たしている、とも言えるだろう。ところが、このあとイアーゴは新作能らしい逸脱をみせることになる。

ところがいかなること、いつのまにやら手前自ら罠の深みにはまり、今は地獄に堕ちている、なんといふ皮肉、なんと恐ろしき神の企

み、皆の衆、御用心御用心、
〽廻れ廻れ毒よ廻れ、人の心に硫黄のごとく毒よ廻れ、廻れ廻れ、
毒よ廻れ
「ははははは（退場）

とイアーゴ自身が地獄に堕ちている身であることが明かされるのである。簡潔ながらも、新たに創作されたイアーゴの後日譚である。なぜこのような設定が追加されたのか、ここに間狂言イアーゴの役割に関する鍵があるだろう。

　イアーゴは人間ではなく霊という設定で、オセロ・デズデモーナも、何者かに「操られて」死に至ったという経験をすでに経た死者―霊―として登場する。繰り返すが、すべては過去の物語なのである。

　そして、これも繰り返しになるが、この設定は、能のうち「複式夢幻能」の形式や、シテ中心主義の典型に当てはめるという創作の方針に制限された結果の不可抗力ではない。一般的に、間狂言は、生きた人間で、神など一部の例外はあるが、ワキと会話を交わす。その役割は、ワキがシテと交渉をもつことに手助けとなるような事柄、情報を提供するというものだ。

　しかし、新作能《オセロ》の間狂言は、ワキはおろか、シテとも一切、言葉を交わさない。オセロとデズデモーナの悲劇を操ったのは自分であるという自覚だけが、唯一の接点なのである。

　この古典能の類型を逸脱して創作されたイアーゴの姿をもう少しひもといてみよう。オセロが「いまだに物の表《うはべ》しか」観ることができないという妄執の中にいるのに対し、まるでそれを達成した人物であるかのように振る舞い、言葉を発していたイアーゴが、実は「自ら罠の深みにはまり」地獄に堕ちているという。「廻れ廻れ毒よ廻れ、人の心に硫黄のごとく」というのは、みずから仕掛けたオセロやデズデモーナへのさらなる呪いでもあり、我が身への自嘲でもあるだろう。

　では「自ら」の「罠の深み」とは何だろうか。「罠」とは、無論本来は持つ必然性がない「嫉妬心」の原因をでっち上げ、オセロにそれを植え付けたということだろう。それなら、イアーゴも嫉妬心の深みにはまっているということになる。イアーゴの嫉妬心とは新作能《オセロ》ではどのように解釈されているだろうか。原作においては、

ところで、ムーアだ、おれにとってはどうにも我慢のならぬ男だが、誠実で、情の深い、高潔な人柄、どう考えようと、デズデモーナにとっては、ほかに掛けがえのない亭主と言わねばなるまい。さて、このおれも御同様、あの女に惚れている、かならずしもあの道だけが目あてにあらず―いや、正直、いささかも疚《やま》しき心無しとは申しあげかねるが―それよりは、ともかく自分の恨みがはらしたいからだ。訳は大あり、どうやらあの色好みのムーアめ、おれ様専用の鞍《くら》にまんまと納まりこんだことがあるらしい。その姿をちらと思い浮べただけで、まるで毒でも飲まされ、腹わたが焼けただれるような苦しさだ。もうこうなったら、ほかに手はない、どうでも奴とあいこになって、女房の仇《あだ》は女房で返してやるだけの話さ。まあ、そうまで事がうまく運ばないとしてもだ、せめてムーアの奴を劇《はげ》しい嫉妬《しっと》の発作に追いこみ、七顛八倒《しちてんばっとう》、思慮分別ではどうにも逃《のが》れられぬようにしてやる。　（二幕一場、五六頁）

というセリフから、デズデモーナに恋心を抱いていたとか、[14] オセロと妻エミリアとの浮気を疑っていたという解釈もある。しかし、そういった要素は、新作能《オセロ》では描かれていないようである。

新作能《オセロ》における、イアーゴの動機は「この俺様を下つ端に追ひやつたまま、副官の地位を別の男に与へやつた」という軍人としての誇りを傷つけられたことへの復讐であると明確に示されている。

それは、確かに「ムーア人のくせに」大将になり、自分よりも美しい妻を持っていることへの嫉妬心であろう。[15]

イアーゴはその「罠」から抜け出せないでいる。一方、故意に作られたものとはいえ嫉妬心にかられ、最愛の妻を殺したオセロはどうであろうか。以下で見ていくように、オセロの場合はその嫉妬心とは違うステージにいるようである。

四 ❖ オセロの死後の世界に象徴されるもの

原作において、オセロがイアーゴの罠にはまったことを自覚する時は、すこぶる遅くやってくる。イアーゴの妻エミリアがすべてイアーゴの仕組んだことであると訴えても、オセロはイアーゴを滑稽なほど信頼しきっており、なかなかその言葉を信じようとしない。例のハンカチーフを、わざとキャシオーに拾わせたというトリックを明らかにして、初めてオセロは確かに、イアーゴに向かって、

オセロー　雷に打たれて死んでしまえ、この人非人《にんぴにん》！（イアーゴーに襲いかかるが、モンターノーに遮られる、その隙にイアーゴーが後ろからエミリアを刺して逃げる）　（五幕二場、一七二頁）

と怒りをあらわにする。しかし、その後、イアーゴに対する憤りは、驚くほどオセロの口から語られない。わずかに、再び役人に引き立てられたイアーゴが登場した後のやり取りに突発的な怒りが見てとれるのであるが、その場面によれば、

オセロー　足を見せろ、悪魔の爪《つめ》は割れているというが、作り話らしいな、貴様が悪魔なら、剣は通らぬはず。（イアーゴーに突きかかる）

ロードヴィーゴー　剣を取りあげろ。

イアーゴー　血は出ましたよ、将軍、が、死にはしない。

オセロー　口惜《くや》しいとも思わぬ、生かしておいたほうがいい。今のおれには、死はむしろしあわせなのだ。（五幕二場、一七五頁）

というもので、特に「死はむしろしあわせなのだ」という言葉から、オセロの心はすでに自死へ向いており、イアーゴへの憎しみのウェイトはそれに比べて急速に小さなものへと縮小されたと言わざるを得ないだろう。このすこし前にみえた一度目の狂気と錯乱に満ちた怒りの表出（「雷に打たれて死んでしまえ、この人非人!!」）のあと、もぎとられた剣のかわりに叔父上からの贈り物とおぼしき部屋にあった雪どけの冷たい流れで鍛えた「スペインの名刀」を探し出したのは、すでに自死を意識したもので、イアーゴへの復讐を果たすためではないことは、グ

レイシャーノを部屋に招いたあとの長セリフからもいえる。

そこで語られるのは、剣を手にして、かつてのオセロであれば、「この名剣に物をいわせ」、グレイシャーノなど「二十人、三十人、束になって来ようとも、そんな邪魔だては物の数では」なかったのだが、今は「刀はこうして持っているだけ」であるということ、そして、

> 旅の終りがすぐ目の前に、それ、私の目的地が、遠い船路の果てを告げる港の火が、すぐそこに。
>
> （五幕二場、一七四頁）

という、独り言と思われるセリフである。ここでいう「旅の終り」「私の目的地」が、オセロの死であることは明白である。「オセロはどこへ行けばよいのか？」という自問は、自らにふさわしい死に場所を探しているのと解され、その死に場所として自ら命を奪ったデズデモーナの傍らを選ぶのである。

> 冷たい、冷たい、デズデモーナ、おまえの肌は！　貞潔だったお前の心さながら、ああ、呪っても呪いきれぬ下司下郎！　おれに鞭《むち》をくれ、地獄の悪魔ども、そうしてこの清らかな姿の見えぬ地の果てまで追い出してくれ！　このおれを烈風に乗せて吹き飛ばしてくれ！　燃える硫黄《いおう》の山に焼けただらせ、火の海の底深く、まっしぐらに突き落とすがいい！　ああ、デズデモーナ！　死んでしまったのか、デズデモーナ！　死んでしまったか、ああ！　ああ！
>
> （五幕二場、一七四〜一七五頁）

そして、圧倒的なウェイトをしめるデズデモーナへの懺悔と後悔が、オセロの死を駆り立てる。この死を選ばざるを得なくなったことこそ悲劇としての『オセロ』を成立させるものであって、それまでのイアーゴの「操り」は、その長い伏線に過ぎないとも言えようか。新作能《オセロ》が死後の世界を描くのは、このオセロの死にこそ原作『オセロ』の醍醐味があるとの作者泉氏の判断によるのだろう。原作では、右の後悔の吐露のあと、役人に引き立てられたイアーゴがそこに登場し、オセロは、イアーゴに剣を向けるが、それは復讐や憎悪のためとはいえない。イアーゴが悪魔か人間かを確認するための冷静な行為なのである。

つまり、新作能《オセロ》のシテ・オセロが、先述のようにイアーゴの悪巧みへの恨みや怒りといった感情をまったく吐露しないのは、シテ中心主義の典型に当てはめるための形式的な削除や省略ではなく、原作のオセロの心象と合致するものと考えられる。実際、前場の花守の老人は、昔語りもそこそこに、月明かりに照らされて咲く白い花が最大の関心事であった。後場において、本来の姿を現したオセロの霊もまた、口にするのは「つひに妻の命を奪ひしこと」「この身も我が名も落ち果てて」「我からなれど口惜しや」「呵責の思ひ」「先立たぬ悔い」「我が身の許され、よもあらじ」という妻を死にいたらしめた自らへの激しい自責と後悔の念である。イアーゴの仕組んだ「嫉妬」の毒は、すでに解毒されている、と言ってよい。

そのため、オセロは「嫉妬心」という妄執にとらわれて地獄におちている訳でも、人（デズデモーナ）を殺した罪で修羅道に落ちた訳でもない。デズデモーナの霊が語るごとく「煩悩の苦界」から離れること

ができず、成仏できないのである。オセロが落ちているのは、「地獄の炎に焼かれ、羅刹の刃に貫かれんとも」とある通り、地獄であり（「羅刹」は、地獄の獄卒）修羅道ではない。ちなみに、この「地獄」におちている点は、原文の、

ああ、ふしあわせな女！　その下着のように蒼《あお》ざめて！　最後の審判の日が来て、ふたたびお前に出会うとき、その顔を見ただけで、おれの魂はたちまち天から投げ出され、地獄の鬼どもに食いちぎられるであろう。　（五幕二場、一七四頁）

を想起させる。と言うより、「地獄の鬼どもに食いちぎられる」という情景が、そのまま日本的な地獄の概念や地獄図を容易に想像させる言葉なのである。

　オセロは死後ですら、デズデモーナに再び会うことへの拒否感を、つまりいまだに顔向けできないほど後悔の念に恥じ入っている。新作能《オセロ》において、オセロの霊は、デズデモーナの霊の到来に気付くことなく、もちろんその救済の心を受け止めることはできない。そのことを象徴的に現したのが、印象的で長大な太鼓のキザミの響くなかでの美しい相舞で、両者が悲しいすれ違いをみせるのは、この部分を舞踊的に表現した場面なのである。

　いっぽう、原作において、オセロが死を決意したのは、妻への謝罪の意味だけではなさそうである。それについて、次のセリフが留意される。かつては「人も及ばぬ高潔の士」であったオセロがなぜ、この有様（デズデモーナを死にいたらしめたこと）になったのかというロードヴィーゴーの問いに対するオセロの答えである。

オセロー　いや、なんとでも。義のための人殺しとでもお呼びいただこうか、私の行いにはいささかの私怨《しえん》も含まれておりませぬ、すべては義によって行ったもの。　（五幕二場、一七六頁）

ここでいう「義」とは何だろうか。義といえば、五常の「仁・義・礼・智・信」のひとつをすぐさま思い浮かべるだろう。『日本国語大辞典』（小学館）によれば、それは「他人に対して守るべき正しい道。物事の道理にかなっていること。道義」であるが、この文脈ではいささか意味が通じにくい。ここの原文は、

An honourable murderer, if you will;
For nought I did in hate, but all in honour.

であり、福田恆存の訳するところの「義のための人殺し」は「An honourable murderer」、「すべては義によって行ったもの」は「all in honour」に該当し、すなわち「honour（名誉）」[16]がもっともふさわしいように思われる。[17]

オセロが、デズデモーナへ起こした行為によって自らの名誉が傷つけられたと強く感じていることは、「信頼を失ってしまった男が、今さら武人の体面を思い煩《わずら》ってみたところで、どうなるというのだ。おれにはもう何も要《い》らぬ。」（五幕二場、一七三頁）「そのかみの私は、痩腕《やせうで》ながらこの名剣に物いわせ、どこであろうと一押しに押し通ったものだ

…（中略）…ああ、その高言の空《むな》しさ！　誰がおのれの運命に打ち勝てようか？」（五幕二場、一七四頁）などに表れていよう。[18]

この命よりも名誉を重んじる軍人の姿は、古典能において、たとえば、《八島》に描かれる源義経のように、見事なまでに「日本的な」武士像に一致している。シェイクスピア『オセロ』は、能になるべくしてなる要素を確かに備えていると言える。

しかし、新作能《オセロ》においては、その名誉を傷つけられた武将としての修羅物的側面ではなく、

> 愛することを知らずして愛しすぎた男の身の上、めったに猜疑《さいぎ》に身を委《ゆだ》ねはせぬが、悪だくみにあって、すっかり取りみだしてしまった一人の男の物語。（五幕二場、一七八頁）

とオセロ自身が自嘲ぎみに総括した言葉のように、男女の仲に、よりフォーカスして、構成されていると考えられよう。

留意したいのは、このオセロの霊にはほとんど描かれていない軍人としての「名誉」へのこだわりが、間狂言には描かれているということである。イアーゴの冒頭のセリフ「あまたの戦に命を賭け、東奔西走して手柄を立て、オセロ将軍に忠義を尽くしてきた」がそれを示している。

おわりに

以上のように、これまで原作から抽出された要素、あらたに（作者の解釈により）付け加えられた要素を指摘しながら、間狂言の役割をよみとく鍵を抽出してきた。ではここでの目的である間狂言が作品に及ぼした効果を、どのように考えたらよいだろうか。

新作能《オセロ》において、シテ・オセロは原作の特にクライマックスのシーンに比重をおきつつも、その後日談を描き、デズデモーナへの自責の念というオセロの心情を強調していた。それは、一見、原作に対して「比較的自由」に構成されていると思わせるが、実は原作において書かれているものの、イアーゴの策略の見事さによって見えにくくなった悲劇の原因のひとつ—オセロの自分の行いへの強烈な後悔の念という要素をより重要視した結果であると言えるだろう。

それに対して、間狂言イアーゴは、一見、原作に比較的寄り添って描かれた部分が多く、原作の枠組みを保持させる役割を果たしていたと言える。一方で、イアーゴ自身も地獄におちているという逸脱を描いたことによって、この過去の物語が、嫉妬という毒によって名誉を傷つけられた武将たちの物語であることを、イアーゴ自身の過去の悪業への自覚という接点によって、シテ・オセロにもその名誉という要素が隠されていることを、淡く漂わせているのである。

後場に登場するオセロが、イアーゴとは異なる次元にいることを際立たせるという作用をもしていただろう。つまり、実はオセロの強烈な後悔の念の深層にあったと思われる、武将としてのあるまじき嫉妬という毒の作用によって、オセロは、愛する妻を信じることができず、殺害してしまった浅はかさに恥じ入る。男としてのプライドと武将としての名誉を傷つけてしまったという恥辱の念によって、妻を殺害するという人間として高潔ならざる行為を犯してしまったことへの後悔

の念という妄執からはなれることができず、オセロは彷徨っているのである。自死はその通過点に過ぎない。しかし、この人生の一点の曇りも受け入れることができないような高潔なオセロ像にせよ、信じてくれなかったオセロを、殺害後の後悔によって純粋に許すデズデモーナにせよ、妄執の世界にあって、神々しさを感じるほどの高潔さである。

新作能《オセロ》では、オセロ、デズデモーナ、イアーゴが三者三様の妄執により、別々の死後の世界に個々に漂う。この裸の心をむきだしにされた普遍的な愚かな人間の業を、間狂言イアーゴはもっとも愚かな形で際立たせ、オセロやデズデモーナの愚かさをも観客に忘れさせない効果を生み出していたのではないだろうか。

〔注〕

（1）たとえば、能の要素を取り入れた『オセロー』上演に限定しても、上田（宗片）邦義氏による英語能『Noh Othello』（『英語能オセロー』、一九八六）、『能・オセロー』（シテ：津村禮次郎、一九九二）、『ク・ナウカで夢幻能な『オセロー』』（宮城聡演出、二〇〇五）、りゅーとぴあ能楽堂シェイクスピアシリーズ『オセロー』（栗田芳宏構成、演出）、狂言、能楽囃子、オペラとのコラボレーションであった Theatre Project Si 第三弾公演『オセロ』（関根勝演出、二〇〇九）などがある。

（2）たとえば、平辰彦氏が「異文化プロダクションによるシェイクスピアの翻案と日本の伝統演劇」（秋田経済法科大学総合研究センター『教養・文化論集』二一一、二〇〇七・五）において、黒澤明の映画『蜘蛛巣城』、宗片邦義氏の英語能『能マクベス』、泉紀子氏の新作能『能マクベス』について「「オープン・ステージ」としての能舞台の空間が効果的に用いられ、〈グローバル〉なシェイクスピア劇の〈ドラマ〉と〈ローカル〉な日本の伝統芸能である〈能〉の様式が融合された〈グローカル〉ともいえる新しい異文化の融合された異文化演劇になっているのである」とまとめられるように、こうした能×シェイクスピアは異文化交流のコンテキストで読み解かれ、その意義を見いだされる例が多い。

（3）明治期以降に創作された能を「新作能」と呼ぶのが通例である。西野春雄「新作能の百年（2）」（『能楽研究』三〇、二〇〇六・六、二四八頁）。

（4）相原実筆記、間書「新作能と間」（『能楽全書 巻三』一九四二・創元社）。

（5）拙稿「新作能《マクベス》の間狂言 —古典的劇構成からの逸脱をめぐって—」（泉紀子編『新作能 マクベス』二〇一五・和泉書院）で既述。

（6）執筆時四演が決定しているが、装束は未決定である。初演二〇一三年一一月三日（於大阪府立大学）、再演二〇一五年四月二六日（於羽衣学園講堂）、三演二〇一六年一二月三日（於大江能楽堂）。

（7）Yoshida Kenji, Othello's nature and Iago's craft of deception, Southern review : studies in foreign language & literature(5): 6-19, 1990-12 において、オセロとイアーゴを"deceiver"と"deceived"と表現しているのも同様の解釈によるだろう。

（8）デズデモーナはオセロの戦語りに惚れ込んだ。

（9）中野春夫氏は、「解説「嫉妬」と呼ばれる「怪物」—シェイクスピア時代の心の病い」において、「その点、この劇の圧倒的な迫力は、まさしくイアーゴによる妄想の植え付け方にある。イアーゴはロダリーゴーに対しては理屈で説得するが、オセローには理屈らしい理屈をあまり語らない。『マクベス』の三人の魔女のように、この悪魔的な登場人物は恐るべき言葉の魔力によって、「緑色の目をした怪物」とか素裸で仲のいい男とベッドに横たわる妻」など、さらなる妄想を生んでしまうような視覚的イメージをオセローの中に徐々に刷り込んでいく。イアーゴはオセローの心を言葉によって視覚的に操り、ついには最愛の妻の殺害というおぞましく、そして痛ましい出来事へと駆り立てていく」（松岡和子訳『オセロー』二〇〇六・筑摩書房、二五九〜二六〇頁）とし、「妄想」と表現している。

（10）篠崎実「イアーゴの束縛――『オセロー』における反復の詩学と女性抑圧」（日本シェイクスピア協会創立五〇周年記念論集『シェイクスピアと演劇文化』二〇一二・研究社）。

（11）A・C・ブラットリー『シェイクスピア悲劇の研究』（鷲山第三郎訳、内田老鶴、一九五八・圃新社）。

（12）ワキ（吟遊詩人）の「長き年月花を守りたるとは、何の謂れの候か」に対する前シテの応答「そもそもこの城はベネチアの砦にて、夷狄と戦ひし将軍オセロと、その美しき妻の住み給ひし所なるが、邪なる企みにあひ、二人して哀れなる最期を遂げられて候、また夫婦の空しくなりて後、毎年その月その日の夜、ただ一夜ばかり白き花咲く、今宵咲きたるその花を、いかにも哀れと思し召し、心とどめて御覧ぜよ」による。

（13）小田島雄志『シェイクスピアの恋愛学』（二〇一〇・新日本出版社）。

（14）また夏目漱石は「此のハンカチフが後で大いに訳を演じる。さういつた小さい cicumstance（付帯状況）が元となつて事件が発展するなど必ずしも悪くはないが、chance（可能性）の少ないことを原因とするから、事がきはどくなる。小刀細工的になる」（『漱石全集　第十三巻』「『オセロ』評釈」）と述べている。

（15）注11に同じ。

（16）「[名誉] honor,《英》honour, adjective honest and fair, or deserving praise and respect an honourable person」（『ケンブリッジ英英辞典』）

（17）戸沢姑射訳（一九〇九・大日本図書）では「名誉」、菅野徳助訳（一九〇九・玄夢社）、坪内逍遙訳（一九一一・冨山房）では「名分」（以上『シェイクスピア翻訳文学書全集』参照）木下順二訳（一九五一・新潮社）では「正義」、小田島雄志訳（『シェイクスピア全集』Ⅰ、一九七三・白水社）では「名誉」、松岡和子訳（二〇〇六・筑摩書房）では「名誉」と訳されている。

（18）原作『オセロ』がオセロの武人としての名誉にまつわる悲劇であるという視点で読み解く論考として、河合祥一郎『ハムレットは太っていた！』（二〇〇一・白水社）、小田島雄志『シェイクスピアの恋愛学』（二〇一〇・新日本出版社）がある。

能装束　形とイメージ
― 新作能《オセロ》を中心に ―

荒木　泰恵

※文章中の装束の名称は全てゴシック体で表記する。

はじめに

舞台演劇は背景が使われるのが一般的だが、能では背景などは一切使わない。つまり、背景で明確な世界を示すことはせず、抽象的な世界として舞台が表現されているのである。さらに、能では登場人物の身分や性格、年齢や役柄などを表すのは、多少の小道具以外は、能面と装束によって行われてきた。このふたつによって、登場人物たちが具象化されていくと言っても過言ではない。

したがって、演能の際に使用される能装束には、演目ごとに、ある一定の決まり事があった。『風姿花伝』にはじまる各能楽書には、その時代ごとの演能時の様子、決まり事が記されている。それらの決まり事に添い、演目および描き出される人物像に合わせて、能装束は選ばれるわけである。

それは、近現代になって創作される新作能においても、大きく変わらない。装束という決まり事によって記号化が行われ、見る者に登場人物の性質を伝えるのである。

今回は、新作能《オセロ》で使用される能装束について、特に前シテ、後シテ、ツレ、アイを中心として、その形と、造形されるイメージを論じていく。また、先に演じられた新作能《マクベス》の装束と比較して、能装束から構築されていくイメージについて論じていきたい。さらに、図像学的見地から、象徴化された図像として、個々の登場人物の装束を見ながら、考察を加えていきたいと思う。

まずは、その基本となる能装束について、簡単に述べておく。

一 ❖ 能装束について

能で用いられる装束は、一般的な和装とはその様相を異にしている。言うなれば、現実とは異なる世界を表現するため、写実を排しているわけである。また能面、装束という少ない要素でもって登場人物を明瞭化するために、一目見て判別ができるように、様式化された形を使用している。

現在のような能の形式が完成したのは、江戸時代中期以降と考えられているが(1)、それ以前の形式はわずかな書物に記録が残っているのみである。能楽を完成させたと言われる世阿弥は、『風姿花伝』の中では装束に関する直接的な記載はないが、当時の各階層の装束を写すように説いている(2)。『申楽談儀《さるがくだんぎ》』の「一八　能の色どり」(3)に、わずかに装束に触れる項が見られ、ここでも同様に、型通り、当時の装束に沿ったものを用いるのが望ましいとある。天正年間後半（一五八二―一五九二）成立の『八帖花伝書』の中では、より明確に、**唐織**《からおり》など、現在も使用される能装束の名称があらわれる(4)。装束の構成の基本的な部分は、この頃に成立していたのではないかと推測できる。

だが、初期の装束観は徐々に変わり、華美なものへと変容していく。よって、江戸時代中期には、華やかな装束を意味する「能装束のように」という言葉が示すように、現行の華美な装束が一般的になっていくのである。

では、新作能《オセロ》ではどのような装束が使用されているのか。伝統的な能装束と照らし合わせて見れば、新作能《オセロ》の登場人物は、シテは修羅物、ツレは高貴な若い女性、アイは異形体の装束と類似している。次に、それぞれの伝統的な装束構成について、その特徴を述べていきたい。

修羅物の能装束

新作能《オセロ》のシテの装束について考えていくために、まずは修羅物における伝統的な前シテ、後シテの装束を見ていくこととする。

個々の装束について記録が残るものとしては、慶長元年（一五九六）に編纂されたとされる下間少進の『童舞集』(5)があげられる。《屋島》、《田村》、《兼平》、《頼政》などの修羅物の前シテは、総じて白衣に水衣《みずころも》とある。後シテは烏帽子《えぼし》（なしうち：以降、括弧内原文ママ）、鉢巻《はちまき》、頭巾《ずきん》などの頭部の小物はさまざまだが、装束に関しては法被《はっぴ》（右の肩ぬぐ）（一部では「また傍続《そばつぎ》（側次）」とある）、絆切《はんぎり》(6)と記されている。

また、慶長一二年（一六〇七）の年記を持つ『金春安照装束付　百十番本』(7)を見てみる。先にあげた修羅物の演目（《頼政》の記述はない）において、前シテは水衣とあり、後シテは法被（右肩を脱ぐ）、半切とある。また、同年に記された『金春安照装束付　百二十二番本』(8)では、前シテは白衣に水衣、法被（右肩を脱ぐ）、絆切、腰帯《こしおび》とある。

こうしてみると、前シテ（老人や童子）の装束として白衣に水衣、後シテ（武将の霊）の装束としては右肩を脱いだ法被に、半切、腰帯という、ある一定の形が、一六世紀末には完成していたと考えられる。

では、現行の修羅物では、どのような装束が使われているのか。流派によって多少の差異はあるが、《田村》では、前シテが童子であるため縫箔《ぬいはく》に水衣であるとする。その他の修羅物は、総じて尉面を用いるため、装束としては無地熨斗目《むじのしめ》を着流しとし、水衣をつけるとされる。後シテはいずれも厚板《あついた》に法被、半切を着けると記される(9)。

法被は、言うなれば武将の鎧を象徴したものであり、修羅物にかぎらず、勇壮な武将の姿を表現する際に使用される。

高貴な若い女性の能装束

新作能《オセロ》のツレである、デズデモーナの装束について考察するため、伝統的な高貴な若い女性の装束を見ていく。

前述の『童舞集』における高貴な女性を表現する例として、《楊貴妃》を見てみると、「大口《おおぐち》または紅袴《べにばかま》、小袖《こそで》つぼおる(10)。結構なる衣装、尤可然也(11)」とある。また、『金春安照装束付　百十番本』には、「大口。上着つぼをりて(12)」と、同本の《昭君》には「小袖つぼをり（ママ）、大口(13)」とある。同『百二十二番本』には、大口、小袖壺折るとある。ことに《楊貴妃》には腰帯という記述があり、また赤の大口もよい、とも記載されている(14)。

現行の能においては、高貴な若い女性を表現する際に、唐織壺折に緋《ひ》大口《おおぐち》を使用するのが一般的である(15)。だが、長絹《ちょうけん》に緋大口、唐織着流しなど、その女性の様子によって装束を変えていく。ことに若い女性の装束において、唐織など上着にあたるものには、紅入《いろいり》という華やかな色の入ったものを用いるのが、大きな特徴である。

唐織とは文字通り、中国から渡ってきた織物の技術を用いて作った、小袖状の着物のことをさす。能装束の中でも最も豪華で、織物技術としても優れている。**唐織**は室町時代には、上流階級の中でも一部の人しか身につけることができなかった、貴重なものである。その貴重な**唐織**を拝領し、能楽の中で使用されていった。能の舞台の上でも、現実世界においても、**唐織**を身に着けるということは、上流階級の人をイメージするものである。

異形体の能装束

新作能《オセロ》のアイであるイアーゴの霊の装束に関しては、その形から法体、もしくは異形体の装束に近い[16]。**縫箔**の上に、**水衣**というでたちで、いずれも普通の男ではなく、異形などの特殊な立場の物を表現するときに使う。

古典能の中に明確にイアーゴと性質の似通った例は見受けられない。イアーゴは悪事を働き、いまだ執心を残したまま、自ら犯した罪を悔やむことはない。陥れた相手たちを嘲笑いつつ、さまよう男の姿。そう考えると、鬼と化した男であり、異形体とみてよいだろう。

装束から見ても、将軍としての性格が強く、威厳のあるオセロの修羅物の装束と異なり、異形体の装束にはすでに、勇壮な兵士の面影はない。本来、武将や兵士としての性格が前に出てくるのであれば、**法被**などの装束を用いて示すのであろうが、ここでは全く使われないのである。

あえて本来持っていた兵士の性格を省き、異形体を用いて人物表現をすることは、新作能らしく、「人間の悪意」をわかりやすく造形しているようで興味深い。

以上、古典能の中で表現されるそれぞれの装束について見てきた。次に、実際に新作能《オセロ》の中で使用された装束について、「装束附」(165-166頁)を参考に見ていくこととする。

二❖新作能《オセロ》の装束

前シテ・花守

花守の男性として、ワキである吟遊詩人の前に現れ、昔を語る。初演は**熨斗目**、**水衣**に**腰帯**、**襷**《たすき》、**帽子**を着用している。二演では**厚板**、**狩衣**《かりぎぬ》に**腰帯**、**襷**、**帽子**である。三演では**厚板**、**狩衣**に**腰帯**、**帽子**を使用している。

ここで使用される装束(図1)は、**帽子**は浅黄《あさぎ》地や黄土《おうど》地、茶地の**水衣**や**狩衣**、**腰帯**も浅黄地や緑地など、いずれも淡色で、落ち着いた色彩を用いている。威厳や華やかさを省いた色彩を用いた装束、そこから導き出されるのは、鄙の地にある身分の低い老年の男性というイメージである。

そこには、後シテで現れるオセロの将軍としての威厳や、面影はなく、デズデモーナの化身のように咲く、白い花を守る老年の男という性格付けが見えるだけである。むしろ、将軍オセロとしての華やかさが片鱗も見えないところから、後シテとの対比がはっきりとし、面白味となっている。

後シテ・オセロの霊

後シテは、後半でワキである吟遊詩人の前に現れるオセロの亡霊である。策略に踊らされるままに愛妻を疑い、失い、それゆえに地獄に堕ち、死してなお苦しみ続ける「武将」として表現される。

初演時から三演時まで通して、**厚板**、**半切**、**法被**に**腰帯**、**鉢巻**を使用している。

ここで使用される装束（図2）は、**厚板**は赤と黒、**半切**には紺地、萌《もえ》黄《ぎ》地、**法被**は赤黒地か紺地、**腰帯**は黒地に赤が入ったもの、**鉢巻**は赤紫地のものである。**厚板**には黒や紺を用いつつも、差し色として赤（紅物）を用いて、暗色と赤との対比による鮮やかさを演出する。また、**法被**や**半切**には金襴を用いることで、華やかな印象を与える。

法被は右肩脱ぎにして、合戦姿として表現される。これらの装束から導き出されるのは、位の高い、戦の場に立っていた将軍、勇壮な武将としての男性像である。

先に述べた前シテの装束とは、まったく異なる装束であり、オセロの将軍としての性格付けやイメージというものが、明確に表現されているのである。

二演時は**半切**が柔らかい色であるが、総じて将軍オセロのイメージとしては、黒をイメージしているという[17]。初演・二演とホールで公演し、三演時で能楽堂での公演となった。

能楽堂には、ホールのようにライティングのないことを考慮し、将軍オセロの華やかさを表現するため、**半切**や**法被**に、華やかな金をあしらったものを用いた。こういった演能を行う場所による装束の変化は、現在のように、舞台の選択肢が多数存在するがゆえに出てきた現象であろう。場所による装束の選び方もまた、新たな発想の装束附の考え方と言えるであろう。

ツレ・デズデモーナの霊

オセロ夫人・デズデモーナの霊。無実でありながら、策略で命を失い、成仏することもできないままに、中有《ちゅうう》を彷徨う女性として描かれている。

初演時から三演時まで通して、**唐織**、**摺箔**《すりはく》、**半切**、絹担ぎ、**腰帯**、**鬘帯**を使用している。

ここで使用される装束（図3）は、いずれも白地のものである。**唐織**、**腰帯**には色鮮やかな花の刺繍が入る。**半切**には金で模様が入る。壺折に着つけた**唐織**に**大口**は、いわゆる高貴な女性の正装である。ここでは**半切**を使用しているが、同等のものである。

先にも少し述べたが、**唐織**とは**小袖**の一種である。能では特徴的な美麗な**唐織**を用いていることから、同様の織物の**小袖**を通称として**唐織**と呼ぶようになった。総模様で、おおむね風景や、花などの自然物を図案として用いているものが多い。女性全般に使用される。その図案に赤など華やかな色を用いているものを、紅物《いろもの》、色入《いろいり》といい、若い女性を表現する際に用いられる。対して、落ち着いた色調を用いたものを色無《いろなし》という。こちらは中年以降の女性に用いられる。

したがって、デズデモーナの装束からは、紅物を用いていることで若い女性、しかも着付けなどから位の高い若い女性の姿がイメージされる。また、全体的に白を用いることで、デズデモーナの魂の清浄さや清らかさ、幻想的な印象を与える。

アイ・イアーゴの霊

アイは、副官になれなかったことで、オセロを妬み、憎み、夫妻を策略で陥れたイアーゴの霊である。死しても、楽しげに事の顚末を語り、自らの犯した罪を気に病むこともなく、汚濁の中に在ることを楽しんでいる風情さえ感じられる。

初演から二演までは**縫箔**、**水衣**、**袴**《はかま》、**腰帯**で、三演目には**熨斗目**を担ぎで使用している。

ここで使用される装束（図4）は、**縫箔**は黒地や紺地、**水衣・袴**は黒地、**腰帯**も初演のみ赤地だが他は黒地である。二演目の**縫箔**、初演時の**腰帯**は鮮やかな印象を与えるものの、総じて黒が勝っている。

よって、ざんばらになった**白頭**《しろがしら》と相まって、昏い雰囲気をまとった老年の男の姿がイメージされる。

どす黒い妄執にまみれながら、嬉々として罪を語る自らに疑問を感じもしない、狂気さえ感じさせる男、「人間の悪意」のイメージである。

各登場人物の装束から、形とそこから生じてくるイメージを見ていくと、以上のようになる。装束の形としては、基本的にシテは修羅物の形を踏襲している。ツレは「若い高貴な女性」の形、**水衣**に**袴**というアイは「異形体」、つまり、かつては人間であったが、いまや「人間の悪意」を象徴するものが形作られている。

では次に、前作である新作能《マクベス》の装束と比較して、そのイメージについて見ていきたい。

三 ❖ 新作能《マクベス》の装束との比較

まず、新作能《マクベス》における個々の装束を簡単に述べていく。さらに、新作能《オセロ》のそれぞれの登場人物と比較していくこととする。

前シテ・城守と花守

古城の城守としてワキである僧の前に現れ、昔を語る。

装束（図5）は、**格子**《こうし》、**水衣**、**腰帯**、**唐帽子**《からぼうし》を使用している。**格子**は茶地、**水衣**は黒地を用い、**腰帯**も茶地というように、比較的暗く、落ち着いた雰囲気を作り出す。**唐帽子**は黒地に金を用いている。城守ということで、さほど身分は低くない老年の男のイメージである。

新作能《オセロ》で描かれるのは花守の男であるが、浅黄色や黄土色など、全体的に淡色を用いるため、城守よりも厳格さは感じられず、柔らかな印象を与える。

後シテ・マクベスの霊とオセロの霊

マクベスの霊として後半に現れ、往時の様子を語る。

装束（図6）は、**輪冠**《わかんむり》、**厚板**、**法被**、**半切**を使用している。**厚板**は紺地に金、**法被**は赤茶地に金、**半切**は紺地に金が入る。**法被**は両肩の端をあげる形で着用する。形としては修羅物の後シテ、武将の姿であり、冠をかぶり、装束に金を多用することで、位の高さを示している。

オセロの霊の表現とくらべれば、マクベスの霊は冠を被り、金を多用する装束を用いる。また、**法被**は右肩脱ぎとせず、両肩を上げる形で着付けることで、よりきらびやかで、一度は王にまで昇りつめた者の華やかで威厳に満ちた印象を与える。両者ともに何者かに操られ、愚行を犯し、修羅道に堕ちた者ではある。だが、いずれも有能な武人であるということは、この基本的な装束から伝わってくることであり、装束が作り出すイメージである。

また、マクベスもオセロも同様に苦悩を抱え、後悔の念が見えるが、マクベスは王の忠臣としてあったころの充実感や「王」となった栄華へ思いを残し、オセロは無実の罪で亡くなったデズデモーナへ思いを残している。

マクベスは「王」であり、オセロは「将軍」である。それぞれの元の地位や立場の違いを考えて装束を見ると、マクベスは王らしく華やかな装束に冠を被り、オセロは勇壮さが前面に押し出されている。このように、如実に違いが現れている。

装束から雄弁にイメージを語らせようとすることは、単純に記号化する伝統的な型にはまりきらないものであり、新作能らしい新たな試みを感じさせる部分である。

アイ・マクベス夫人の霊とデズデモーナの霊（ツレ）

マクベス夫人の霊であり、異形の者に操られるままに、マクベスを謀反に走らせる。自らの手が血に染まった幻に苦しみつつ、悔やむことはなく、ただただ血の匂いが落ちないことを嘆く。

装束（図7）は、**鬘帯**《かずらおび》、**摺箔**、**唐織**（担ぎ）、**腰巻**を使用する。**摺箔**は赤地に金、**腰巻**に使用する**縫箔**は黒地でモギ胴[18]とする。いわゆる、般若の形で表現される。一般的な般若との違いは、華やかな**唐織**を担ぐことで、元の位の高さを示すことである。

ここでは、新作能《オセロ》においてツレと表現される、デズデモーナの霊と比較する。マクベス夫人は地獄に堕ちつつも、いまだどす黒い欲望にまみれ、なお悔やむことはない。いかにも鬼女であるが、自分の欲望に対して忠実であるがゆえに、悪いことと思わずに、悪いことを行っているような不可思議な無邪気さがある。その子供のような邪気のなさと、欲望のどす黒さとが相棲む様子を、紅物と黒の組み合わせが示している。

鬼のイメージのマクベス夫人に対して、デズデモーナは清浄なイメージとなる。無実の罪に命を失いつつも、恨みの心はなく、悲しむように、憂うように、自分ではなくオセロの身を案じている。成仏することもできず、清らかな心を保ちつつ、彷徨う存在である。

能の世界で「白」は、神聖で品格のある色とされている[19]。その上さらに、デズデモーナの持つ花のような美しさと、心根の清浄さが、その「白」で示されていると言えよう。言うなれば、デズデモーナは装束から、穢れのない潔白さ、儚さと清らかな美しさを持つものとして、イメージできる。

デズデモーナとマクベス夫人は、まさに白と黒。その本質、性格が、装束に凝縮され、イメージとして伝わって来るのである。

アイ・異形の者とイアーゴの霊

異形の者として登場する。人の心の隙をつき、操り、悪心を起こさせる魔物のような存在。

装束（図8）は、**側次**もしくは**水衣**[20]、**厚板**、**腰帯**を使用している。**厚板**は茶地に金、浅黄地に金で文様が入ったものを着流しにし、写真では薄地の茶地の**水衣**を着付けている。身分の低い老体の形の変形と言えよう。ある意味、悪意の塊であり、性質としては鬼に近いが、怒りの感情がないためか、姿としては内に悪意を秘めた老人として表現されている。

新作能《オセロ》のアイであるイアーゴと比較してみる。

異形の者の方が悪意の塊であるにもかかわらず、人間ではないゆえか、悪意をも自然に楽しんでいるゆえか、ある種の軽やかさを感じる。「人間の悪意」の象徴ともいえる存在ではあるが、いまだ妬み、恨みという人としての暗さを明確に示すイアーゴの霊は、狂気の中で自ら仕掛けた謀事の結末を笑い、楽しんではいるものの、どこか重々しく、暗い。

異形の者とイアーゴ、その性質の違いが、それぞれの装束から感じられる。

物語の内容に差はあるものの、特に描き出される女性のイメージが、対照的である。装束から与えられるイメージによって、デズデモーナは白い花のように可憐で清らかな若い女性として、マクベス夫人はまさに狂乱した鬼女として描き出される。装束を見ただけでも、その差は明確である。

また、前シテの花守と城守、後シテのオセロとマクベスは、一見、修羅物のシテと類似点は多い。だが、前シテは鄙に住まう身分の低い老人と城を守るやや身分の高い老人、後シテは「将軍」と「王」という立場の差が、装束によって如実に示される。

イアーゴと異形の者も同様である。

このように、それぞれの人物像の明確なイメージが、装束によって作り上げられているのである。

おわりに

新作能《オセロ》の装束を見てきたが、そこには古典能の伝統的な一定の型を踏襲する一面と、新たな表現の試みが見て取れる。例えば、修羅物の後シテの武将としてのイメージのオセロ、高貴な若い女性像を象徴するデズデモーナというように、装束の形としては古典能以来の一定の型を踏襲する。

一定の型を用いた上で、新作能《オセロ》では、デズデモーナに薄い絹をかつがせた。それによって、全体的に白いベールに包まれているかのような、幻想的なイメージを与えている。これは新たな試みであり、見る者に視覚的作用を付加するものである。

また、古典能の型にはまらず、オセロは「黒」、デズデモーナは「白」というように、イメージカラーを使用している。さらには、色彩を対比させることで、そのイメージや性格付けを明確にしようという試みが見られる。

以上のように、新作能の装束の形とイメージについて見てきたが、登場人物のそれぞれの明確なイメージというものが、装束によって構築されている。

装束から、性格、年齢などを読み取ることができる、とは先に述べた。型にはめるべき部分は、古典能以来の型を踏襲し、それ以外の部分では新たな試みを導入し、装束によって、現代らしいイメージ化が行われている。こういったこともまた、新作能ならではの新たな試みと言えるであろう。

※今回の論考は初演～三演までの装束を参照して行った。

※今回、別頁にて使用した装束の写真は、シテ方宝生流辰巳家所蔵の装束をこの度新たに撮影させていただいた。また、舞台写真、および一部の装束の写真は、内田知巳氏、中川喜代治氏、藤原千沙氏の撮影による舞台撮影およびゲネプロ撮影の写真を使用させていただいた。

謝辞：シテ方宝生流辰巳家をはじめ、装束の撮影にご協力いただいた皆様に感謝申し上げます。

〔注〕

（1）三宅襄『能の扮装』（野上豊一郎編『総合新訂版能樂全書第四巻』一九七九・東京創元社）ほか、古くからの定説となっている。

（2）世阿弥『風姿花伝』（『日本古典文学大系六五　歌論集 能楽論集』一九六一・岩波書店）pp.349-350、「物学条々」の「序文」から「女」の項で、それぞれの登場人物の姿と現実の人間の姿とよく似せるよう説いている。装束には定まった方式があり、現実の装束に似せるよう記される。

（3）世阿弥『申楽談儀』（『日本古典文学大系六五　歌論集 能楽論集』前掲注2）pp.523-526

（4）『八帖花伝書』（『日本思想大系二三　古代中世芸術論』一九七三・岩波書店）pp.585-589、演目ごとの細かい能面と装束についての記載があるが、装束はごく一部のみである。

（5）下間少進『童舞集』（『能楽資料集成一　下間少進集Ⅰ』一九七三・わんや書店）pp.27-44

（6）能装束の表記については、古い時代と現在とで異なるものも多い。**傍続**と**側次**は同じ「そばつぎ」を示し、**袢切**と**半切**は同じ「はんぎり」を示す。

（7）金春安照『金春安照装束付　百十番本』（『能楽資料集成一四　金春安照型付集』一九八四・わんや書店）pp.23-26

（8）金春安照『金春安照装束付　百二十二番本』（『能楽資料集成一四　金春安照型付集』前掲注7）pp.39-41

（9）横道萬里雄ほか『能楽図説』（『岩波講座　能・狂言　別巻』一九九二・岩波書店）中の、「出立一覧」など、現在の能の装束について図解、言及している物を参考とした。

（10）壺折、つぼおりとは、平安時代から鎌倉時代の頃、女性が徒歩で出かけるときの着付け方のことをいう。能装束では、**唐織**や**舞衣**など、上衣の裾を膝あたりまでたくし上げ、**腰帯**で衣をとめて丈を短くする。襟元はゆったりとする。腰で上衣を折り込むため、ボリュームが出る。**袴**部分に何を身に着けるかで、高貴な女性や、外出用の出で立ちの女性というように、意味が変わってくる。

（11）注5に同じ、pp.74-75、《楊貴妃》の項。

（12）注7に同じ、p.23、《楊貴妃》の項。

（13）注7に同じ、p.25、《昭君》の項。

（14）注8に同じ、p.43、《楊貴妃》の項。

(15) 注9に同じ

(16) 注9に同じ

(17) 平成二七年（二〇一六）、研究会において、大江能楽堂での上演の準備状況について、シテ方宝生流辰巳満次郎氏により、それぞれの装束について発表があり、オセロの装束について語られた言葉による。

(18) モギ胴とは、上半身に上衣をつけず、多くはもろ肌脱ぎの形で腰下に垂らして、着付しか着ていない状態のこと。着付は下着をあらわすため、モギ胴は肌をあらわにした姿や、理性を失って取り乱した姿を意味する。

(19) 能の中では、〝白〟は品格が高い色として扱われる。金春安照『金春安照能伝書（乙本）』（『能楽資料集成九　金春安照伝書集』一九七八・わんや書店）p.113に「白は諸色の根本と云。」とあり、また同本におさめられる『金春安照能伝書（丙本）』p.209には、「執着の心もしらぬ所を、白心と云て、仏性なり」とある。

(20) 水衣については、『新作能マクベス』（二〇一五・和泉書院）pp.141-142の装束附の中には記載されていないが、上演の写真から実際は身に着けているため、追記した。

■参考文献■

・久松潜一ほか校注『日本古典文学大系六五　歌論集 能楽論集』（一九六一・岩波書店）
・西村兵部『日本の美術No.一二　織物』（一九六七・至文堂）
・北村哲郎『日本の美術No.四六　能装束』（一九七〇・至文堂）
・後藤淑『続能樂の起源』（一九八一・木耳社）
・小笠原小枝『日本の美術No.二二〇　金襴』（一九八四・至文堂）
・横道萬里雄『能の構造と技法』（『岩波講座　能・狂言　第四巻』一九八七・岩波書店）
・『能のかたち展図録』（二〇一二・福岡市博物館）

腰帯

狩衣

厚板

三演時　前シテ／花守装束
辰巳満次郎　（撮影　藤原千沙）

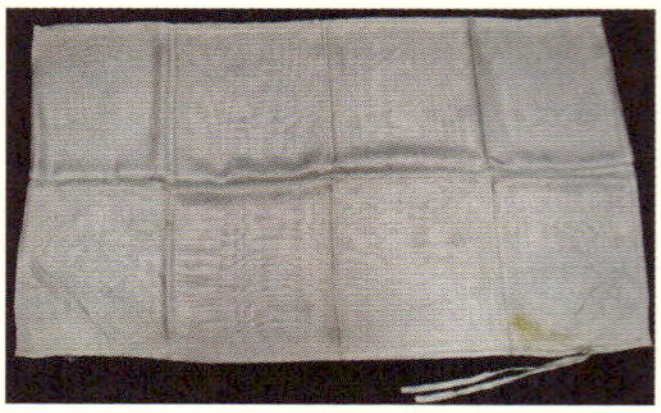
帽子

図1　《オセロ》前シテ／花守装束　装束部分　（撮影　稿者　以下同）

鉢巻

厚板

二演時　後シテ／オセロの霊装束
辰巳満次郎　（撮影　中川喜代治）

腰帯

半切

法被

図2　《オセロ》後シテ／オセロの霊装束

髪帯

唐織

初演時　ツレ／デズデモーナの霊装束
和久荘太郎　（撮影　内田知巳）

腰帯

半切

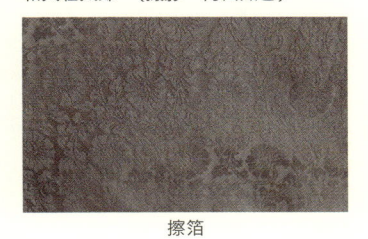

擦箔

図3　《オセロ》ツレ／デズデモーナの霊装束

腰帯

水衣

二演時　アイ／イアーゴの霊装束
野村萬斎　（撮影　中川喜代治）

縫箔

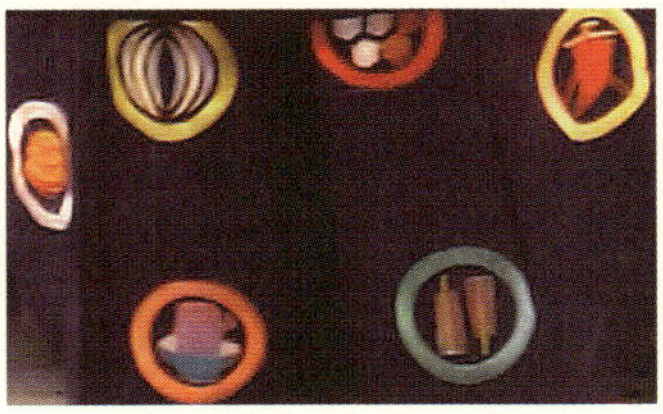

袴　（撮影　中川喜代治）

図4　《オセロ》アイ／イアーゴの霊装束

図6 《マクベス》初演時　後シテ／マクベスの霊　辰巳満次郎

図5《マクベス》初演時　前シテ／城守　辰巳満次郎

図8 《マクベス》二演時　アイ／異形の者　茂山千三郎

図7 《マクベス》初演時　アイ／マクベス夫人の霊　小田兆紀

（図5～8　撮影　中川喜代治）

第四章　資料篇

大江能楽堂　第8場　デズデモーナとオセロの霊　（撮影　藤原千沙）

記録

❖上演記録

（１）二〇一三年一一月三日（日祝）

大阪府立大学創基一三〇年記念　特別公演

場所　大阪府立大学　Uホール白鷺（大阪府堺市）

主催　大阪府立大学

共催　羽衣国際大学

【配役】

シテ（花守・オセロの霊）辰巳　満次郎（宝生流）

ツレ（デズデモーナの霊）和久　荘太郎（宝生流）

ワキ（吟遊詩人）　江崎　敬三（福王流）

アイ（イアーゴの霊）　茂山　千三郎（大蔵流）

【囃子】

笛　竹市　学（藤田流）

小鼓　大倉　源次郎（大倉流）

大鼓　大倉　慶乃助（大倉流）

太鼓　中田　弘美（金春流）

【後見】（宝生流）

石黒　実都

【地謡】（宝生流）

地頭　山内　崇生

野月　聡

水上　優

澤田　宏司

亀井　雄二

辰巳　大二郎

（２）二〇一五年四月二六日（日）

美羽会五〇周年アニバーサリー特別企画

場所　羽衣学園　講堂（大阪府高石市）

主催　羽衣国際大学・羽衣学園短期大学同窓会〈美羽会〉

協力　学校法人羽衣学園中学校・高等学校・羽衣国際大学

【配役】

シテ（花守・オセロの霊）辰巳　満次郎（宝生流）

ツレ（デズデモーナの霊）和久　荘太郎（宝生流）

ワキ（吟遊詩人）　福王　和幸（福王流）

アイ（イアーゴの霊）　野村　萬斎（和泉流）

【囃子】

笛　竹市　学（藤田流）

小鼓　大倉　源次郎（大倉流）

大鼓　大倉　慶之助（大倉流）

太鼓　中田　弘美（金春流）

【後見】（宝生流）

石黒　実都

【地謡】（宝生流）

地頭　山内　崇生

野月　聡

澤田　宏司

亀井　雄二

東川　尚史

辰巳　大二郎

パイプオルガン演奏　花輪　裕美

大阪府立大学　Uホール白鷺　第9場　扇と吟遊詩人（ワキ）（撮影　内田知巳）

羽衣学園　講堂　第9場　花と吟遊詩人（ワキ）（撮影　中川喜代治）

（３）二〇一六年一二月三日（土）

日本演劇学会・シェイクスピア没後四〇〇年記念公演

場所　大江能楽堂（京都府京都市）

主催　（株）ＳＷＬ

共催　日本演劇学会

【配役】

シテ（花守・オセロの霊）　辰巳　満次郎（宝生流）

ツレ（デズデモーナの霊）　和久　荘太郎（宝生流）

ワキ（吟遊詩人）　原　大（高安流）

アイ（イアーゴの霊）　茂山　逸平（大蔵流）

【囃子】

笛　竹市　学（藤田流）

小鼓　大倉　源次郎（大倉流）

大鼓　大倉　慶乃助（大倉流）

太鼓　中田　弘美（金春流）

【後見】（宝生流）

石黒　実都　辰巳　和磨

【地謡】（宝生流）

地頭　山内　崇生

辰巳　孝弥

澤田　宏司

東川　尚史

亀井　雄二

辰巳　大二郎

（４）二〇一八年一一月二五日（日）

第一〇回記念東京満次郎の会

場所　宝生能楽堂（東京都文京区）

主催　満次郎の会

【配役】

シテ（花守・オセロの霊）　辰巳　満次郎（宝生流）

ツレ（デズデモーナの霊）　和久　荘太郎（宝生流）

ワキ（吟遊詩人）　森　常好（下掛宝生流）

アイ（イアーゴの霊）　善竹　富太郎（大蔵流）

【囃子】

笛　藤田　貴寛（藤田流）

小鼓　鵜澤　洋太郎（大倉流）

大鼓　柿原　弘和（高安流）

太鼓　金春　國直（金春流）

【後見】（宝生流）

辰巳　大二郎　辰巳　和磨

【地謡】（宝生流）

地頭　藤井　雅之

山内　崇生

水上　優

高橋　憲正

澤田　宏司

辰巳　孝弥

亀井　雄二

佐野　弘宜

大江能楽堂　第9場　扇と吟遊詩人（ワキ）（撮影　藤原千沙）

宝生能楽堂　第9場　扇と吟遊詩人（ワキ）（撮影　藤原千沙）

大阪府立大学　Uホール白鷺　第8場　デズデモーナの霊（ツレ）とオセロの霊（後シテ）（撮影　内田知巳）

羽衣学園　講堂　第8場　デズデモーナの霊（ツレ）とオセロの霊（後シテ）（撮影　中川喜代治）

❖装束附

（1）二〇一三年一一月　大阪府立大学　Uホール白鷺（大阪府堺市）

前シテ（花守）
面　邯鄲男《かんたんおとこ》
浅黄地花帽子《あさぎじはなのぼうし》、紺地無地熨斗目《こんじむじのしめ》、茶地水衣《ちゃじみずごろも》
浅黄地三ツ大根紋腰帯《あさぎじみつだいこんもんこしおび》、結襷《ゆうだすき》

後シテ（オセロの霊）
面　黒平太《くろへいだ》
喝食鬘《かっしきがつら》、赤紫《あかむらさき》重鉢巻《かさねはちまき》、赤黒段厚板《あかくろだんあついた》、
紺地矢車半切《こんじやぐるまはんぎれ》、赤茶地檜垣法被《あかちゃじひがきはっぴ》
黒地赤長範紋腰帯《くろじあかちょうはんもんこしおび》
負修羅扇《まけしゅらおうぎ》

ツレ（デズデモーナの霊）
面　ぬばたま
本毛鬘《ほんげかつら》、白地鬘帯《しろじかつらおび》、白地山道半切《しろじやまみちはんぎれ》
白地枝垂桜唐織《しろじしだれざくらからおり》、白地金山道摺箔《しろじきんやまみちすりはく》
白地蒲公英模様腰帯《しろじたんぽぽもようこしおび》、白地絹担ギ《しろじのきぬかつ》
金地木蓮中啓《きんじもくれんちゅうけい》

ワキ（吟遊詩人）
萌黄鶴菱厚板《もえぎつるびしあついた》、紫地指貫《むらさきじさしぬき》、茶地側次《ちゃじそばつぎ》、
紺地波唐帽子《こんじなみとうぼうし》、白地居士腰帯《しろじこじこしおび》、居士物中啓《こじものちゅうけい》
琵琶《びわ》

アイ（イアーゴの霊）
面　俊寛《しゅんかん》
黒地龍丸縫箔《くろじりゅうのまるぬいはく》、黒地水衣《くろじみずごろも》、白頭《しろがしら》
黒地綸子袴《くろじりんずはかま》、赤地波丸腰帯《あかじなみのまるこしおび》

（2）二〇一五年四月　羽衣学園　講堂（大阪府高石市）

前シテ（花守）
面　俊寛《しゅんかん》
黄土地花帽子《おうどじはなのぼうし》、小格子厚板《こごうしあついた》、茶地単衣狩衣《ちゃじひとえかりぎぬ》
緑石畳腰帯《みどりいしだたみこしおび》、結襷《ゆうだすき》

後シテ（オセロの霊）
面　黒平太《くろへいだ》
喝食鬘《かっしきがつら》、赤紫《あかむらさき》重鉢巻《かさねはちまき》、赤黒段厚板《あかくろだんあついた》、
萌黄地半切《もえぎじはんぎれ》、紺地紗綾形法被《こんじさやがたはっぴ》、
黒地赤長範紋腰帯《くろじあかちょうはんもんこしおび》
負修羅扇《まけしゅらおうぎ》

ツレ（デズデモーナの霊）
面　ぬばたま
本毛鬘白百合刺《ほんげかつらしらゆりさし》、白地鬘帯《しろじかつらおび》、白地山道半切《しろじやまみちはんぎれ》
白地枝垂桜唐織《しろじしだれざくらからおり》、白地金山道摺箔《しろじきんやまみちすりはく》
白地蒲公英模様腰帯《しろじたんぽぽもようこしおび》、白地絹担ギ《しろじのきぬかつ》
金地木蓮中啓《きんじもくれんちゅうけい》

ワキ（吟遊詩人）
紅地鳳凰総模様厚板《あかじほうおうそうもようあついた》、紫地指貫《むらさきじさしぬき》、茶地側次《ちゃじそばつぎ》
紺地波唐帽子《こんじなみとうぼうし》、白地居士腰帯《しろじこじこしおび》、居士物中啓《こじものちゅうけい》
琵琶《びわ》

アイ（イアーゴの霊）
面　平六《へいろく》
紺地石畳桃実縫箔《こんじいしだたみもものみぬいはく》、黒地水衣《くろじみずごろも》、白頭《しろがしら》、
紺地綸子袴《こんじりんずはかま》、黒地雲腰帯《くろじくもこしおび》

（3）二〇一六年一二月　大江能楽堂（京都府京都市）

前シテ（花守）
面　俊寛《しゅんかん》
浅黄地花帽子《あさぎじはなのぼうし》、小格子厚板《こごうしあついた》、茶地単衣狩衣《ちゃじひとえかりぎぬ》
緑石畳腰帯《みどりいしだたみこしおび》、白木水桶《しらきみずおけ》、金地白花丸中啓《きんじしろはなまるちゅうけい》

後シテ（オセロの霊）
面　黒平太《くろへいだ》
喝食鬘《かっしきがつら》、赤紫重鉢巻《あかむらさきかさねはちまき》、赤黒段厚板《あかくろだんあついた》
紺地矢車半切《こんじやぐるまはんぎれ》、紺地紗綾形法被《こんじさやがたはっぴ》、
黒地赤長範紋腰帯《くろじあかちょうはんもんこしおび》
負修羅扇《まけしゅらおうぎ》

ツレ（デズデモーナの霊）
面　ぬばたま
本毛鬘白百合刺《ほんげかつらしらゆりさし》、白地鬘帯《しろじかつらおび》、白地山道半切《しろじやまみちはんぎれ》、
白地枝垂桜唐織《しろじしだれざくらからおり》、白地金山道摺箔《しろじきんやまみちすりはく》
白地蒲公英模様腰帯《しろじたんぽぽもようこしおび》、白地絹担ギ《しろじのきぬかつ》、
金地白花丸中啓《きんじしろはなまるちゅうけい》

ワキ（吟遊詩人）
紅地鳳凰総模様厚板《あかじほうおうそうもようあついた》、紫地指貫《むらさきじさしぬき》、茶地側次《ちゃじそばつぎ》、
紺地波唐帽子《こんじなみとうぼうし》、白地居士腰帯《しろじこじこしおび》、居士物中啓《こじものちゅうけい》
琵琶《びわ》

アイ（イアーゴの霊）
面　真角《しんかく》
黒地綸子縫箔《くろじりんずぬいはく》、黒地水衣《くろじみずごろも》、白頭《しろがしら》、
黒地綸子袴《くろじりんずはかま》、黒地雲腰帯《くろじくもこしおび》
紺地無地熨斗目担ギ《こんじむじのしめかつ》　金地紫木蓮中啓《きんじむらさきもくれんちゅうけい》

（4）二〇一八年一一月　宝生能楽堂（東京都文京区）

前シテ（花守）
面　俊寛《しゅんかん》
黄土地花帽子《おうどじはなのぼうし》、小格子厚板《こごうしあついた》、茶地単衣狩衣《ちゃじひとえかりぎぬ》
緑石畳腰帯《みどりいしだたみこしおび》、白木水桶《しらきみずおけ》、金地白花丸中啓《きんじしろはなまるちゅうけい》

後シテ（オセロの霊）
面　黒平太《くろへいだ》
喝食鬘《かっしきがつら》、赤紫重鉢巻《あかむらさきかさねはちまき》、赤黒段厚板《あかくろだんあついた》
紺地矢車半切《こんじやぐるまはんぎれ》、紺地紗綾形法被《こんじさやがたはっぴ》、
黒地赤長範紋腰帯《くろじあかちょうはんもんこしおび》
負修羅扇《まけしゅらおうぎ》

ツレ（デズデモーナの霊）
面　ぬばたま
本毛鬘白百合刺《ほんげかつらしらゆりさし》、白地鬘帯《しろじかつらおび》、白地山道半切《しろじやまみちはんぎれ》、
白地枝垂桜唐織《しろじしだれざくらからおり》、白地金山道摺箔《しろじきんやまみちすりはく》
白地蒲公英模様腰帯《しろじたんぽぽもようこしおび》、白地絹担ギ《しろじのきぬかつ》、
紺地段白菊模様中啓《こんじだんしらぎくもようちゅうけい》

ワキ（吟遊詩人）
紅地鳳凰総模様厚板《あかじほうおうそうもようあついた》、紫地指貫《むらさきじさしぬき》、茶地側次《ちゃじそばつぎ》、
紺地波唐帽子《こんじなみとうぼうし》、白地居士腰帯《しろじこじこしおび》、居士物中啓《こじものちゅうけい》
琵琶《びわ》

アイ（イアーゴの霊）
面　真角《しんかく》
黒地綸子縫箔《くろじりんずぬいはく》、黒地水衣《くろじみずごろも》、白頭《しろがしら》、
紺地綸子袴《こんじりんずはかま》、黒地雲腰帯《くろじくもこしおび》、金地紫木蓮中啓《きんじむらさきもくれんちゅうけい》
紺地鶴菱之丸鎮扇《こんじつるびしのまるしずめおうぎ》、紺地無地熨斗目担ギ《こんじむじのしめかつ》

大江能楽堂　　第8場　デズデモーナの霊（ツレ）とオセロの霊（後シテ）（撮影　藤原千沙）

宝生能楽堂　第8場　デズデモーナの霊（ツレ）とオセロの霊（後シテ）（撮影　新宮夕海）

大江能楽堂　第8場　デズデモーナの霊(ツレ)　(撮影　藤原千沙　上下とも)

大江能楽堂　第8場　デズデモーナの霊(ツレ)とオセロの霊(後シテ)

舞台使用装束

〈薄絹《うすぎぬ》〉

高一八〇㎝×横一二〇㎝

福島県福島市川俣町で開発・生産された「世界一薄い絹織物」（「フェアリー・フェザー」齋栄織物株式会社）を縫製した。デズデモーナの純粋さと潔白、原作で白い薔薇に喩えられているデズデモーナの美しさ、オセロとの隔たり、デズデモーナが存在する中有の世界を象徴的に表現した。

（泉 紀子）

❖上演写真

■大阪府立大学　Uホール白鷺

二〇一三年一一月（初演）　撮影　内田・藤原

第3場　花守（前シテ）

第6場　イアーゴの霊（アイ）

第7場　オセロの霊（後シテ）

第8場
デズデモーナの霊（ツレ）
とオセロの霊（後シテ）

第2場
吟遊詩人（ワキ）

■羽衣学園　講堂

二〇一五年四月（二演）　撮影　中川喜代治

第6場　イアーゴの霊（アイ）

第5場　花守（前シテ）

第3場　花守（前シテ）と吟遊詩人（ワキ）

第7場　オセロの霊（後シテ）

第8場　デズデモーナの霊（ツレ）とオセロの霊（後シテ）

■大江能楽堂

二〇一六年一二月（三演）　撮影　藤原千沙

第6場　イアーゴの霊（アイ）

第4場　花守（前シテ）

第7場　オセロの霊（後シテ）

第8場　デズデモーナの霊（ツレ）とオセロの霊（後シテ）

第9場　吟遊詩人（ワキ）

■宝生能楽堂

二〇一八年一一月（四演）　撮影　新宮夕海

第４場　花守（前シテ）

第６場　イアーゴの霊（アイ）

第７場　オセロの霊（後シテ）

第２場　吟遊詩人（ワキ）

第８場　デズデモーナの霊（ツレ）とオセロの霊（後シテ）

❖公演チラシ

（1）二〇一三年一一月　大阪府立大学　Uホール白鷺（大阪府堺市）

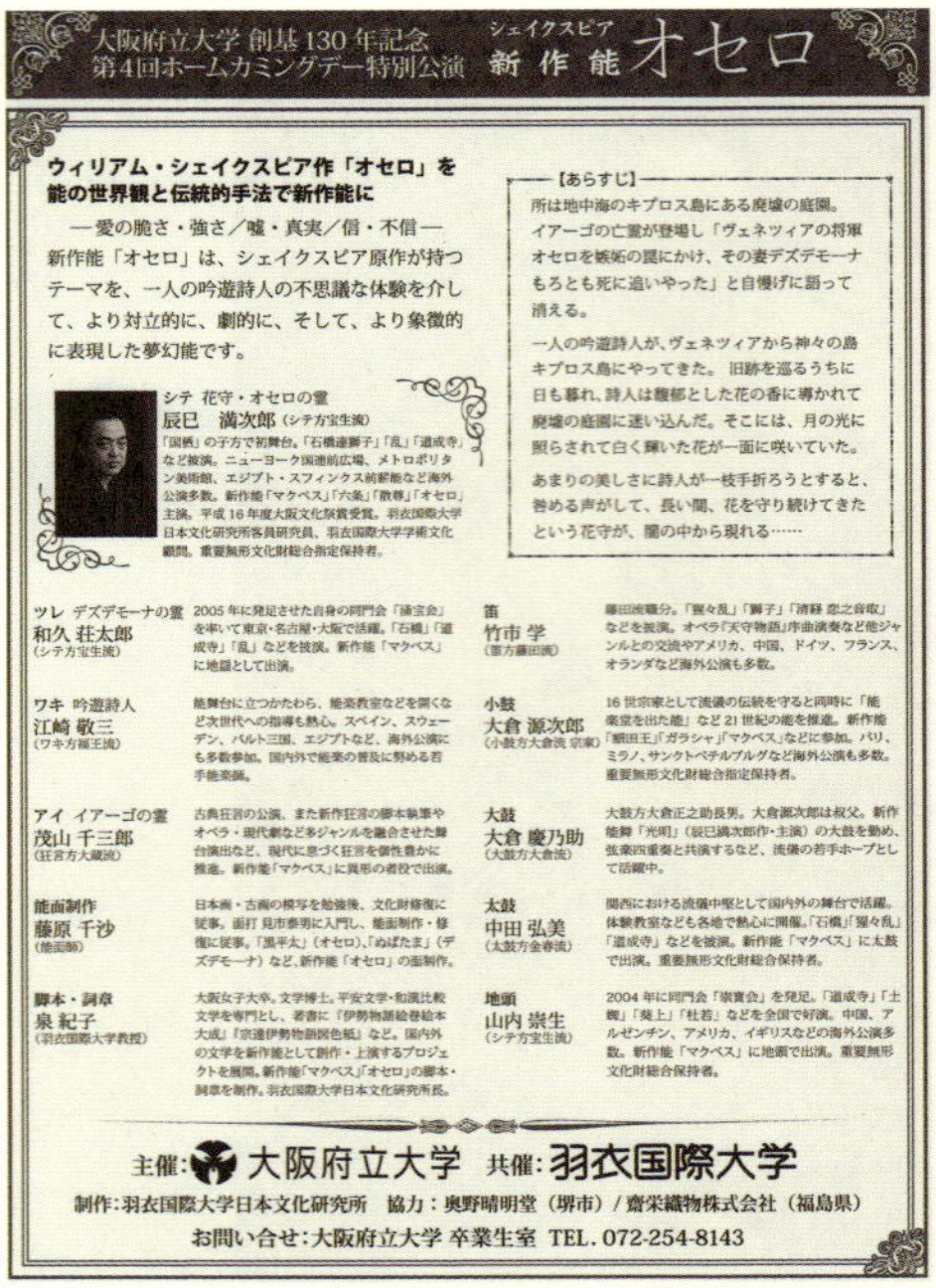

（2）二〇一五年四月　羽衣学園　講堂（大阪府高石市）

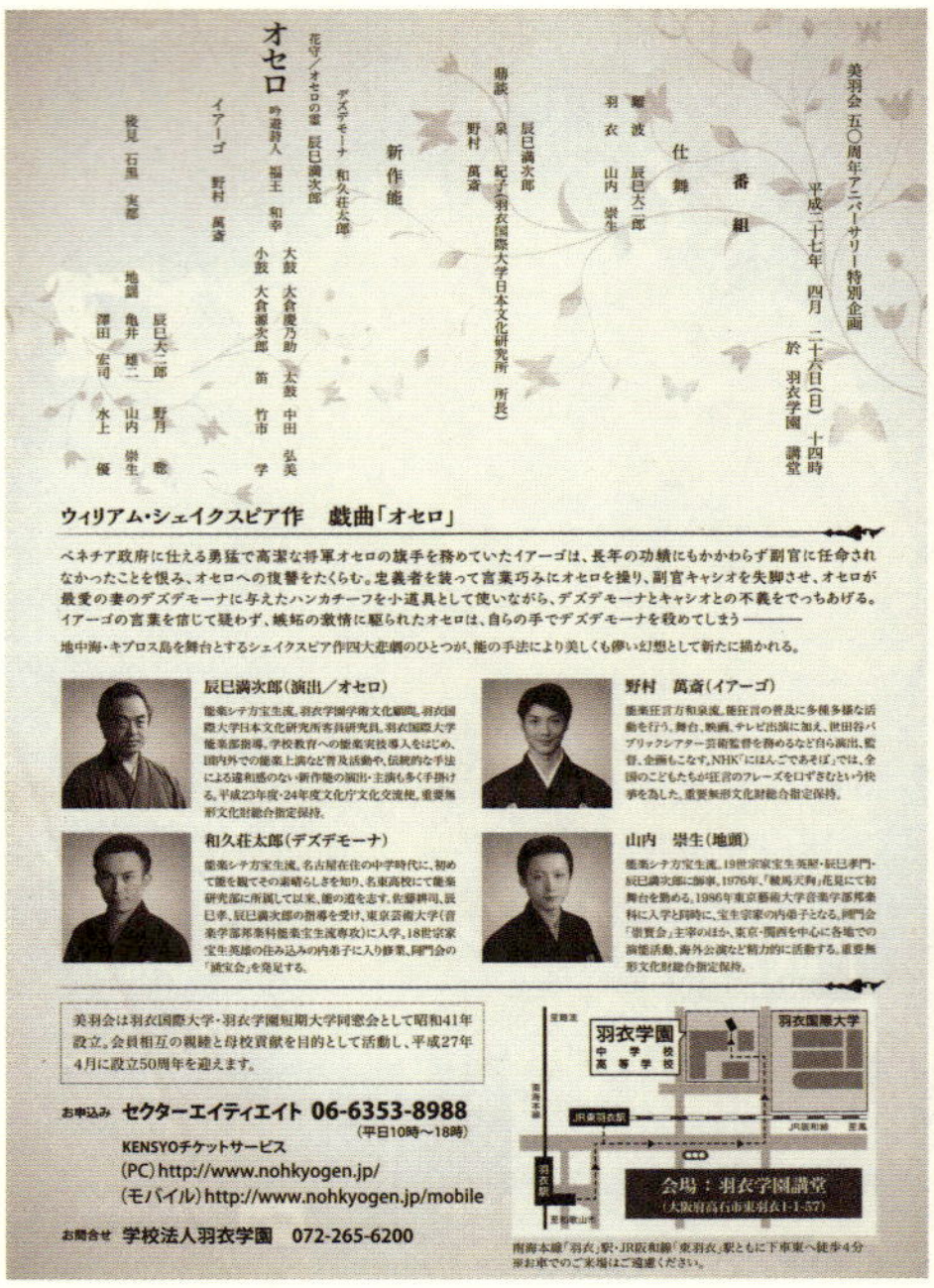

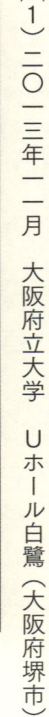

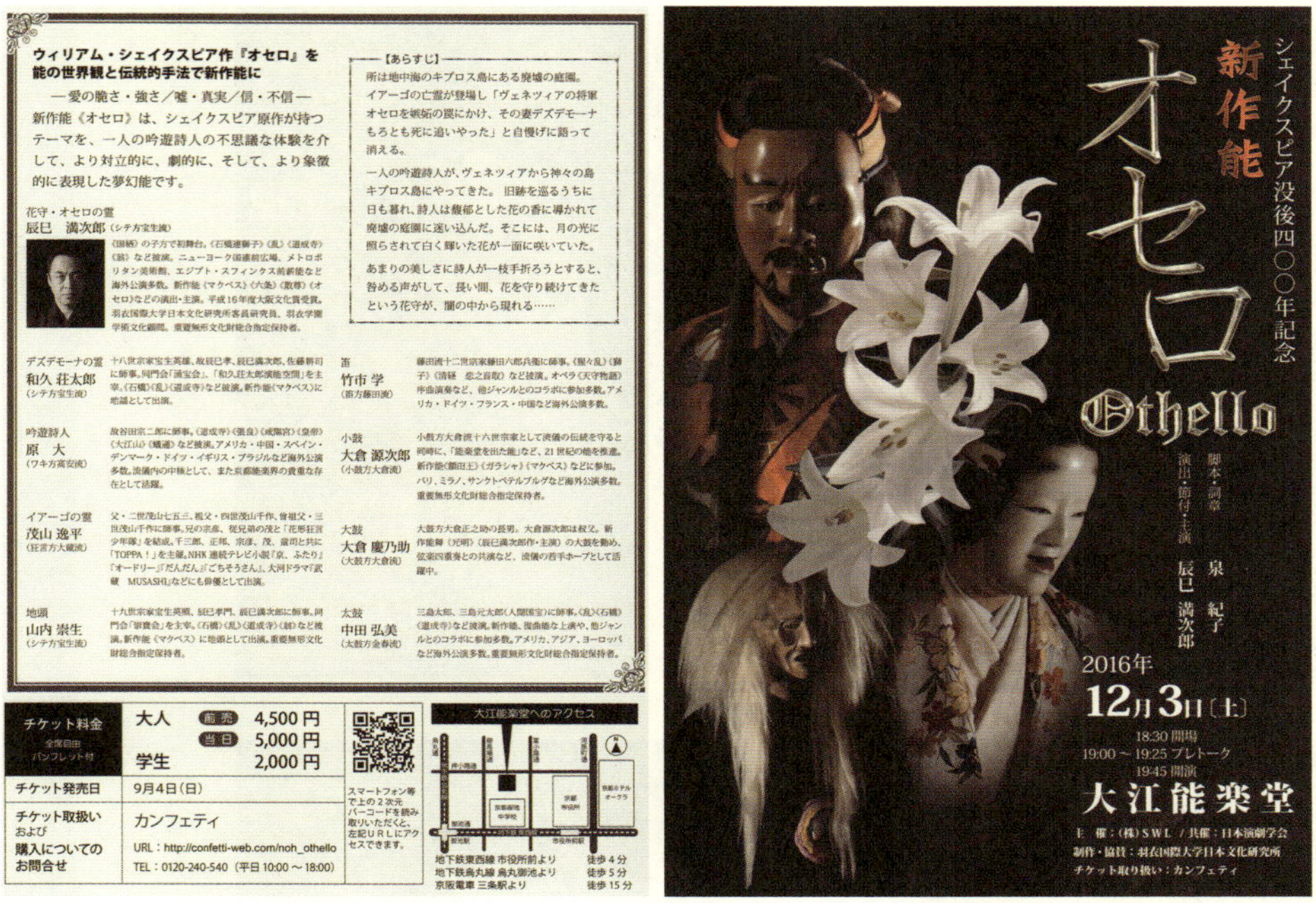

（3）二〇一六年一二月　大江能楽堂（京都府京都市）

（4）二〇一八年一一月　宝生能楽堂（東京都文京区）

公演チラシ

❖公演ポスター

（1）二〇一三年一一月
大阪府立大学　Uホール白鷺（大阪府堺市）

（2）二〇一五年四月
羽衣学園　講堂（大阪府高石市）

（3）二〇一六年一二月
大江能楽堂（京都府京都市）

（4）二〇一八年一一月
宝生能楽堂（東京都文京区）

❖DVDパッケージ

※初演のみ作成

（1）二〇一三年一一月
大阪府立大学　Uホール白鷺（大阪府堺市）

CONTENTS

Part Four
Documents

詞章対訳表

古典語 Classic Japanese

①

1 **イアーゴ**「そもそもこれは比類なき誠実な男、イアーゴ様

2 あまたの戦に命を賭け、東奔西走して手柄を立て、

3 オセロ将軍に忠義を尽くしてきた、

4 しかるにあのオセロの奴め、ムーア人のくせに、ムーア人のくせに、

5 この俺様を下つ端に追ひやつたまま、

6 副官の地位を別の男に与へやつた、

7 なんたる理不尽、

8 されば、ひそかに復讐を企み、

9 地獄と闇夜の力を借りて、この企みに日の目を見せてやつたわ、

10 手前の心は手前のためにとつておく、

11 猫かぶりの忠義面で、オセロと妻のデズデモーナに罠をしかけた、

12 人の心を罠にかくるは何ともたやすい事ぢや、

13 まことに嫉妬にまさる毒薬はなし、

14 廻れ廻れ、毒よ廻れ、

15 人の表しか見ぬ阿呆の心に、毒よ廻つて燃え上がれ、毒よ廻つて燃え上がれ

②

16 **吟遊詩人**〽八重の潮路の浦の波、

17 八重の潮路の浦波を分けて港に着きにけり

18 「これは諸国を吟遊する詩人にて候、

19 漂泊の思ひやまざるままに、ベネチアを出で、

20 海原を越え、八十島をめぐり、

21 キプロス島に着きて候、

ローマ字 Romanized Japanese

①

1 **Iâgo**「Somosomo kore wa hiruinaki seijitsu na otoko, Iâgo-sama.

2 Amata no ikusa ni inochi o kake, tôhonseisô shite tegara o tate,

3 Osero-shôgun ni chûgi o tsukushitekita.

4 Shikaruni ano Osero no yatsume, Mûa-bito no kuse ni, Mûa-bito no kuse ni,

5 Kono oresama o shitappa ni oiyatta mama,

6 fukukan no chii o betsu no otoko ni ataeyatta.

7 Nantaru rifujin！

8 Sareba, hisokani fukushû o takurami,

9 Jigoku to yamiyo no chikara o karite, kono takurami ni hinome o miseteyatta wa,

10 Temae no kokoro wa temae no tame ni totteoku.

11 Nekokaburi no chûgizura de, Osero to tsuma no Dezudemôna ni wana o shikaketa.

12 Hito no kokoro o wana ni kakuru wa nantomo tayasui koto ja.

13 Makotoni shitto ni masaru dokuyaku wa nashi.

14 Maware maware, doku yo maware.

15 Hito no uwabe shika minu ahô no kokoroni, doku yo mawatte moeagare, doku yo mawatte moeagare

②

16 **Ginyûshijin**〽Yae no shioji no ura no nami,

17 yae no shioji no uranami o wakete minato ni tsukinikeri.

18 「Kore wa shokoku o ginyû suru utabito nite sôrô.

19 Hyôhaku no omoi yamazaru mamani, Venechia o ide,

20 unabara o koe, yasoshima o meguri,

21 Kipurosu-tô ni tsukite sôrô.

英語 English	中国語 Chinese
①	①
1 **IAGO**: I am Iago, an unparalleled honest man.	1 **伊阿古**：在下伊阿古真是个无比诚实的好人，
2 I have risked my life in countless wars, always on the run from east to west,	2 卖命于疆场之上，东奔西走战功显赫，
3 performing great feats to serve General Othello.	3 效忠于那奥赛罗将军。
4 But Othello, that Moor, that Moor,	4 谁知那奥赛罗，这个不知好歹的摩尔人，这个不知好歹的摩尔人，
5 kept me on as an underling,	5 竟竟竟将俺压在底下，
6 and gave the post of lieutenant to another man.	6 让俺眼巴巴看着那副官的位子给了别个，
7 Outrageous!	7 岂有此理！
8 I hence plotted furtive revenge	8 俺要报复！
9 which saw the light of day with the power of hell and night!	9 地狱啊黑夜啊给我力量！让俺的计划见得天日！
10 I kept my heart for myself.	10 为了俺自己，
11 I put on my false face of loyality to trap Othello and his wife Desdemona.	11 俺假装忠义，给奥赛罗还有那苔丝狄梦娜设个局
12 How easy it is to entrap the human heart!	12 给人心设局竟如此简单呢
13 Indeed, there is no poison more dreadful than jealousy.	13 没有比嫉妒更生猛的毒药了！
14 Work on my poison, work!	14 燃起来烧起来，毒药啊快燃烧起来！
15 Go through the hearts of the fools who look only at the surface of things, and blaze up! Blaze up!	15 愚蠢的人心只看表象，毒药在人心之上快燃烧起来！快快燃烧起来！
②	②
16 **MINSTREL**: Over the layers of sea waves,	16 **游吟诗人**：八重潮路越浦波，
17 over the layers of sea waves by hundreds have I sailed to reach this harbour.	17 八重潮路越浦波，飘洋过海行至此。
18 I am a minstrel travelling over the provinces.	18 在下是巡游各国的诗人，
19 I left Venice led by my roaming heart,	19 任意随性漂泊，出威尼斯，
20 crossed the waters, visited numerous islands,	20 过八十岛，几多波折，
21 and here I am in Cyprus.	21 来到这塞浦路斯岛。

22　さてもこの島は、古へ、ベネチア国の治めし所にて、	22　Satemo kono shima wa, inishie, Venechia-koku no osameshi tokoro nite,
23　神々を祀る島なれば見所多し、	23　Kamigami o matsuru shima nareba midokoro ôshi.
24　名所旧跡残りなく一見せばやと存じ候、	24　Meisho kyûseki nokori naku ikkensebaya to zonji sôrô.
25　ここかしことめぐるうちに、はや日も暮れ月も昇りて候、	25　Kokokashiko to meguru uchi ni, haya hi mo kure tsuki mo noborite sôrô.
26　や、何処よりか妙なる花の香ぞする	26　Ya, izukuyori ka taenaru hana no ka zo suru.
27　いかなる花の咲きたるやらん	27　Ikanaru hana no sakitaruyaran.
28　〽不思議やな荒れたる廃墟の庭に、	28　〽Fushigi ya na aretaru haikyo no niwa ni,
29　月の光を受け白き花あまた咲き、	29　Tsuki no hikari o uke shiroki hana amata saki,
30　白銀と見まがふまで輝きたり	30　Shirogane to mimagô made kakayakitari.
31　「いかさまここは神の庭か	31　「Ikasama koko wa kami no niwa ka.
32　〽春宵一刻、値千金、	32　〽Shunshô ikkoku, atai senkin,
33　月も照り添ふ花の上、	33　tsuki mo terisô hana no ue,
34　月、月に非ずして、	34　tsuki, tsuki ni arazu shite,
35　花、花に非ざれば、	35　hana, hana ni arazareba,
36　いづれが月か花影か	36　izure ga tsuki ka hanakage ka
37　**地謡**〽月の光に見え分かず、今を盛りと咲く花も、	37　**Jiutai**〽Tsuki no hikari ni miewakazu, ima o sakari to saku hana mo,
38　散れば芥となりぬべし、散れば芥となりぬべし、	38　chireba akuta to narinubeshi, chireba akuta to narinubeshi,
39　**吟遊詩人**「散るにはあまりに惜しき花	39　**Ginyûshijin**「Chiru niwa amari ni oshiki hana
40　〽心あてに一枝の春を折らばやと	40　〽Kokoroate ni isshi no haru o orabaya to
③	③
41　**花守**「なうなう旅人、その花な折り給ひそ	41　**Hanamori**「Nônô tabibito, sono hana na oritamaiso
42　**吟遊詩人**「人影もなき庭と思ひしに、我を咎むるはいかなる人ぞ	42　**Ginyûshijin**「Hitokage mo naki niwa to omoishi ni, ware o togamuru wa ikanaru hito zo
43　**花守**「我は長き年月この花を守りたる者にて候	43　**Hanamori**「Ware wa nagaki toshitsuki kono hana o mamoritaru mono nite sôrô
44　**吟遊詩人**「長き年月花を守りたるとは、何か謂れの候か	44　**Ginyûshijin**「Nagaki toshitsuki hana o mamoritaru towa, nanika iware no sôrô ka
45　**花守**「そもそもこの城はベネチアの砦にて、	45　**Hanamori**「Somosomo kono shiro wa Venechia no toride nite,

22 Governed by Venice in the past,	22 想这岛屿，曾为威尼斯国所辖，
23 the island has many sights revering gods and godesses.	23 供奉着诸多神圣，人杰地灵，
24 As I wandered further into the island, anxious to visit all historic places,	24 名胜众多，此番前来定要仔细赏玩。
25 the sun has already set, and the moon is now high up in the sky.	25 四处巡游之中，不觉已是日落月升，
26 Here! A sweet fragrance of flowers is hanging in the air.	26 不知从何处飘来了诱人的花香。
27 What sort of flower could it be?	27 不知是什么花在此绽放？
28 O wonder! In the garden of the ruins,	28 好不神奇！荒凉废墟上，
29 numerous white flowers are blooming under the moonlight	29 受月光恩泽，
30 glittering like silver.	30 白花绽似雪
31 This must be the garden of the gods.	31 莫非是神灵所住之处？
32 Every minute of the spring evening is worth a treasure.	32 春宵一刻值千金，
33 As the moonlight falls upon the white flowers,	33 月光坠花上，
34 the moon is no more a moon,	34 月非月，
35 the flowers are no more flowers,	35 花非花，
36 the moonlight and the flowers are inseparable.	36 交相辉映，不辨月花！
37 **CHORUS**: Although the flowers are now in full bloom, inseparable from the moonlight,	37 **地谣**：月光难辨，奈何今夜繁盛花瓣，明朝败落，
38 they will inevitably turn into dust as soon as their petals scatter, will inevitably turn into dust as soon as they scatter.	38 不过一地尘芥，不过是尘芥一地。
39 **MINSTREL**: It is a pity to let these lovely flowers fall away.	39 **游吟诗人**：不忍花吹落，
40 I would like to pick any one of them.	40 欲折一枝春。

③

41 **GUARDIAN OF THE FLOWERS**: Traveler! Please do not pick any of the flowers.	41 **護花者**：不知从何处来的旅人，莫折那花枝！
42 **MINSTREL**: Who ever can it be? I thought no soul was in this garden.	42 **游吟诗人**：想这庭园人迹罕至，不知是谁在呵斥于我？
43 **GUARDIAN OF THE FLOWERS**: I am the guardian of these flowers who took care of them for so many years.	43 **護花者**：我乃长年居于此处的护花者。
44 **MINSTREL**: Is there any tale hanging thereby to take care of the flowers for so many years?	44 **游吟诗人**：道是长年护花，不知有甚缘故？
45 **GUARDIAN OF THE FLOWERS**: This castle was originally a Venetian fortress	45 **護花者**：此处乃是威尼斯的城堡，

46　夷狄と戦ひし将軍オセロと、

47　その美しき妻の住み給ひし所なるが、

48　邪なる企みにあひ、二人して哀れなる最期を遂げられて候、

49　また夫婦の空しくなりて後、毎年その月その日の夜、ただ一夜ばかり白き花咲く、

50　今宵咲きたるその花を、いかにも哀れと思し召し

51　〽心とどめて御覧ぜよ

④

52　**吟遊詩人**〽聞くに不思議の物語、

53　月に照らされ輝きて、ただ一夜咲くは何故ぞ

54　**花守**「オセロと妻のもろともに、眺めし月なれば

55　〽見れば心を傷ましむ

56　**吟遊詩人**「白き花は貞潔の証にて

57　**花守**「また故き人の面影なれば

58　**吟遊詩人**〽見れば眼もくれ心乱るる

59　**地謡**〽あら苦しや、物狂ひぞと言はば言へ

60　**花守**〽花未だ我を許さず

⑤

61　**吟遊詩人**「不思議やな、花守の近づけば花忽ちにうつろひ、

62　風も吹かぬに悉く散りたるは如何に、

63　また花御身を許さずとは

64　**花守**「我が妻未だ我を許さざるなり

65　〽月にも花にも捨てられて候

66　一年に、一度待ちし我なれば

46　Iteki to tatakaishi Shôgun Osero to,

47　sono utsukushiki tsuma no sumitamaishi tokoro naruga,

48　yokoshimanaru takurami ni ai, ninin shite awarenaru saigo o togerarete sôrô,

49　Mata fûfu no munashikunarite nochi, mainen sono tsuki sono hi no yo, tada hitoyo bakari shiroki hana saku,

50　koyoi sakitaru sono hana o, ikanimo aware to oboshimeshi

51　〽Kokoro todomete goranzeyo

④

52　**Ginyûshijin**〽Kikuni fushigi no monogatari,

53　tsuki ni terasare kakayakite, tada hitoyo saku wa naniyue zo

54　**Hanamori**「Osero to tsuma no morotomo ni, nagameshi tsuki nareba

55　〽mireba kokoro o itamashimu

56　**Ginyûshijin**「Shiroki hana wa teiketsu no akashi nite

57　**Hanamori**「Mata naki hito no omokage nareba

58　**Ginyûshijin**〽Mireba me mo kure kokoro midaruru

59　**Jiutai**〽Ara kurushi ya, monogurui zo to iwaba ie

60　**Hanamori**〽Hana imada ware o yurusazu

⑤

61　**Ginyûshijin**「Fushigi ya na, hanamori no chikazukeba hana tachimachini utsuroi,

62　Kaze mo fukanu ni kotogotoku chiritaru wa ikani,

63　Mata hana onmi o yurusazu towa

64　**Hanamori**「Waga tsuma imada ware o yurusazaru nari

65　〽Tsuki nimo hana nimo suterarete sôrô

66　Hitotose ni, hitotabi machishi ware nareba

46 where General Othello fought against enemy troops.

47 He lived here with his beautiful wife,

48 but because of an evil plot, they both died tragically.

49 Since then, white flowers have bloomed every year, for one night only on the night they perished.

50 Tonight is the night. Please take pity on the flowers,

51 and admire them with absolute devotion.

④

52 **MINSTREL**: What a strange tale!

53 Why do they thus glitter under the moonlight to bloom but a single night?

54 **GUARDIAN OF THE FLOWERS**: Because that is the moon Othello once admired with his beloved wife beside him.

55 My heart aches at the sight of the moon.

56 **MINSTREL**: White flowers are the symbol of chastity,

57 **GUARDIAN OF THE FLOWERS**: and also the image of the departed.

58 **MINSTREL**: The sight of the flowers is dazzling and deranging withal.

59 **CHORUS**: Alas, what agony! Call me insane! Who cares?

60 **GUARDIAN OF THE FLOWERS**: The flowers have not forgiven me yet.

⑤

61 **MINSTREL**: How strange! Why do the flowers fade when the guardian draw near,

62 or do they fall away with no wind around?

63 And what is the meaning of "not forgiven yet"?

64 **GUARDIAN OF THE FLOWERS**: It means my wife has not forgiven me yet.

65 The moon and the flowers have deserted me.

66 For a whole year, I have waited for this one night,

46 与夷敌作战的奥赛罗将军和

47 他那美貌的妻子曾居住于此。

48 奈何被奸计所害，他二人死得凄惨。

49 在他夫妇死后，每年忌日之夜，白花都会绽放，且仅绽放一夜。

50 看着这些就绽放一夜的短命花儿，不免心生怜意，

51 劝君只赏莫摘！

④

52 **游吟诗人**：听来实在不可思议，

53 月光恩泽之下，只绽放一夜，不知是何故？

54 **護花者**：想那奥赛罗夫妇曾同赏月，

55 一睹此月满心伤。

56 **游吟诗人**：白花乃贞节之明证，

57 **護花者**：又现故人容颜，

58 **游吟诗人**：看得人眼花缭乱，心绪更乱。

59 **地谣**：唉呀呀苦痛难挨，道我癫狂即是癫狂哪！

60 **護花者**：花儿啊，你还不原谅我吗？

⑤

61 **游吟诗人**：实在不可思议。护花者一靠近，花朵即刻枯萎，

62 也不见刮风竟顷刻间散落，

63 还说道什么“花儿还不原谅我吗”，不知何故。

64 **護花者**：吾妻还不原谅我吗？

65 月儿花儿都弃我而去。

66 盼了一年只为这一夜，

67　**地謡**〽一年待ちし我なれば、香をだに残し給へや、	67　**Jiutai**〽Hitotose machishi ware nareba, ka o dani nokoshitamae ya,
68　いとせめて恋しき時の思ひ出と、花の香を袂に移し	68　Ito semete koishiki toki no omoide to, hana no ka o tamoto ni utsushi
69　**花守**〽今日よりは、いつしかとのみ待ちわたる	69　**Hanamori**〽Kyô yori wa, itsushika to nomi machi wataru
70　**地謡**〽かやうに委しき物語、	70　**Jiutai**〽Kayô ni kuwashiki monogatari,
71　白き花を妻ぞとは、さてはオセロの亡霊か	71　Shiroki hana o tsuma zo towa, sate wa Osero no bôrei ka
72　**花守**〽恥づかしながら然りとて	72　**Hanamori**〽Hazukashinagara shikari tote
73　**地謡**〽月にむら雲花に風、嵐とともに幻の、	73　**Jiutai**〽Tsuki ni murakumo hana ni kaze, arashi to tomoni maboroshi no,
74　人、木石に非ざれば、浮世の咎はなくもがな、	74　Hito, bokuseki ni arazareba, ukiyo no toga wa nakumogana,
75　告ぐるほどなく失せければ	75　Tsuguru hodo naku usekereba
76　**吟遊詩人**〽夢路にもしや逢はんとて	76　**Ginyûshijin**〽Yumeji ni moshiya awan tote
77　**地謡**〽月と花とを片敷きて、しばし旅寝に待たうよ、しばし旅寝に待たうよ	77　**Jiutai**〽Tsuki to hana to o katashikite, shibashi tabine ni matô yo, shibashi tabine ni matô yo
（中入）	(Naka-iri)
⑥	⑥
78　**イアーゴ**「ははははは、毒がまだ効いていると見える、	78　**Iâgo**「Hahahahaha, doku ga mada kiiteiru to mieru,
79　我が妻、いまだ我を許さずだと、	79　Waga tsuma, imada ware o yurusazu dato,
80　花、いまだ我を許さずだと、また一年だと、	80　hana, imada ware o yurusazu dato, mata hitotose dato,
81　花はそもそもうつろふものぞ、	81　Hana wa somosomo utsurô mono zo,
82　いづれの花か散らで残る、	82　Izure no hana ka chirade nokoru,
83　あのムーア人はいまだに物の表しか見ぬ、	83　Ano Mûa-bito wa imadani mono no uwabe shika minu,
84　人の心を操るは、いかにも面白き事ぢや、	84　Hito no kokoro o ayatsuru wa, ikanimo omoshiroki koto ja,
85　オセロには、デズデモーナ様の心は他の男にござる、	85　Osero ni wa, Dezudemôna-sama no kokoro wa hoka no otoko ni gozaru,
86　それ、その証拠に、あなた様が与へた母御の形見の大事な扇を、その男が持つております る、	86　Sore, sono shôko ni, anatasama ga ataeta hahago no katami no daijina ôgi o, sono otoko ga motte orimasuru,
87　と申して嫉妬に狂はせてやつた、	87　To môshite shitto ni kuruwaseteyatta,

67 **CHORUS**: For a whole year, I have waited, so please leave the fragrance for my sole consolation.

68 I shall retain the fragrance of the flowers on my sleeves to recall you whenever I miss you hopelessly.

69 **GUARDIAN OF THE FLOWERS**: I have to start all over again, and wait eagerly for another whole year.

70 **CHORUS**: You related the tale in all its details,

71 and called the white flowers your wife. Are you the ghost of Othello, then?

72 **GUARDIAN OF THE FLOWERS**: Aye, I am ashamed to confess that you are right.

73 **CHORUS**: The moon is hidden by clouds, the flowers are scattered by the wind, and the ghost is gone with the swirl of flower petals.

74 "Humans are neither a piece of wood nor a stone, so do no more blame your earthly sins."

75 Before I could tell him so, he vanished.

76 **MINSTREL**: With the hope of meeting him in my dream,

77 **CHORUS**: I will lie on the bed of moonlight and scattered flowers, and wait for Othello, wait for Othello in my sleep.

(Exit)

⑥

78 **IAGO**: Ha, ha, ha, ha, ha! The poison is still in effect.

79 "My wife has not forgiven me yet," said he?

80 "The flowers have not forgiven me yet!" said he? "One another year!" said he?

81 Ephemeral are the flowers after all.

82 There are no flowers that do not wither or fall away!

83 That Moor still sees the mere surface of things.

84 How amusing it is to manipulate humans' souls!

85 I told Othello: "Desdemona has changed her heart for another man.

86 Here, the proof! The fan you gave to Desdemona, that keepsake of your mother, is now in the hand of that man."

87 At my words, he was caught in jealous rage.

67 **地谣**:为这一夜，等了一年。愿君遗我些许余香，

68 余香沾袖，凭此追思。

69 **護花者**:今日起，期待又遥遥不知期，

70 **地谣**:细节如此清楚，

71 还道那白花是妻子，莫非你是奥赛罗的亡灵？

72 **護花者**:羞愧难当，无言以对，

73 **地谣**:月遭云遮花遇风袭，风疾雨骤，

74 血肉之躯，岂堪浮世癫狂—

75 —言罢他消失殆尽。

76 **游吟诗人**:梦中或许能再会，

77 **地谣**:枕花盖月，假寐片刻，梦中再会他！

（中入）

⑥

78 **伊阿古**:哈哈哈哈哈！看来毒性尚在啊！

79 道什么吾妻还不原谅，

80 花儿还不原谅！此他一年！

81 殊不知，是花就会凋零，

82 哪有不落的道理！

83 这个摩尔人，还是只看表象，

84 想来操纵人心啊，着实是件趣事！

85 奥赛罗那厮，俺告诉他苔丝狄梦娜有了二心，

86 瞧，你给她的扇子——母亲大人留下的念物，竟在那个男人的身上！

87 俺让他心生妒念，俺让他疯癫发狂！

88　実は身どもが盗ませておいた、

89　デズデモーナには、

90　大切な扇は必ず見つかりませうとも、

91　誤解も解けて忽ちにオセロ将軍の御心もおさまりませうとも、

92　さりながら、扇は秋には棄てられるもの、男の心はうつろふもの、と不安を煽つた、

93　苦しみ抜いたオセロはつひに妻を殺し、自らも死んで果てた、

94　ははははは、良い気味、良い気味、イアーゴ様の復讐の罠のなんと見事なことよ、

95　ところがいかなこと、いつのまにやら手前自ら罠の深みにはまり、今は地獄に堕ちている、

96　なんといふ皮肉、なんと恐ろしき神の企み、

97　皆の衆、御用心御用心、

98　〽廻れ廻れ毒よ廻れ、人の心に硫黄のごとく毒よ廻れ、

99　廻れ廻れ、毒よ廻れ、ははははは、

⑦

100　**オセロ**〽天にあつては比翼の鳥、地にあつては連理の枝、

101　魂魄夢にだに入り来たらず、

102　此恨み綿々として尽きることなし

103　**吟遊詩人**〽あら恐ろしや、甲冑を帯びたるその姿、もしやオセロの亡霊か

104　**オセロ**「いかにも将軍オセロなり、

105　月に誘はれ花に焦れ、闇の裡より現れ出でたり

106　**地謡**〽今年花落ちて顔色改まり、

107　明年花開き復た誰か在る

108　**オセロ**〽春や昔の春ならぬ、この身はもとの身にあらず、

88　Jitsu wa midomo ga nusumaseteoita,

89　Dezudemôna niwa,

90　Taisetsuna ôgi wa kanarazu mitsukarimashôtomo,

91　Gokai mo tokete tachimachini Osero-shôgun no okokoro mo osamarimashôtomo,

92　Sarinagara, ôgi wa aki niwa suterareru mono, otoko no kokoro wa utsurô mono, to fuan o aotta,

93　Kurushiminuita Osero wa tsuini tsuma o koroshi, mizukara mo shindehateta,

94　Hahahahaha, yoi kimi, yoi kimi, Iâgo-sama no fukushû no wana no nanto migotona koto yo,

95　Tokoroga ikana koto, itsunomaniyara temae mizukara wana no fukami ni hamari, ima wa Jigoku ni ochiteiru,

96　Nanto iu hiniku, nanto osoroshiki kami no takurami,

97　minanoshû, goyôjin goyôjin,

98　〽Maware maware doku yo maware, hito no kokoro ni iô no gotoku doku yo maware,

99　maware maware, doku yo maware, hahahahaha,

⑦

100　**Osero**〽Ten ni attewa hiyoku no tori, chi ni attewa renri no eda,

101　Kompaku yume ni dani irikitarazu,

102　Kono urami menmen toshite tsukiru koto nashi

103　**Ginyûshijin**〽Ara osoroshi ya, kacchû o obitaru sono sugata, moshiya Osero no bôrei ka

104　**Osero**「Ikanimo Shôgun Osero nari,

105　Tsuki ni sasoware hana ni kogare, yami no uchi yori araware idetari

106　**Jiutai**〽Konnen hana ochite ganshoku aratamari,

107　myônen hana hiraki mata tareka aru

108　**Osero**〽Haru ya mukashi no haru naranu, kono mi wa moto no mi ni arazu,

88 The truth is, I had the fan stolen from her.

89 I told Desdemona:

90 "You will soon find that precious fan.

91 Then it will surley dispel your husbund's misunderstanding, and he will be appeased."

92 I added: "Nevertheless, fans are to be thrown away when the autumn comes. Men's hearts are constant for but a short time." My words made her anxious.

93 Othello, on extremity of agony, killed his wife, and also killed himeself.

94 Ha, ha, ha, ha, ha! I feel so good, so good! Praise my perfect trap of revenge!

95 But I too was a fool! I am caught in my own trap, and here I am in hell!

96 What irony! It must be God's scheme.

97 Be aware everyone! Be aware!

98 Work on, my poison, work! Go all the way through humans' hearts like sulphur!

99 Work on, my poison, work! Ha, ha, ha, ha, ha!

⑦

100 **OTHELLO**: We have vowed to be the two lovebirds in heaven, inseparable branches on earth.

101 But my wife's sole will not appear even in my dream.

102 I am torn apart in endless sorrow.

103 **MINSTREL**: What a fearful figure in armours! Are you the ghost of Othello?

104 **OTHELLO**: Indeed, I am General Othello.

105 Attracted by the moon, and longing for the flowers, I have emerged from the abyss.

106 **CHORUS**: This year, the flowers have fallen away and people have grown old.

107 The flowers would bloom again next year, but would there be anyone left?

108 **OTHELLO**: Is the spring not the same as last year, and am I not the same person as I was?

88 那扇子，其实啊，是俺偷出来的。

89 苔丝狄梦娜那边呢，

90 俺劝慰她——那么珍贵的扇子，一定会找到的，

91 误解也会消除，将军他也会息怒，

92 可是啊，扇子到了秋天总要被丢弃，男人的心思谁又晓得呢——让她不安！

93 奥赛罗苦痛难耐，最终杀了妻子，又自绝了性命。

94 哈哈哈哈，妙哉妙哉！想俺伊阿古的设局报复，竟如此轻而易举！

95 然而谁成想，俺自己设的局，却自陷其中难以自拔，堕入了地狱之中，

96 这又是多么讽刺！难道是神在设局么？！

97 众人可要当心哪！

98 燃起来烧起来！毒药啊快燃烧起来！毒药似硫磺，浇在人心上，

99 熊熊烈火瞬间就起来！ 哈哈哈哈哈！

⑦

100 **奥赛罗**：在天愿作比翼鸟，在地愿为连理枝。

101 魂魄不曾来入夢

102 此恨綿綿無尽期

103 **游吟诗人**：忽然间甲胄现身的，这这这莫非是奥赛罗的亡灵？

104 **奥赛罗**：正是奥赛罗将军，

105 被月诱花惹，由暗夜中现身。

106 **地谣**：今年花落颜色改，

107 明年花开复谁在？

108 **奥赛罗**：年年岁岁春依旧，岁岁年年人不同。

109　我も昔は男山	109　Ware mo mukashi wa otokoyama
110　**地謡**〽我も昔は男山、さかゆく時も有りけるに、	110　**Jiutai** 〽 Ware mo mukashi wa otokoyama, sakayuku toki mo arikeruni,
111　偽りを信じ誠を疑ひ、瞋恚の炎に身を焦がし	111　Itsuwari o shinji makoto o utagai, shinni no honô ni mi o kogashi
112　**オセロ**〽つひに妻の命を奪ひしこと	112　**Osero** 〽 Tsui ni tsuma no inochi o ubaishi koto
113　**地謡**〽この身も我が名も落ち果てて	113　**Jiutai** 〽 Konomi mo wagana mo ochihatete
114　**吟遊詩人**〽月にも花にも見捨てられ、かやうに闇に彷徨へば	114　**Ginyûshijin** 〽 Tsuki nimo hana nimo misuterare, kayôni yami ni samayoeba
115　**オセロ**〽我からなれど口惜しや	115　**Osero** 〽 Warekaranaredo kuchioshi ya
116　**地謡**〽あら恥づかしやな	116　**Jiutai** 〽 Ara hazukashi ya na
⑧	⑧
117　**デズデモーナ**〽いかにいにしへ人、あまりに自ら責め給ふな、	117　**Dezudemôna** 〽 Ikani inishiebito, amari ni mizukara semetamôna,
118　うつろひやすき世なれども	118　Utsuroiyasuki yo naredomo
119　「末の松山波越さじ、神かけて変はらじと誓ひし我なれば	119　「Sue-no-matsuyama nami kosaji, kami kakete kawaraji to chikaishi ware nareba
120　**オセロ**「色見えで、うつろふものは世の中の	120　**Osero**「Iro miede, utsurô mono wa yo no naka no
121　〽人の心の花なれば	121　〽 Hito no kokoro no hana nareba
122　**デズデモーナ**「生きての世、死にての後の後の世も、あだし心を我はもたじ	122　**Dezudemôna**「Ikite no yo, shinite no nochi no nochi no yo mo, adashigokoro o ware wa motaji
123　〽妾が心と言の葉を、誠と信じ給へかし	123　〽 Warawa ga kokoro to kotonoha o, makoto to shinjitamaekashi
124　**オセロ**「いつはりの、無き世なりせばいかばかり	124　**Osero**「Itsuwari no, naki yo nariseba ikabakari
125　〽人の言の葉、うれしからまし	125　〽 Hito no kotonoha, ureshikaramashi
126　〽今さらに誰が誠をか我は頼まん、	126　〽 Imasarani taga makoto oka ware wa tanoman,
127　さりながら心は目に見えず、言の葉は所詮言の葉	127　Sarinagara kokoro wa me ni miezu, kotonoha wa shosen kotonoha
128　愚かにも偽りの言の葉を信じ、	128　Orokanimo itsuwari no kotonoha o shinji,
129　愛しき妻を我と我が手で喪ひしこと、	129　Itoshiki tsuma o ware to wagate de ushinaishi koto,
130　返す返すも無念なれば、呵責の思ひ身を責めて	130　Kaesugaesu mo munen nareba, kashaku no omoi mi o semete
131　**地謡**〽先立たぬ悔いの八千度百千度、	131　**Jiutai** 〽 Sakidatanu kui no yachitabi momochitabi,

109 I once had my days as a man of reputation.

110 **CHORUS**: I once had my days as a man of reputation,

111 but one day, I believed a lie and doubted the truth. I burned myself in the flame of jealousy,

112 **OTHELLO**: and finally took my wife's life.

113 **CHORUS**: I have lost my life and have lost my reputation, too.

114 **MINSTREL**: Abandoned by the moon and the flowers, I am wandering in the dark.

115 **OTHELLO**: I am mortified by my action.

116 **CHORUS**: I am truly ashamed of myself!

⑧

117 **DESDEMONA**: My dear, do not blame yourself.

118 Although change of heart is common,

119 I have vowed to God that my love for you will never change, just as the sea waves will never devour the Mount *Sueno-Matsuyama*.

120 **OTHELLO**: Flowers are easy to notice when they fade,

121 while lovers' flowers in their hearts fade without revealing themselves.

122 **DESDEMONA**: In my life as well as my afterlife, my heart never betrays you.

123 Please believe my words and my heart are true.

124 **OTHELLO**: How I wish there were no falsehood in the world,

125 so that we might listen to people's words with joy!

126 Whose integrity should I rely on after all.

127 People's heart are invisible, and words are words.

128 My credulous heart believed false words,

129 and killed my beloved wife with my own hands.

130 I am incessantly tormented with remorse, and blame myself.

131 **CHORUS**: I repent thousands and millions of times, but too late for tears.

109 想我原本也

110 **地谣**:想我原本也是拔山盖世的汉子

111 奈何听信谗言，猜忌忠贞，妒焰烧身，

112 **奥赛罗**:夺了妻子性命，

113 **地谣**:一时间身败名裂，转眼就家破人亡。

114 **游吟诗人**:月儿花儿都弃我而去，遗我于无边的黑暗中。

115 **奥赛罗**:一切皆因那一念起，

116 **地谣**:羞愧难当是此刻心。

⑧

117 **苔丝狄蒙娜**:眼见故人恁般怀念，切莫再责怪自己，

118 世事虽多变，

119 想那波涛再汹涌，何曾浪拍松山，为妻的可向神明起誓，爱君之心从未变！

120 **奥赛罗**:花色争妍斗艳，奈何总要凋零，

121 人心似花，终会失色。

122 **苔丝狄蒙娜**:生前死后，今生来世，为妻的一片赤诚，

123 不曾有过二心，如何让将军相信？

124 **奥赛罗**：世间若能去伪存真，

125 我真愿相信人人句句所言不虚！

126 事到如今，不再信什么赤诚二字。

127 人心不可见，所言全为虚。

128 若不是信了人言，

129 我岂会亲手杀了爱妻？

130 想来实在心痛，自责鞭鞭笞心。

131 **地谣**：追悔莫及生前事，

132　なきて地獄の炎に焼かれ、羅刹の刃に貫かれんとも、

133　我が身の許され、よもあらじ

134　**デスデモーナ**〽あはれ君、妾ゆゑ煩悩の苦界を離れず、

135　我は飽かざる君をおきて生死の道を離れ離れず、

136　ただ独り中有に留まりたる

137　**地謡**〽かたみに袖を絞りつつ、夜も暁に近づきぬ、

138　されば今は限りとて、別るる時になりぬれども

139　**オセロ・デズデモーナ**〽しづの苧環

140　**地謡**〽繰り返し返しても、なほ立ちかへる心かな

⑨

141　**オセロ**〽あまりに罪の深ければ

142　**地謡**〽涙の河にぞ溺るる、

143　この果てもなき苦しみを、助け給へや旅人よ救ひ給へや詩人

144　**吟遊詩人**「さればよに、目に見えぬ鬼神をも哀れと思はせ、

145　男女の中を和らげ、猛きもののふの心をも慰むるは詩なれば

146　この事言の葉に託して詩と成し、哀れなるものどもの魂をば慰めん

147　**地謡**〽かくも悲しき物語、歌ひ伝へよ旅人よ、語り伝へよ詩人よ、

148　我はまた、愛別離苦の世を離れ

149　もとの闇路に帰らんと、見えし夢より覚めければ、

150　誰を偲ぶの八重葎、茂れる庭は荒れ果てて、

151　人こそ見えね月こそは、ただ白々と射し入りて、

152　花の姿は無かりけり、花の香ばかりぞ残りける

132　Nakite Jigoku no hi ni yakare, Rasetsu no yaiba ni tsuranukarentomo,

133　Wagami no yurusare, yomo araji

134　**Dezudemôna** 〽 Aware kimi, warawa yue bonnô no kukai o hanarezu,

135　Ware wa akazaru kimi o okite shôji no michi o hanare hanarezu,

136　Tada hitori chûu ni todomaritaru

137　**Jiutai** 〽 Katami ni sode o shiboritsutsu, yo mo akatsuki ni chikazukinu,

138　Sareba ima wa kagiritote, wakaruru toki ni narinuredomo

139　**Osero・Dezudemôna** 〽 Shizu no odamaki

140　**Jiutai** 〽 Kurikaeshi kaeshitemo, nao tachikaeru kokoro kana

⑨

141　**Osero** 〽 Amarini tsumi no fukakereba

142　**Jiutai** 〽 Namida no kawa nizo oboruru,

143　Kono hate mo naki kurushimi o, tasuketamaeya tabibito yo, sukuitamaeya utabito

144　**Ginyûshijin**「Sareba yoni, me ni mienu onikami omo aware to omowase,

145　Otoko onna no naka o yawarage, takeki mononofu no kokoro omo nagusamuru wa uta nareba

146　kono koto kotonoha ni takushite uta to nashi, awarenaru monodomo no tama oba nagusamen

147　**Jiutai** 〽 Kakumo kanashiki monogatari, utaitsutaeyo tabibito yo, kataritsutaeyo utabito yo,

148　Ware wa mata, aibetsuriku no yo o hanare

149　Moto no yamiji ni kaeran to, mieshi yume yori samekereba,

150　Tare o shinobu no yaemugura, shigereru niwa wa arehatete,

151　Hito koso miene tsuki koso wa, tada shirajira to sashiirite,

152　Hana no sugata wa nakarikeri, hana no ka bakarizo nokorikeru

132 No matter how I am burnt in hell, pierced by the devils with their swords,

133 never would I be forgiven.

134 **DESDEMONA**: Alas, my poor lord! You suffer so much because of me, bound in worldly passions!

135 I cannot leave you behind and go to another world, for I bear incessant love for you.

136 Thus I abide alone in *Chu-u*, the world in between.

137 **CHORUS**: They both wet their sleeves with tears until the dawn draws nigh.

138 The time to part has come.

139 **OTHELLO, DESDEMONA**: Like a reel spinning threads of memories,

140 **CHORUS**: their hearts spin over and over again, but to return to the same place.

⑨

141 **OTHELLO**: So deep is my sin,

142 **CHORUS**: I am drowning in the river of tears.

143 Traveler, save me from this endless agony! Do save me, Minstrel!

144 **MINSTREL**: Poems have the power to move the hearts of the invisible spirits and gods,

145 sooth the friction between lovers, comfort the hearts of courageous warriors.

146 Therefore I will write words to relate in detail this heavy act to comfort the miserable souls.

147 **CHORUS**: Traveler, chant the too sad tale hither and thither, relate it sing it far and wide, Minstrel!

148 I will leave this world of agony caused by separation from my love ones,

149 and shall return to the abyss. When Othello has left the dream, the minstrel wakes up.

150 The ruined garden is now covered in tenacious weeds.

151 Not a soul is seen but the moonlight falling on the garden.

152 No flowers can be seen anymore, only the scent of the flowers remains in the air.

132 堕入地狱炎灼身。罗刹刃穿心，

133 救赎遥无期。

134 **苔丝狄蒙娜**：一切皆因我而起，将军在烦恼世界不得超脱，

135 我怎忍心弃君去，踏上生死道？

136 还是留在中有的好！

137 **地谣**：泪濡追思袖，夜尽拂晓来，

138 今宵一别后，再会知何时？

139 **奥赛罗・苔丝狄蒙娜**：纺车纺纱线，

140 **地谣**：一圈圈周而复始，夫妇各自去，岂知何时再回还？

⑨

141 **奥赛罗**：罪孽深重，

142 **地谣**：溺于泪海苦无边，

143 救我啊旅人！救我啊诗人！

144 **游吟诗人**：诗能泣鬼神，

145 化儿女情怨，慰武者勇心。

146 吾定将诗句奉上，告慰各个凄惨的亡魂

147 **地谣**：一幕幕悲惨往事，一句句道与旅人，诗人你切莫忘记，一声声传与后人！

148 离开这爱别离苦，

149 回到那暗黑之路。话音落下晓梦醒，

150 杂草丛生庭园深，

151 难寻人影唯见月，一丝一缕洒光明，

152 只是已然无花姿，唯有余香遗故园。

あとがき

羽衣国際大学日本文化研究所のプロジェクト「東西伝統演劇の融合」に基づき創作・上演した新作能《オセロ》を、『新作能マクベス』に引き続き、『新作能オセロ』として刊行することになった。

新作能《オセロ》創作のプロセスは、《マクベス》の際と同様に、ウィリアム・シェイクスピアの戯曲『オセロ』を一旦解体した上で文化的翻訳を行い、新たに能として再構築するプロセスであった。このような原作『オセロ』の解体と能への再構築は、原作『オセロ』の享受であり再生産であり、翻案というよりも新たな一つの創作であることを、恩師片桐洋一先生の言葉と共に私は実感している。

享受とは、読者の心に文学が再生産されることですが、そこに再生産されるものは作者の心と一部は共通し、一部は異なります。そのように異なるということは、読者による新しい文学がそこに生まれるということであります。

（『私の古典文学研究　始めと終り』二の五「作者の心　読者の心」二〇一七・和泉書院）

脚本・詞章は作曲され、演者の身体と声、能面、能装束、囃子の音楽によって舞台上で立体化され、視聴覚化される。そこにまた、演出者や演者の享受と創意による作品の再生産がある。

しかし、このようにして創作された作品も、読者や観客という享受者の心に届いてこそ意味も意義もある。本書を通じて新作能《オセロ》が、読む人、見る人の心に届くよう願っている。

新作能《オセロ》の上演については、作曲・演出・主演を担当したプロジェクトメンバーの辰巳満次郎氏、新作能《マクベス》に引き続き囃子方をまとめていただいた大倉源次郎氏、第二回の上演でイアーゴを演じていただいた野村萬斎氏はもちろんのこと、DVDに収めた大江能楽堂での演者の方々—和久荘太郎氏（デズデモーナ）、原大氏（吟遊詩人）、茂山逸平氏（イアーゴ）、竹市学氏（笛）、大倉慶乃助氏（大鼓）、中田弘美氏（太鼓）、山内崇生氏をはじめとする地謡の方々、初演、再演、三演に御出演いただいた方々にお礼申し上げる。

また私たちは、《オセロ》の演出に、福島の絹織物でデズデモーナのベールを縫製し、あるいはデズデモーナのイメージのお香の制作（協力　奥野晴明堂）を試みた。今後とも能の新しい演出方法を模索していきたい。

本書に収めた英訳については、吉田静氏（本学学術情報・地域連携センター課長）の助力を得、また中国語訳については、李傑鴻君（本学卒業生、現在大阪大学大学院文学研究科大学院生）の協力を得た。

最後に、前書に引き続き本書の刊行を和泉書院にお願いできたことは、本書やプロジェクトメンバーにとって幸いであった。社長廣橋研三氏に心から感謝申し上げる。

平成三一年一月吉日

泉　紀子

◆巻末の付録DVDについて◆

このDVDに収められている映像は、2016年12月3日の京都・大江能楽堂での上演を収録したものです。字幕は上演の際の詞章に拠っており、定本の詞章とは異なる箇所がありますが、予めご了承ください。

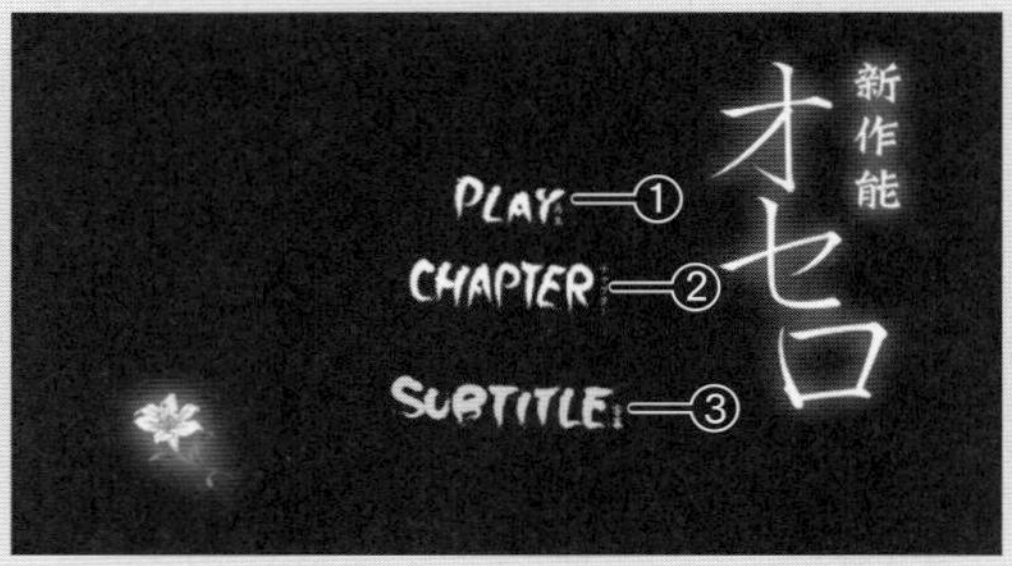

DVDの取り扱い方

❶ 本編再生：本編を再生します。

❷ チャプター：ご覧になりたい箇所より本編を再生します。

❸ 字幕設定：字幕の表示設定を切り替えできます。

●本ディスクをDVDプレーヤにセットすると、初めに、メインメニュー画面が表示されます。

●本編再生中にリモコンの“メニュー”キーを押すとメインメニュー画面を呼び出すことが出来ます。

著作権に関するご注意

このDVDに収録されている映像及び音声の使用は、家庭内での使用を目的とする視聴に限って許諾されています。

レンタルによる利用は著作権者の許諾が必要になります。このDVD又はその一部でも複製、変更、又はこれを使用した上映、上演、有線放送及び放送は、法律により固く禁止されています。

取り扱い・保管上のご注意

記録面にキズ、汚れ、指紋、ホコリ、水滴などが付かないように取り扱ってください。付着した汚れ、ホコリなどは柔らかい乾いた布か、市販のクリーナーを使って軽く拭き取ってください。有機溶剤は絶対に使用しないでください。記録面へ文字など書き込みことは絶対にしないでください。直射日光の当たる場所、高温・多湿な場所に保管しないでください。

再生に関するご注意

このDVDは、映像と音声を高密度に記録したディスクです。DVDビデオ対応のプレーヤーで再生してください。

各再生機能操作については、ご使用になるプレーヤー及びテレビの取扱説明書を必ずご参照ください。

セットトップボックス、パソコンに搭載のDVD-ROMプレーヤー、およびゲーム機、カーナビなどでの動作は保証しておりません。

ビデオ観賞上のご注意

ご視聴の際は部屋を明るくし、なるべくテレビ画面より離れてご覧ください。

◆執筆者紹介

■ **泉　紀子**（いずみ・のりこ）*Noriko IZUMI*

羽衣国際大学　名誉教授。泉日本文化研究所長。専門は平安前期文学、和漢比較文学。博士（文学）。
プロジェクト代表。編著『伊勢物語絵巻絵本大成』（2007・角川学芸出版）、編著『新作能マクベス』（2015・和泉書院）

■ **辰巳　満次郎**（たつみ・まんじろう）*Manjiro TATSUMI*

シテ方宝生流能楽師。重要無形文化財総合指定保持者。羽衣学園学術文化顧問。

「新作能《マクベス》の演出・出演をして」（『新作能マクベス』2015・和泉書院）、監修『能の本』（2016・西日本出版）、『能の本２』（2018・西日本出版）

■ **荒木　泰恵**（あらき・やすえ）*Yasue ARAKI*

東京藝術大学美術学部附属古美術研究施設　助教。専門は東洋美術史。修士（芸術学）。

「寝屋川市の南都仏画」（『市史紀要』13号・2005・寝屋川市教育委員会）、「能面の分類について」（『新作能マクベス』2015・和泉書院）

■ **内田　知巳**（うちだ・ともみ）*Tomomi UCHIDA*

羽衣国際大学現代社会学部　助教。専門は情報学、映像制作。
『新作能マクベス』（2015・和泉書院）表紙デザイン・DVD

■ **鈴木　雅恵**（すずき・まさえ）*Masae SUZUKI*

京都産業大学外国語学部　教授。専門は英文学、比較演劇。文学修士。
「近代沖縄とシェイクスピア受容」（『複数の沖縄　ディアスポウから希望へ』2003・人文書院）、「「日本」における『マクベス』の受容と上演」（『新作能マクベス』2015・和泉書院）

■ **瀬戸　宏**（せと・ひろし）*Hiroshi SETO*

摂南大学　名誉教授。専門は中国現代演劇・比較演劇。博士（文学）。
『中国のシェイクスピア』（2016・松本工房）、『中国の現代演劇　中国話劇史概況』（2018・東方書店）

■ **丁　曼**（ディン・マン）*Man DING*

外交学院（中国）　副教授。専門は能楽、能楽翻訳研究。博士（文学）。

王冬蘭・丁曼主編『日本謡曲選』（2015・吉林出版集団）

■ **中尾　薫**（なかお・かおる）*Kaoru NAKAO*

大阪大学大学院文学研究科　准教授。専門は演劇学、特に能楽。博士（文学）。
「新作能《マクベス》の間狂言―古典的劇構成からの逸脱をめぐって―」（『新作能マクベス』2015・和泉書院）

■ **藤原　千沙**（ふじわら・ちさ）*Chisa FUJIWARA*

面打。

「能面考―新作能《マクベス》の能面」（『新作能マクベス』2015・和泉書院）

＊　＊　＊　＊　＊

■ **大倉　源次郎**　（おおくら・げんじろう）　*Genjiro OKURA*

囃子方大倉流小鼓方第十六世宗家。重要無形文化財各個認定保持者（人間国宝）。

『大倉源次郎の能楽談義』（2017・淡交社）

■ **野村　萬斎**　（のむら・まんさい）　*Mansai NOMURA*

狂言方和泉流能楽師。重要無形文化財総合指定保持者。

『狂言サイボーグ』（2001・日本経済新聞社）、『MANSAI◎解体新書』（2008・朝日新聞出版）

■ **松岡　和子**　（まつおか・かずこ）　*Kazuko MATSUOKA*

翻訳家、演劇評論家。東京医科歯科大学　名誉教授。文学修士。

『すべての季節のシェイクスピア』（1993・筑摩書房）、『深読みシェイクスピア』（2016・新潮社）

◆編者紹介

泉　紀子（いずみ・のりこ）

羽衣国際大学名誉教授　泉日本文化研究所長
大阪府立大阪女子大学（現　大阪府立大学）大学院文学研究科修士課程修了
関西大学大学院文学研究科後期博士課程修了　博士（文学）
専門分野は平安前期文学・和漢比較文学

●編著
『伊勢物語絵巻絵本大成』（2007・角川学芸出版）、『宗達伊勢物語図色紙』（2013・思文閣出版）、『新作能マクベス』（2015・和泉書院）

●共著
『百人一首師説抄』（1993・和泉書院）、『八雲御抄の研究―名所部・用意部』（2013・和泉書院）、『住吉如慶筆伊勢物語絵巻』（2019刊行予定・思文閣出版）など。

●論文・単行本所収
「新撰万葉集の世界―その場面性と口誦性―」（『王朝文学の本質と変容　韻文編』2002・和泉書院）、「斎宮章段の成立と虚実」（『伊勢物語　虚構の成立』（2008・竹林舎）など。

●論文・学術雑誌所収
「諫鼓小考」（『和漢比較文学』第8号）、「業平観瀑―『伊勢物語』布引段における虚構の方法―」（『羽衣国文』第11号）、「長恨歌と伊勢物語」（『白居易研究年報』第11号）、「伊勢物語絵巻の世界―ニューヨーク公共図書館蔵スペンサー文庫本伊勢物語絵巻に見る」（国文学研究資料館編『展開する伊勢物語』）、「伊勢物語第四段における〈構図〉と〈詠嘆〉―虚構を支えるもの―」（『中古文学』第88号）、「白居易詩と伊勢物語（絵）―絵と詩と和歌の交流・創造―」（『白居易研究年報』第17号）など。

●作品
『新作能マクベス』（2005）、『新作能オセロ』（2012）、『新作能王昭君』（2019）

新作能　オセロ　【DVD付】

2019年1月25日　初版第1刷発行

（検印省略）

編　者　　泉　紀子
発行者　　廣橋研三
発行所　　有限会社　和泉書院
　　　　　大阪市天王寺区上之宮町7-6
　　　　　〒543-0037
　　　　　電話　06-6771-1467
　　　　　振替　00970-8-15043

印刷・製本　遊文舎
本文デザイン　鷺草デザイン事務所

ISBN978-4-7576-0893-1　C0074